Yoko Tawada, *Theaterstücke*

Yoko Tawada

Mein kleiner Zeh war ein Wort

Theaterstücke

konkursbuch
Verlag Claudia Gehrke

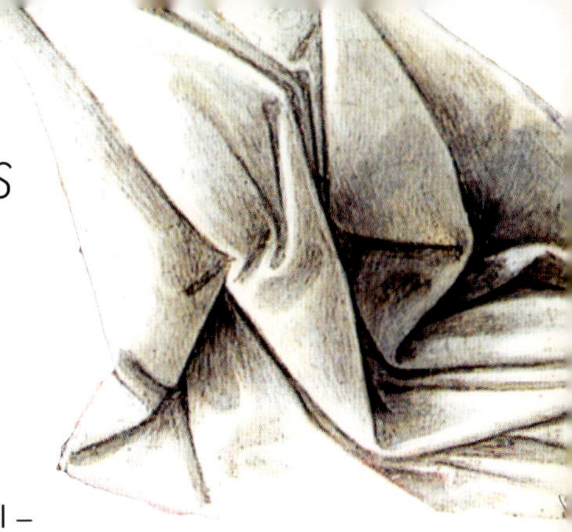

INHALTSVERZEICHNIS

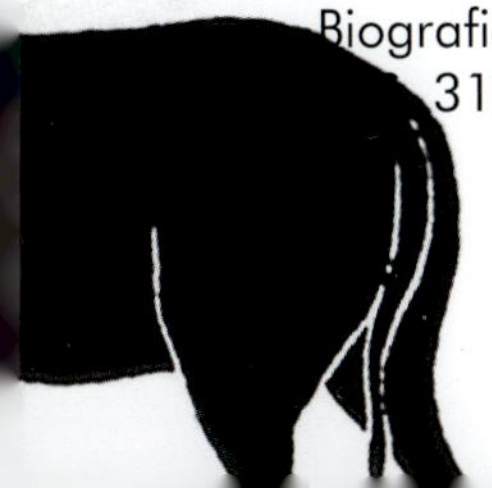

DIE KRANICHMASKE
DIE BEI NACHT STRAHLT

Personen:

Schwester
Bruder
Übersetzer
Nachbar
Die Tote

Auf der Bühne liegen vier heile Särge, in denen sich die Schwester, der Bruder, der Übersetzer und der Nachbar befinden.

Man sieht außerdem noch einen kaputten Sarg, der halb im Boden versunken ist.

An der Wand hängen sieben Tiermasken:
Kranich, Hund, Fuchs, Katze, Affe, Wolf und Fisch.

In der Mitte der Bühne liegt eine weibliche Leiche.

Die Schwester steht in ihrem Sarg auf, geht zur Toten und setzt sich neben sie.

SCHWESTER: Der Sarg sinkt immer weiter in die Erde. Im Lauf der Nacht wird er ganz im Reich der Toten verschwinden, obwohl die Leiche noch nicht darin liegt. Ich gehöre nicht zu den Menschen, die die eigene Schwester in den Sarg legen, bevor eine Abschiedszeremonie gefeiert worden ist. Ich meine nicht die Beerdigung. Die Beerdigung ist nicht von Bedeutung. Ich meine diese Nacht, die gerade begonnen hat. Kein Mensch wird die Tote heute Nacht besuchen. Kein Mensch wird sich heute Nacht an sie erinnern, weil alle Erinnerungen auf morgen verschoben werden. Wir können jetzt allein in Ruhe unsere Zeremonie durchführen.

Der Bruder kommt aus seinem Sarg heraus.

BRUDER: Wir wissen nur nicht wie. Schon unsere Eltern wussten nicht, was man am Abend vor der Beerdigung tun soll.

SCHWESTER: Ich werde den Körper meiner Schwester zuerst reinigen und dann für diejenigen, die erst morgen kommen werden, schwarze Totenkekse backen.

BRUDER: Sie werden nach Asche und Kohle schmecken.

SCHWESTER: Ich werde auch weiße Kekse backen.

BRUDER: Sie werden nach Schnee und Knochen schmecken. Mir schmecken keine Kekse mehr. Mir schmeckt kein Zucker mehr, seitdem ich mit meiner Muschel zusammenlebe. Mir schmeckt nur, was aus dem Salzwasser kommt. Ja, ich weiß, meine Muschel kocht die Suppe auf verbotene Weise. Sonst würde sie nicht nachts heimlich kochen. Sie hat übrigens noch nicht gemerkt, dass ich sie schon einmal beim Kochen beobachtet habe.

SCHWESTER: Der Blumenhändler beim Friedhof hat mich heute angerufen und mir einen Sonderpreis angeboten. Ich sagte ihm, dass ich für morgen gar keine Blumen kaufen werde. Tote Blumen passen nicht zu einer Leiche. Nur die Lebenden können tote Blumen im Wohnzimmer ertragen. Beim Kaffeetrinken schauen sie die Toten in der Vase an und denken: wie gut, dass wir noch leben.

BRUDER: Die Leiche muss aber mit etwas bestreut werden.

SCHWESTER: Ich werde Splitter eines Spiegels über den Körper meiner Schwester streuen.

Der Übersetzer steigt aus dem Sarg.

ÜBERSETZER: Sie müssen die Beerdigung auf jeden Fall in einer fremden Sprache durchführen. Ich werde dann Ihre Worte in die Muttersprache der Trauergäste übersetzen. Sonst würden Sie beide sich im Laufe der Beerdigung immer stärker von der Toten angezogen fühlen, und vielleicht passiert dann etwas Unangenehmes.

SCHWESTER: Eine Beerdigung wird aber immer in einer fremden Sprache durchgeführt. Ich weiß zumindest, dass ich – immer wenn ich auf einer Beerdigung war – kein Wort mehr richtig verstand.

ÜBERSETZER: Ich meinte eher, dass es nicht gut wäre, wenn Sie auf der Beerdigung dieselbe Sprache sprechen wie Ihre tote Schwester.

BRUDER: Nicht alles, was verboten ist, schmeckt nach Meerwasser.

SCHWESTER: Ich kann aber keine andere Sprache sprechen als diese. Es ist zu spät für mich, etwas Neues zu lernen.

ÜBERSETZER: Ich sage ja nicht, dass Sie für die Beerdigung etwas Neues lernen müssen. Ich hasse nur die Respektlosigkeit der Menschen, die nicht einmal auf einer Beerdigung versuchen, nicht fließend zu sprechen. Ich hasse die Menschen, die auf einer Beerdigung so klug sein wollen wie in der Schule.

SCHWESTER: Ich kann holprig schreiben und stotternd sprechen, weil ich es in meiner Kindheit eifrig gelernt habe. Ich kann sogar in jeden Buchstaben Fehler einbauen und dadurch den ganzen Satz in eine undurchsichtige Masse verwandeln.

BRUDER: Morgen werden wir keine Zeit mehr zum Nachdenken haben, obwohl wir selbst kaum etwas tun müssen. Der Herr von der Beerdigungsfirma sagte mir, dass ich mir keine Sorge um den Ablauf der Beerdigung machen müsse: Es sei alles schon bezahlt und geregelt.

SCHWESTER: Die meisten werden erleichtert sein, wenn die Leiche vor ihren Augen in der Erde verschwunden ist. Sie kommen nicht, um sie zu sehen, sondern um ihr Verschwinden zu sehen.

BRUDER: Ich weiß, dass du ihr manchmal den Tod gewünscht hast.

Der Nachbar steigt aus dem Sarg.

NACHBAR: Sollten Sie das Fleisch nicht lieber in den Kühlschrank tun? Entschuldigen Sie, dass ich so etwas sage, aber seit gestern stinkt es bei Ihnen, und ich kann bei so einem Gestank nicht einschlafen. Sie wissen, dass ich als Nachbar relativ zurückhaltend bin und mich sehr selten bei Ihnen beschwere. Aber heute muss ich Ihnen doch sagen, dass es – ich sage das mit allem gebotenen Respekt – dass es bei Ihnen nach Totem stinkt.

BRUDER: Es ist unsere älteste Schwester, die langsam zerfällt. Sie zerfällt in mehrere Teile: In Geruch, in Flüssigkeit, in Knochen, in Daten, in Luft, in Zahlen, in Bilder, in ...

NACHBAR: Mir ist es egal, was stinkt. Hauptsache, Sie tun das, was stinkt, in den Kühlschrank. Wofür besitzen Sie sonst diesen Kasten? *Öffnet den Kühlschrank und holt ein Telefon heraus.* So, jetzt haben Sie genug Platz hier.

BRUDER: Früher dachte ich auch, dass jede Flüssigkeit, die aus dem Körper fließt, schmutzig ist und stinkt. Es war aber eine optische Täuschung. Langsam wurde mir klar, dass es nicht stimmt. Ein Körpergeruch kann schön sein, wohlschmeckend sein, oder auch literarisch sein, ohne dass er unbedingt erotisch sein muss. Er muss nicht einmal verboten sein. Einfach so, wissen Sie, einfach so kann er schön sein.

ÜBERSETZER: Warum bilden Sie so viele Sätze, die grammatikalisch nicht empfehlenswert sind? Wie soll ich solche Sätze übersetzen? Die Trauergäste könnten denken, ich wäre ein schlechter Dolmetscher.

BRUDER: Sie verstehen mich nicht. Ich drücke mich extra so aus, damit Sie merken, dass ich ganz anders denke als Sie. Was ich heute erzähle, haben Sie noch nie gehört. Sie können das nicht einordnen. Sie müssen das nicht verstehen. Sie müssen das so lassen. Es fällt Ihnen schwer, ich weiß. Aber Sie brauchen keine Angst zu haben. Ich werde morgen auf der Beerdigung den Mund halten. Aber heute Nacht rede ich so viel wie ich will.

ÜBERSETZER: Ich unterstelle Ihnen doch nicht, dass Sie etwas denken und das falsch ausdrücken. Ich glaube, Sie denken gar nichts, Sie sind lernfaul und Sie zitieren lieber etwas Falsches aus Ihrem eigenen Tagebuch, als einen richtigen Satz aus einem anderen Buch auswendig zu lernen.

BRUDER: Sie haben meine Frau noch nicht gesehen, deshalb denken Sie, ich würde einsam, nur mit meinem Tagebuch, leben.

ÜBERSETZER: Sie sind mit einem Tier verheiratet, wenn ich Sie richtig verstehe?

NACHBAR: *hebt den Hörer ab.* Soll ich die Polizei anrufen?

SCHWESTER: Wo ist der Kochtopf? Ich habe vorhin mit dem Kochtopf Wasser aus dem Meer geholt. Die Leiche muss mit Salzwasser gereinigt werden. Sie soll für das, was jetzt kommt, gut vorbereitet sein.

BRUDER: *blickt in den Topf.* Ich habe lange nicht mein Gesicht im Meerwasser gespiegelt gesehen.

SCHWESTER: Gib mir den Topf.

BRUDER: Unsere älteste Schwester kann sich nicht mehr selbst waschen. Sie kann sich jetzt nicht einmal mehr bewegen. Früher konnte sie alles. Das war vielleicht der Grund, warum du sie gehasst hast.

SCHWESTER: Ich habe sie nicht gehasst. Ich hatte keine Gefühle ihr gegenüber. Außerdem war ich nie der Meinung, dass sie alles kann. Ihre Freunde haben aus einem unerklärlichen Grund immer gedacht, dass sie etwas Besonderes ist. Wahrscheinlich, weil sie nie gelacht hat. Ich gehörte zu den wenigen, die wussten, dass sie eigentlich wenig konnte. Aber nachdem so viele Männer und Frauen angefangen hatten, sie zu verehren, konnte sie nicht mehr von ihrem Podest herunter. Sie empfand es als ihre Aufgabe, auf dem Podest zu bleiben.
Gib mir den Topf mit dem Wasser.

BRUDER: Nicht alle, die sich nicht waschen können, muss man mit Salzwasser reinigen.

NACHBAR *zum Bruder:* Haben Sie die Nummer von der Polizei?

BRUDER: Meine Frau hatte die Gewohnheit, einen Kochtopf als Nachttopf zu benutzen. Ich bemerkte das lange nicht, weil sie mich davor gewarnt hatte, nach Sonnenuntergang die Küche zu betreten. Es war eine Winternacht. Ich wachte auf und merkte, dass meine Frau nicht neben mir lag. Aus der Küche hörte ich ein Wassergeräusch. *Gibt der Schwester den Topf.* Ich ging in die Küche und sah dort meine Frau, die bei dem Kochtopf hockte und ...

ÜBERSETZER: Sie hatte nicht die Gestalt eines Menschen.

BRUDER: Sie war eine Muschel.

SCHWESTER: *kostet von dem Wasser.* Ist das wirklich Salzwasser?

BRUDER: Ja. Weißt du überhaupt, wie Meerwasser schmeckt?

NACHBAR: *stellt fest, dass das Telefon nicht funktioniert.* Was ist mit diesem Apparat los?

BRUDER: Er ist ganz in Ordnung, außer dass er etwas staubig ist. Vielleicht müsste man ihn einmal gründlich reinigen?

ÜBERSETZER: Oder ablecken.

NACHBAR: *geht wütend zum Topf und taucht den Apparat ins Wasser.* So. Ist er jetzt sauber?

ÜBERSETZER *zum Nachbar:* Sind Sie wahnsinnig?

NACHBAR *zur Schwester:* Es stinkt hier im Haus! Das Telefon stinkt, der Kleiderschrank stinkt, der Wasserhahn stinkt, es stinkt hier von oben bis unten! Wie oft wischen Sie Ihren Fußboden? Laufen Sie auf diesem Boden barfuß? Wie oft waschen Sie Ihre Füße?

ÜBERSETZER *zur Schwester:* Er meint, dass man zuerst den Fußboden reinigen soll und dann die Füße.

BRUDER: Und dann kann man die Beine reinigen und dann den Bauch und so weiter. Bei lebenden Menschen denkt man, dass der Unterkörper schmutziger wäre als der Oberkörper. Bei den Toten ist alles umgekehrt.

SCHWESTER: Nicht alles, was man reinigt, ist schmutzig. *Fängt an, die Füße der Toten mit dem Wasser zu reinigen.*

BRUDER: Nicht jeder, den ich liebe, ist ein Säugetier.

ÜBERSETZER: Ich habe neulich in einer Fachzeitschrift über einen Techniker gelesen, der sich in eine Frau verwandelte; und zwar während seiner Beerdigung. Es war nicht sein Wunsch. Keiner wollte es, und es geschah.

NACHBAR: Derartige Operationen sind heutzutage nicht sehr schwierig, oder?

ÜBERSETZER: Nein, diese Geschichte hat nichts mit einer Operation zu tun. Ohne Operationstisch, ohne Arzt, ohne Messer ist es passiert.

BRUDER: Ohne Grund ist es passiert.

NACHBAR: Das kann nicht sein.

BRUDER: Vielleicht möchten Sie sich auch in eine Frau oder in eine Muschel verwandeln.

NACHBAR: Nein. Niemals. Ich sehe seit meiner Kindheit etwa gleich aus und ich hoffe, mein Gesicht bleibt, so wie es ist. Darum heirate ich auch nicht. Sonst würde ich nach zehn Jahren aussehen wie meine Frau. Grauenhaft. *Trocknet das nasse Telefon plötzlich liebevoll mit dem eigenen Hemd ab.*

SCHWESTER: Meine Schwester trat oft versehentlich auf fette Ameisen, die vor dem Haus ihre Nester hatten. Ihre Füße sind heute noch etwas braun gefärbt vom Insektenblut.

NACHBAR: Wenn man Angst vor kleinen kriechenden Tieren hat, kommt man keinen Schritt voran.

BRUDER: Ich würde lieber keinen Schritt weiterkommen, als auf eine Muschel zu treten.

NACHBAR: Eine Muschel? Eine Muschel zu zertreten wäre viel hübscher als eine Ameise zu zertreten: Ich würde das Fleisch, das beim Zerbrechen der Schale aus ihr herausspringt, mit einem großen Teller auffangen und es mit Zitronensoße essen.

SCHWESTER: Meine Schwester wird nie wieder auf ein Tier treten. Ihre Fußsohlen berühren ab jetzt nur noch Wasser, Wind und Erde.

BRUDER: Du hattest immer Angst vor ihren großen Füßen. Ihr seid deshalb nie zusammen Schuhe kaufen gegangen.

SCHWESTER: Ich hatte keine Angst vor ihren Füßen.

BRUDER: Warum ziehst du ihr nicht die Totenschuhe an? Damit sie nicht weglaufen kann? Du willst nicht, dass sie dich endgültig verlässt. Du hast sie gehasst und darum willst du, dass sie immer bei dir bleibt.

SCHWESTER: Du bist zehn Jahre nicht bei uns gewesen. Du weißt nichts von unserem Leben.

BRUDER: Es war eine stürmische Nacht. Ich setzte mich vor meinen Computer und verbesserte eine Geschichte. Ich wollte eigentlich den Schlusssatz streichen, aber dann merkte ich, dass die ganze Geschichte ohne diesen Satz zu einem Reisebericht würde. Das wollte ich nicht. Da hörte ich plötzlich ein Klopfen an der Tür. Eine Frau stand draußen und wollte mit mir sprechen. Sie sah viel älter aus als ich. Das war sehr wichtig, denn ich wollte nichts mit einer Frau zu tun haben, die jünger ist als ich.

SCHWESTER: *reinigt weiter die Füße der Toten.* Ihre Fußnägel schmelzen im Wasser. Wie Eissplitter lösen sie sich auf.

ÜBERSETZER *zum Bruder:* Ich verstehe nicht. Mir scheint, Sie haben versehentlich einen entscheidenden Satz aus Ihrer Geschichte gelöscht. Sonst wäre es gar nicht erklärbar, warum …

BRUDER: Man kann sowieso nicht erklären, warum es geschah. Die Frau ist dann bei mir geblieben. Sie kochte uns immer eine schöne Suppe, sie rief meinen Namen rückwärts, sie schlief lange und tief, und wir waren, glaube ich, sehr glücklich. Eines Tages schaute ich in die Küche und sah, dass meine Frau eine Muschel war. Sie hockte auf dem Kochtopf und pisste. Ich begriff plötzlich, dass sie daraus immer ihre Suppe machte. Ich verstand, dass mein Nahrungsmittel aus der Natur kam.

ÜBERSETZER *zum Nachbar:* Was suchen Sie? Suchen Sie einen zweiten Apparat?

NACHBAR: *holt Kleidung aus dem Kleiderschrank.* Mode interessiert mich nicht, und auch kein Striplokal. Mich interessiert weder das Anziehen noch das Ausziehen. *Zieht ein Hemd über sein Hemd, und dann eine Hose über seine Hose an.* Es ist lächerlich, wenn sich ein Mann wie ich über Kleider Gedanken macht. Denn ich möchte nicht anders aussehen als gestern. Ich bleibe das, was ich morgen sein werde.

BRUDER: Ich sah, dass meine Frau nicht war, was sie verkörperte. Ich war nicht entsetzt, ich war nur überrascht.

ÜBERSETZER: Wie war der Name der Muschel?

SCHWESTER: Mir ist es egal, wen mein Bruder heiratet: eine Muschel, eine Dichterin oder eine Witwe: Hauptsache, sie ist ganz anders als er.

NACHBAR: Du bist schon alt genug, du musst das selber entscheiden, sagt man heute schon zu jedem Kleinkind. Ob du mit einem Tier schläfst oder mit einem Menschen, das liegt ganz bei dir.

ÜBERSETZER: Wenn man keinen richtigen Schlusssatz schreibt, kann es doch passieren, dass die ganze Geschichte bei den Lesern einen falschen Eindruck erweckt. Sie werden dann als Hauptfigur Ihrer Geschichte sozusagen missverstanden.

BRUDER: Ich glaube nicht, dass ich missverstanden werde, denn ich erzähle ja alles. *Zum Nachbar:* Was machen Sie da eigentlich?

NACHBAR: Ich? *Zieht noch ein Hemd und eine Hose an.*

BRUDER: Ist es Ihnen kalt in diesem Haus, in dem eine Tote liegt?

NACHBAR: Nein, ich schütze nur meine Haut.

BRUDER: Wovor?

NACHBAR *zum Bruder:* Ich glaube auch nicht, dass Sie missverstanden werden. Sie haben Ihre Meinung genauso deutlich kundgetan wie ich.

BRUDER: Was war Ihre Meinung? Ich habe Sie noch nicht verstanden.

NACHBAR: Alles, was stinkt, muss vernichtet werden.

SCHWESTER: *reinigt die Knie der Toten.* Ihre Knie pflegte sie jeden Abend. Sie massierte sie mit Kokosnussöl und sagte, sie seien schon wieder so hart wie Kokosnussschalen. Manchmal leckte sie ihre Knie ab wie eine Katze und sagte, dass sie salzig schmecken.

NACHBAR: Ekelerregend. *Zieht das dritte Hemd und die dritte Hose an.* Salz mit einem menschlichen Geschmack ist ekelerregend.

ÜBERSETZER: *nimmt das Telefon in die Hand und spricht mit einem imaginären Gesprächspartner.* Hallo, hören Sie? Wie bitte? Buchstabieren Sie das Wort. Wie bitte? Ich bin mir nicht sicher, ob Sie wirklich gesagt haben, was aus diesen Löchern herauskam. Das kann eigentlich nicht sein. Wie auch immer: Wenn Sie so hastig reden, kann ich nichts verstehen. Vergessen Sie nicht, dass wir ein Überseegespräch führen. Manchmal dringt Salzwasser in die Kabel und … Wie bitte? Nein, das war nicht ich. Was Sie eben gehört haben, war nur ein Wassergeräusch …

SCHWESTER: Meine Schwester hatte nie Angst vor dem Wasser. Im Gegenteil: Sie nahm nie einen Regenschirm mit, wenn es regnete. Sie war oft bis auf die Haut durchnässt, aber ihre Knie blieben hart und trocken.

NACHBAR: *nimmt dem Übersetzer das Telefon weg und leckt den Hörer ab.* Es schmeckt salzig wie ihre Knie. Menschen sollten keinen Geschmack haben, wenn sie sich nicht gegenseitig auffressen wollen.

BRUDER: Als ich noch am Strand lebte und jeden Morgen mit meinem kleinen Boot aufs Wasser fuhr, hatte ich keine Angst vor dem Meer. Eines Tages schlief ich sogar in meinem Boot ein und als ich aufwachte, wusste ich nicht mehr, wo ich war: Kein Land, keine Insel, kein Leuchtturm war zu sehen. Ich weiß nicht, wie lange ich dort saß, ohne zu handeln. Eine heisere weibliche Stimme rief aus dem Wasser: Steh auf, du Panzerloser. Ich schaute ins Wasser und sah eine Schildkröte. Setz dich auf meinen Panzer, ich bringe dich nach Hause, sagte sie. *Versucht, sich auf die Leiche zu setzen.*

SCHWESTER: *schiebt ihn sofort weg.* Setz dich nicht dahin.

ÜBERSETZER: *nimmt die Körperhaltung einer Schildkröte ein.* Kommen Sie, ich helfe Ihnen bei Ihrer Darstellung.

BRUDER: *setzt sich auf den Übersetzer.* Kaum hatte ich mich auf ihren Rücken gesetzt, schwamm sie los. Ich fragte sie, wie alt sie sei. Denn ich wollte nichts mit einem weiblichen Wesen zu tun haben, das jünger ist als ich. Alle jüngeren Frauen erinnern mich an meine Mutter.

NACHBAR: An wen?!

BRUDER: *steigt vom Rücken des Übersetzers.* An meine Schwestern, wollte ich eigentlich sagen, obwohl sie viel älter sind als ich.

ÜBERSETZER *in den Hörer:* Sprechen Sie bitte nicht in Ihrer Muttersprache. Vergessen Sie nicht, dass es sich um ein Überseegespräch handelt. Jedes Mal, wenn die Seepflanzen sich bewegen, kommt ein Missverständnis zustande. Ich muss als Übersetzer mein Boot so schnell rudern, wie ein Wort von einer Küste zur anderen schwimmt. Das ist mein Beruf. Aber unter Wasser würden mir meine neruflichen Erfahrungen nicht mehr helfen.

NACHBAR: *hat schon drei Hemden und drei Hosen übereinander an und zieht jetzt noch Socken und Handschuhe an.* Auf dem Schildkrötenpanzer wächst Moos, rot und grün. Das Rote stinkt wie ein geröstetes Messer, und das grüne stinkt wie Abwasser. Ich werde sofort unser Gesundheitsamt anrufen.

SCHWESTER: Mich ekelt nichts mehr. Ich habe für immer aufgehört, meine eigenen Hände zu waschen. Das Einzige, was ich noch wasche, ist eine Leiche. Aber wenn ich sie nicht waschen würde, würde sie mich auch nicht ekeln.

BRUDER: Ich bringe dich nach Hause, sagte die Schildkröte zu mir. Damit meinte sie aber nicht mein Haus, sondern ihr Haus, das unter Wasser stand.

NACHBAR: *holt ein langes Band aus dem Schrank und fängt an, den eigenen Körper wie ein Postpaket zusammenzubinden.* Kinder, ich habe euch doch immer gesagt, dass ihr Unbekannten nicht glauben sollt! Egal, was sie euch versprechen, ihr dürft nicht mitgehen. Denn eine unbekannte Person bringt euch nie nach Hause, sondern sie entführt euch.

BRUDER: Die Schildkröte lud mich zu sich nach Hause ein. Ganz tief unter Wasser stand ihr riesengroßes Haus: riesengroß, denn es hatte weder Außenwände noch ein Dach. Die Innenwände teilten das Haus in vier Zimmer: Das erste Zimmer war für den Sommer, das zweite für die Nacht, das dritte für die Kinder, und das vierte für die Literatur.

ÜBERSETZER: Wie alt war die Schildkröte eigentlich?

BRUDER: Neunundvierzig.

ÜBERSETZER: Relativ jung für eine Schildkröte.

SCHWESTER: Genauso alt, wie meine Schwester jetzt ist.

NACHBAR: Sie ist das aber nicht mehr. Sie ist tot.

BRUDER: Ich bin sehr lange bei ihr unter Wasser geblieben. Ich kann nicht einmal sagen, wie viele Jahre es waren. Am Anfang habe ich noch manchmal gedacht, dass ich nicht so weiterleben darf. Bald wusste ich aber nicht mehr, warum es nicht so weitergehen darf. Schließlich hatte ich keinen einzigen Grund mehr, wieder zurück nach Hause zu gehen.

SCHWESTER: Du hast uns verlassen. Unsere Schwester wollte dich dringend sprechen, als sie schwer krank wurde. Sie wusste aber nicht wie. Selbst wenn du ein Telefon gehabt hättest, wäre es nicht gegangen, weil sie nicht mit dem eigenen Bruder telefonieren wollte: Telefonieren konnte sie nur mit Menschen, die sie noch nie gesehen hatte. Sie wollte dir auch nicht schreiben, weil ein Brief für sie immer etwas Amtliches war.

ÜBERSETZER: Ich bin auch gegen dieses sogenannte „Telefon".

BRUDER: Sie sind aber selbst ein Telefon.

ÜBERSETZER: *wirft das Telefon gegen die Wand.* Ich bin kein Telefon. Ich werde manchmal benutzt wie ein Telefon, aber meine Arbeit ist etwas ganz anderes.

SCHWESTER: Unsere Schwester wollte einmal mit dir reden. Das hat sie mir mehrmals gesagt.

BRUDER: Ich hätte aber nicht gewusst, was ich ihr hätte erzählen können. Ich wusste nie, was in ihrem Kopf vorgeht. Ich erinnere mich nur, dass sie nicht gerne mit mir redete.

NACHBAR: Ihre Schwester hat mich auch nie angesprochen. Ich denke, sie hat nie gerne geredet. Einmal sah ich sie nachts in einer Telefonzelle. Ich weiß noch, dass ich dachte: Sie telefoniert heimlich mit einem Mann.

SCHWESTER: Meine Schwester hat nie mit Männern telefoniert. Sie hat Männer auch nie fotografiert. Sie können ihre Schubladen kontrollieren: Da ist kein einziges Foto von einem Mann.

NACHBAR: Der Fotoapparat! Daran habe ich noch gar nicht gedacht. Der Fotoapparat! Wir brauchen einen. Er wäre ein richtiger Ersatz für das kaputte Telefon.

BRUDER: Man kann unter Wasser keine Fotos machen. Deshalb gibt es kein Foto aus der Zeit, in der ich mich wohlfühlte. Die schöne Schildkröte existiert heute nur noch in meiner Geschichte.

ÜBERSETZER: In der Sprache der Schildkröten gibt es kein Adjektiv. Deshalb können Sie nicht sagen, dass Sie mit einer schönen Schildkröte zusammen waren. Sie könnten höchstens sagen, dass die Schönheit auf dem Schildkrötenpanzer wie Kaugummi festklebte, weil sie eine sehr alte Schildkröte war. Schildkröten werden nämlich mit dem Alter immer schöner. Sie war also eine alte Schildkröte, die ... nein, „alte" kann man auch nicht sagen, das ist auch ein Adjektiv. Also, sie lebte schon lange.

BRUDER: Sie war nicht alt. Sie war nicht jung.

NACHBAR: Glauben Sie nicht alles, was der Übersetzer sagt. Er bringt unser Gesetz durcheinander und behauptet, er hätte nur einen grammatikalischen Verbesserungsvorschlag gemacht.

BRUDER: Ich heiratete die Schildkröte und blieb bei ihr ganz lange.

ÜBERSETZER: Das kann nicht sein. Sie sind doch noch sehr jung.

SCHWESTER: Mein Bruder hat schon mehrere Leben gelebt im Unterschied zu meiner Schwester. Ihr Leben war kurz. Sein Leben war viel.

NACHBAR: Ich möchte fotografiert werden, bevor ich alt werde.

ÜBERSETZER *zum Nachbar:* So einer wie Sie wird schnell alt. Wenn Sie wirklich nicht alt werden möchten, so müssen Sie versuchen, eine Schildkröte zu werden. *Wirft den Nachbarn auf den Boden und setzt sich auf ihn.*

NACHBAR: *wehrt sich.* Lassen Sie mich!

BRUDER: Eine Schildkröte kann man nicht werden. Man kann sich zwar als Schildkröte maskieren; man kann auch ohne Maske die Rolle einer Schildkröte spielen. Aber man kann keine Schildkröte werden. Umgekehrt ist es jedoch möglich, dass eine Schildkröte sich in einen Menschen verwandelt, wenn sie Lust dazu hat. Ja, nur wenn sie Lust dazu hat.

ÜBERSETZER: Was wollen Sie damit sagen?

BRUDER: Ich wollte sagen, dass die Tiere im Unterschied zu uns eine freie Wahl haben.

NACHBAR: Ich rufe die Polizei an.

BRUDER: Ich sehe kein Problem darin, dass ich sie wissentlich geheiratet habe. Aber sie wurde von ihren Mitbewohnern angeklagt, weil sie so ein Wesen wie mich zu sich eingeladen hat. Ich habe nämlich keinen Panzer, und außerdem habe ich einen Bauchnabel.

SCHWESTER: Wer einen Bauchnabel hat, kann keine Eier legen. Der Bauchnabel ist ein Zeichen für unsere Unfähigkeit.

BRUDER: Außerdem sind die Menschen zu unordentlich in den Augen der Schildkröten. Ich habe nie verstanden, wie die Schildkröten ihre Ordnung beherrschen. Sie finden alles, was sie suchen.

ÜBERSETZER: Ich kann nicht die Kindersprache in die Muttersprache übersetzen.

BRUDER: Ich wollte, wenn ich das sagen darf, schon immer ein Kind gebären, aber nicht ein Säugetier, nicht einen Menschen. Denn Säugetiere haben eine zu schrille Stimme und einen zu großen Kopf. Mein Körper würde zerbrechen, wenn ich ein Säugetier gebären würde. Selbst wenn ich eine Frau wäre, würde es mir wehtun. Ich kann keine Schmerzen ertragen. Ich wollte nur ganz kleine Eier legen: kleine, glatte Eier. Aber als ich tatsächlich drei kleine Eier geboren hatte – damals war ich fünfzehn –, habe ich mich sehr geschämt. Ich dachte, ich hätte kein Recht dazu. Ich legte sie heimlich in die Pfanne, machte drei Spiegeleier daraus und aß sie auf, bevor meine Schwestern in die Küche kamen.

ÜBERSETZER: *umarmt den Bruder.* Das Wort „Spiegelei" ist so schön, dass ich es in keine andere Sprache übersetzen möchte. Ich werde nur noch die Wörter, die ich hasse, in eine andere Sprache verwandeln.

SCHWESTER: Meine Schwester hat kein Kind bekommen. Sie sagte, dass sie deshalb manchmal traurig gewesen sei. Ich wusste aber, dass sie log.

NACHBAR: *liegt immer noch auf dem Boden wie ein Postpaket.* Ich möchte fotografiert werden. Ich möchte mich in einem Foto für immer aufbewahren. Wer fotografiert mich? Wer rettet mich?

ÜBERSETZER *zum Nachbarn:* Rufen Sie die Polizei an. Die Polizisten sind immer bereit, einem zu helfen.

SCHWESTER: Ich habe auch noch nie ein Kind geboren, denn ich wusste, dass meine Schwester mich dann hassen würde.

BRUDER: Glaubst du, dass sie von dir geliebt werden wollte?

SCHWESTER: Vielleicht.

BRUDER: Warum hast du sie dann gehasst?

NACHBAR: Ziehen Sie mich aus. Ich möchte mich befreien.

ÜBERSETZER: Ihre Vorstellung von der Befreiung ist altmodisch. Bleiben Sie so, wie Sie sind; oder rufen Sie die Polizei an.

SCHWESTER: *reinigt den Hals der Toten.* Meine Schwester hatte eine schöne Speiseröhre. Ich durfte ihr ab und zu in die Kehle schauen. Ich legte manchmal eine kleine Tablette auf ihre Zunge und beobachtete, wie sie in der Röhre verschwand. Einmal warf ich eine besondere Tablette tief in ihre Kehle. Ich war ganz sicher, dass wir allein waren. Als ich mich umblickte, stand aber unser Bruder, der seit zehn Jahren fort gewesen war, in der halb geöffneten Tür und sagte:

BRUDER: Ich bin wieder da.

SCHWESTER: Wo kommst du her?!

BRUDER: Ich war unter Wasser.

SCHWESTER: Bist du ertrunken? Und dann gerettet worden?

BRUDER: Nein, ich bin freiwillig unter Wasser gegangen und bin wiedergekommen, um meine älteste Schwester zu retten, bevor sie getötet wird.

SCHWESTER: Von wem?

BRUDER: Von dir.

NACHBAR: Rufen Sie sofort die Polizei an. Das geht doch nicht so weiter. Ein Mord. Ein Schwesternmord.

ÜBERSETZER *zum Bruder:* Sie kommen frisch aus dem Wasser. Glauben Sie, dass die anständigen Bürger Ihre Sprache verstehen? Sie brauchen einen Dolmetscher!

NACHBAR: Er kommt sicher nicht aus dem Wasser, sondern aus einem Gefängnis. Kein Mensch kann aus dem Wasser zurückkehren.

SCHWESTER: Warum bist du zurückgekommen? Wir haben dich nicht gerufen! Hast du etwa gedacht, dass wir dich vermissen? Nicht jeder verlorene Sohn ist wertvoll.

BRUDER: Ich konnte nicht mehr bleiben, wo ich war. Nicht, dass ich dort gegen das Gesetz gehandelt hätte. Nein. Ich bekam Minderwertigkeitsgefühle. Ich gehörte dort nicht dazu. Ich bin nämlich nicht aus einem Ei geboren.

NACHBAR: Befreien Sie mich! Ich muss handeln! Ich muss mit dem heimgekehrten Sohn reden. Da er keinen Vater hat, muss ich mit ihm reden. Sonst fressen ihn seine Schwestern auf.

BRUDER: Ich bin kein Sohn, ich bin nur ein Bruder. Was wollen Sie mir erzählen? Wer hat Sie zum Postpaket gemacht? *Schnürt den Nachbar auf.* Was wollten Sie mir sagen?

NACHBAR: Befreien Sie mich!

BRUDER: Ich habe Sie doch schon befreit. Oder soll ich Sie von Ihrer Kleidung befreien? Ich weiß nicht, ob das gut ist. *Zieht ihm alles, was er anhatte – bis auf eine weiße Hose und ein weißes Hemd – aus.* Was wollten Sie mir sagen?

NACHBAR: Es war einmal ein Kranich, der lag verletzt am Ufer eines Teichs in einem großen Park. Eine Postbotin kam zufällig vorbei, fand ihn und nahm ihn mit nach Hause. Sie pflegte ihn, bis er geheilt war, und dann brachte sie ihn wieder in den Park. Eines Tages, als die Postbotin allein im Park saß und die Zeitung las, kam ein schöner junger Mann zu ihr und sagte:

Der Nachbar setzt sich die Kranichmaske auf.

NACHBAR ALS KRANICH: Entschuldigen Sie bitte.

ÜBERSETZER-POSTBOTIN: Wie bitte?

NACHBAR ALS KRANICH: Entschuldigen Sie, darf ich Sie zu einer Tasse Kaffee einladen?

ÜBERSETZER-POSTBOTIN: Buchstabieren Sie das Wort „Kaffee“ bitte.

NACHBAR ALS KRANICH: Warum?

ÜBERSETZER-POSTBOTIN: Ich möchte nicht mit einem Ausländer Kaffee trinken gehen, der Kaffee mit „C" schreibt.

NACHBAR ALS KRANICH: Ich bin kein Ausländer, ich bin kein Mensch.

Nachbar nimmt die Kranichmaske ab.

BRUDER: Und die Postbotin? Was hat sie dann gemacht?

NACHBAR: Sie ging mit ihm Kaffee trinken. Und dann hat er sie noch zum Abendessen eingeladen, und zwar nicht nur einmal, sondern immer wieder. *Holt aus der Hosentasche weiße Federn und streut sie in die Luft.* Aus seiner Hosentasche kam so viel Geld, wie er wollte. Seine Geldscheine waren etwas leichter und weicher als die normalen, aber keiner hat es gemerkt.

BRUDER: Und die Postbotin? Fand sie ihn nicht etwas fremd?

SCHWESTER: *reinigt die Brust der Toten.* Meine Schwester hat oft nachts gehustet. Ich streichelte ihren Rücken, aber es half nicht. Was hast du, fragte ich sie jedes Mal. Und sie sagte jedes Mal, dass sie zu viele Federn eingeatmet habe: Auf der Innenseite ihrer Lungen klebten weiche Federn, und es gäbe nicht mehr genug Platz für die Luft.

BRUDER: Woher kamen die Federn? Unser Kanarienvogel ist doch schon seit zwanzig Jahren tot.

SCHWESTER: Bist du vielleicht ein Kranich?

BRUDER: Ich?

SCHWESTER: Bist du vielleicht ein Tier?

BRUDER: Nein, ich bin doch dein Bruder.

SCHWESTER: Seit wann bist du mein Bruder? Bist du ein Tier und mein Bruder?

BRUDER: Was willst du wissen?

SCHWESTER-POSTBOTIN: Bist du der Kranich, den ich gerettet habe?

NACHBAR: Das hätte sie ihn aber nicht fragen dürfen. Die Postbotin hat ihm diese Frage gestellt, weil sie nicht verstehen konnte, warum er nicht arbeitete; warum er nicht beim Arbeitsamt gemeldet war; warum er keine Sozialhilfe beziehen wollte; warum er sich nicht nackt zeigen wollte; warum er nicht von seiner Vergangenheit sprach; warum er keinen gekochten Fisch aß; und warum er nie Zeitung las.

SCHWESTER-POSTBOTIN: Bist du der Kranich, den ich gerettet habe?

BRUDER: Es war einmal ein Kranich, der „ich" hieß. *Nimmt die Kranichmaske vom Nachbarn und setzt sie sich auf.*

ÜBERSETZER: Buchstabieren Sie Ihren Namen, bitte.

BRUDER ALS KRANICH: „I" wie Igel, „C" wie Chimäre und „H" wie Hund. Mit Ihrer Methode kommen Sie aber nicht tiefer in meine Seele hinein. Ob ich ein Kranich bin? Nein.

ÜBERSETZER: Wie war Ihr Name, bitte.

BRUDER ALS KRANICH: „Ich" hieß der Kranich.

ÜBERSETZER: So kann kein Kranich heißen.

Der Bruder nimmt die Maske ab und gibt sie dem Nachbarn zurück.

SCHWESTER: Manchmal dachte ich, dass meine Schwester wie ein Kranich aussieht, weil sie einen langen Hals hatte. Wenn man sie von hinten rief, schaute sie elegant wie ein Kranich zurück. Ich rief oft ihren Namen, nur um zu sehen, wie elegant sie ihren Kopf zurückdreht.

BRUDER: Du hast ihr manchmal das Halsband vom Hund des Nachbarn um den Hals gelegt.

SCHWESTER: Das war unser Lieblingsspiel. Wer von uns ist der Hund, fragten wir uns dann gegenseitig.

BRUDER: Wer von uns ist der Hund?

SCHWESTER: Ich.

BRUDER: Und du warst immer der Hund. Obwohl du das Halsband nie umhattest.

SCHWESTER: Natürlich wollten wir beide lieber der Hund sein als seine Besitzerin. Aber ich wollte kein Halsband um meinen Hals haben, weil ich nicht so einen langen Hals hatte wie meine Schwester.

BRUDER: Du hast an dem Halsband eine Kette befestigt und die Schwester hin- und hergezogen.

SCHWESTER: Das war aber ein Befehl von ihr. Ich konnte zur ihr nicht „Nein" sagen.

BRUDER: Und sie hat geschrien.

ÜBERSETZER: *schreit wie eine Frau.*

SCHWESTER: Sie wollte lieber ein Hund sein als seine Besitzerin.

NACHBAR: *spricht zur Kranichmaske.* Ich möchte lieber ein Kranich sein als seine Besitzerin, verstehst du?

ÜBERSETZER: Hat Ihre Schwester den Befehl wirklich so streng formuliert, dass Sie nicht „Nein" sagen konnten? Ich kann mir nicht vorstellen, dass man einen so lächerlichen Wunsch streng formulieren kann. Was sagte sie konkret? Zitieren Sie wörtlich. Ich kann daraus vielleicht etwas lernen.

NACHBAR *zur Maske:* Zitieren Sie wörtlich aus Ihrem Tagebuch!

SCHWESTER: Sie hat eigentlich nichts gesagt. Ich habe aber immer gespürt, was sie von mir wollte. Sie brauchte mir nichts zu sagen. Es war alles so deutlich, dass ich nicht einmal nachfragen musste.

NACHBAR: Die Postbotin konnte aber nie spüren, wie sich der junge Mann fühlte. Sie war bald verzweifelt. Etwas war bei ihm nicht normal.

BRUDER: Mir gefällt es aber besser, wenn ich mir nicht einbilden muss, dass ich die Gefühle meiner Frau verstehen könnte.

NACHBAR *zur Maske:* Na, wie fühlst du dich?

ÜBERSETZER *zum Bruder:* Genau. Sonst wären Sie ja nicht mit der Schildkröte gegangen. Oder mit der Muschel. Was für ein Gefühl hat eine Muschel?

SCHWESTER: Ich wusste immer ganz genau, was meine Schwester dachte.

NACHBAR: Wissen Sie auch, was sie jetzt denkt?

BRUDER: Du wusstest, dass sie von dir getötet werden wollte?

SCHWESTER: Du weißt nichts von uns. Du bist kein verlorener Sohn, sondern ein nichtgeborener Bruder. Und ich bin ihre einzige richtige Schwester. Ich wusste alles über sie.

NACHBAR: Wie ist das möglich? Wie konnten Sie alles wissen?

SCHWESTER: Weil wir aus einem Ei geschlüpft sind.

BRUDER: Aus dem Ei, das ich geboren habe.

SCHWESTER: Nein, nicht aus deinem Ei. Wir waren Zwillinge, die nicht im gleichen Jahr geboren wurden, aber doch aus einem Ei.

ÜBERSETZER: Es kann ja sein, dass Sie und Ihre Schwester als ein Mensch zur Welt gekommen sind.

NACHBAR: Ich hörte die beiden oft streiten. Damals hatten wir noch nicht diese Isolierwand. Es geschah immer morgens. Ich wusch mich, zog meine Uniform an und hörte den Satz:

ÜBERSETZER-TOTE: Ich weiß, dass es nicht regnen wird!

NACHBAR: Ich hörte oft, dass eine zur anderen sagte, dass es an dem Tag bestimmt regnen würde. Dann sagte die andere, dass es bestimmt nicht regnen würde. Sie stritten leidenschaftlich über dieses kleine Problem.

ÜBERSETZER: Vielleicht ging es aber um ein anderes Problem. Vielleicht war der „Regen" eine Metapher für etwas.

NACHBAR: Unsinn.

ÜBERSETZER: Oder war das Wort „Regen" eine Chiffre?

NACHBAR: Nein, ganz bestimmt nicht. Das hätte ich ja sofort gemerkt.

ÜBERSETZER: Ist es nicht nur Ihre Wunschvorstellung, dass sich die beiden Schwestern gestritten haben? Sie dachten sicher, dass sich die Schwestern voneinander trennen sollten, damit Sie mit einer der beiden in Kontakt kommen könnten.

NACHBAR: Ich habe die beiden kaum gesehen. Geredet habe ich nur einmal mit der einen. Ich weiß nicht einmal, ob es die Älteste war. Ich glaubte manchmal sogar, drei bis vier verschiedene Frauenstimmen zu hören. Ich wusste nicht einmal, wie viele Schwestern insgesamt in diesem Haus wohnten.

BRUDER: Ein Kranich besitzt nie einen Regenschirm.

ÜBERSETZER: War es nicht so, dass Sie das Gespräch zwischen ihnen als Streit definiert haben, weil Sie nicht wahrhaben wollten, was die beiden redeten?

NACHBAR: Was wollte ich nicht wahrhaben?

ÜBERSETZER: Sie wollten nicht wahrhaben, dass Ihre Nachbarn eine ganz andere Sprache benutzen als Sie.

NACHBAR: Das kann nicht sein, denn ich habe alles verstanden, was sie redeten. Alles.

BRUDER: Man hört nur das, was man versteht.

NACHBAR: Ich wollte nur nicht so genau wissen, was mich beunruhigt. Es war immer etwas Seltsames an dieser Familie. Nein, es war keine Familie. Wer weiß, ob die Schwestern wirklich Schwestern waren, ob ihr Bruder wirklich ihr Bruder war.

SCHWESTER: Reden Sie etwas lauter.

ÜBERSETZER: Und konkreter. Ich kann nicht verstehen, warum viele Leute absichtlich so entstellte Redeweisen verwenden. Vielleicht damit sie – falls sie angeklagt werden – eine Ausrede haben. ‚Es war aber gar nicht so gemeint", sagen sie immer hinterher. ‚Es war nur ein Übersetzungsfehler." Das sind doch alles Ausreden.

NACHBAR: Ich brauche aber keine Ausrede. Ich habe nichts getan. Ich kann alles, was ich gemacht habe, laut meinem Finanzamt erzählen. *Nimmt die Hunde-Maske und setzt sie sich auf.*

SCHWESTER: Was machen Sie eigentlich beruflich? Wir leben schon seit dreißig Jahren nebeneinander und ich habe Sie das noch nie gefragt.

NACHBAR ALS HUND: Es ist kein Wunder, dass Sie mich das noch nie gefragt haben, denn ich habe – wenn ich mich nicht täusche – noch nie mit Ihnen geredet. Ich glaube, es war Ihre Schwester, die ich einmal angesprochen habe.

SCHWESTER: Was machen Sie eigentlich beruflich?

NACHBAR ALS HUND: Das geht Sie gar nichts an. Ich lebe in einem Stadtteil, in dem man seinen Beruf nicht extra nennen muss: Man sieht, was man verdient, und das reicht.

SCHWESTER: Verraten Sie mir doch Ihren Beruf. Sind Sie ein Hund oder sein Besitzer?

NACHBAR ALS HUND: Es gibt Leute, die Fragen stellen. Die sind zwar nicht verboten, aber doch unpassend. *Nimmt die Hunde-Maske ab.*

SCHWESTER: Was hat Ihnen meine Schwester gesagt, als sie mit Ihnen sprach? Hat sie nicht nach Ihrem Beruf gefragt?

NACHBAR: Das weiß ich nicht mehr.

SCHWESTER: Hat sie Sie zufällig gefragt, ob es verboten ist, eine Leiche im Haus zu behalten, wenn sie anfängt zu stinken?

NACHBAR: Nein. Das hat sie mich sicher nicht gefragt.

ÜBERSETZER: Sonst hätte er es ihr sofort verboten.

NACHBAR: Sicher. Ich kann nämlich keinen Geruch ertragen.

SCHWESTER: Wo ist eigentlich mein Becher? Ich brauche jetzt meinen Becher, um ihren Mund zu spülen.

BRUDER: Hier ist dein alter Becher. An den kann ich mich sogar noch erinnern. Ihr habt manchmal zusammen die Zähne

geputzt: Du hast ihre Zähne geputzt und sie deine.
Gibt ihr den Becher.

SCHWESTER: Du kannst diesen alten Becher nicht kennen! Denn du bist heute zum ersten Mal hier bei uns. Du bist nicht unser Bruder.

BRUDER: Ist es möglich, dass ich ein Kranich bin? Ist es möglich, dass ich früher einmal ein Kranich war? Oder dass ich eines Tage zu einem Kranich werde? Dann werde ich aber sofort vergessen, dass ich vorher kein Kranich war, und kann wieder nicht feststellen, ob ich eine Verwandlung durchgemacht habe oder nicht. Was kann ich tun, damit ich mich später an alles erinnern kann?

SCHWESTER: *gießt Wasser in den Mund der Toten.* Es stinkt aus ihrem Mund. Das ist aber nicht der Grund, warum ich ihn spüle. Ich möchte wissen, was sie zuletzt gegessen hat.

BRUDER: Zuletzt? Sie hat ihr letztes Essen noch nicht gehabt: Ich werde ihr Obst und Brot in den Sarg hineinlegen.

SCHWESTER: Ich möchte wissen, was in ihrem Mund zurückgeblieben ist.

NACHBAR: Vielleicht ihre unausgesprochenen Worte. Und diese Worte stinken jetzt.

ÜBERSETZER: Haben Sie damals versucht, mit ihr ein Gespräch zu führen?

NACHBAR: Ja. Es war ein Herbsttag. Es regnete stark und sie ging ohne Regenschirm aus dem Haus.

NACHBAR: *spannt einen Regenschirm auf.* Entschuldigen Sie, haben Sie keinen Schirm?

ÜBERSETZER-TOTE: Wie bitte? *Setzt sich die Kranich-Maske auf.*

NACHBAR: Haben Sie keinen Schirm? Wir können zusammen gehen, wenn Sie möchten. Gehen Sie auch zum Bahnhof?

ÜBERSETZER-TOTE ALS KRANICH: Ja. Danke.

NACHBAR: Und dann fragte ich sie, was sie macht. Sie antwortete nicht sofort. Nach einer Weile sagte sie, dass sie zwar einen Plan hat, der ihr aber nicht mehr gefällt. Und eigentlich wüsste sie, was sie machen möchte. Aber sie stellte fest, dass das technisch nicht möglich sei. Sie wollte deshalb etwas anderes machen. Und so hätte seit Jahren Pläne, die sie aber noch nicht verwirklichen konnte.

BRUDER: Und? Weiter.

NACHBAR: Sie meinte, das Problem sei, dass sie von zu vielen Menschen schon zu sehr gelobt wird, bevor sie überhaupt an einem Plan zu arbeiten beginnt.

BRUDER: Und? Was haben Sie sie noch gefragt?

NACHBAR: Ich habe sie gefragt, wo sie geboren ist.

BRUDER: Haben Sie gedacht, sie wäre unter Wasser geboren?

NACHBAR; Nein, das nicht. Aber wenn ich den Geburtsort meines Gesprächspartners weiß, fühle ich mich sicher.

BRUDER: Was hat sie geantwortet?

NACHBAR: Nichts.

SCHWESTER: Haben sie dann Ihren Pass kontrolliert?

NACHBAR: Nein.

SCHWESTER: Was ist Ihr Beruf?

NACHBAR: Nicht alles, was ich tue, hat mit meinem Beruf zu tun.

BRUDER-NACHBAR: *spannt auch einen Regenschirm auf.* Haben Sie keinen Regenschirm?

ÜBERSETZER-TOTE ALS KRANICH: Ich besitze keinen Regenschirm.

BRUDER-NACHBAR: Wir können zusammen gehen, wenn Sie möchten.

ÜBERSETZER-TOTE ALS KRANICH: Nein, danke. Ich brauche keinen Regenschirm.

BRUDER-NACHBAR: Haben Sie keine Angst davor, nass zu werden?

ÜBERSETZER-TOTE ALS KRANICH: Ich habe zu meiner Schwester gesagt, dass es heute nicht regnen wird. Darum durfte ich ihren Regenschirm nicht benutzen. Ich darf auch nicht nass werden, denn ich sagte ja, es regnet nicht.

BRUDER-NACHBAR: Und wie machen Sie das? Es regnet doch in Strömen.

ÜBERSETZER-TOTE ALS KRANICH: Meine Federn haben eine Fettschicht, die mich vor dem Wasser schützt.

BRUDER-NACHBAR: Wo gehen Sie hin?

ÜBERSETZER-TOTE ALS KRANICH: Ich muss in eine andere Richtung gehen als Sie. Und dann muss ich nach Hause.

BRUDER-NACHBAR: Bleiben Sie doch lieber bei mir. Verlassen Sie Ihre Schwester für immer. Sie ist ein Mensch. Ich meine, sie ist nur ein Mensch und nichts von ihr ist Tier. Sie spielt zwar manchmal einen Hund, aber selbst das kann sie nicht gut. Verlassen Sie sie!

ÜBERSETZER-TOTE ALS KRANICH: Nein. Das kann ich nicht. Sie wird mich töten.

SCHWESTER: *schreit laut wie ein Kranich.*

ÜBERSETZER-TOTE ALS KRANICH: Ich bin wieder da.

SCHWESTER: Mit wem hast du geredet?

ÜBERSETZER-TOTE ALS KRANICH: Mit unserem Nachbarn.

SCHWESTER: Ah, mit dem Polizisten. Pass auf, er will uns verhaften.

ÜBERSETZER-TOTE ALS KRANICH: Soll ich nicht mehr mit ihm reden?

SCHWESTER: Das kannst du selbst entscheiden. Du bist doch die ältere Schwester.

ÜBERSETZER-TOTE ALS KRANICH: Ich möchte aber, dass du bestimmst, was ich mache. Sonst mache ich alles verkehrt.

SCHWESTER: Ich kann nichts bestimmen.

ÜBERSETZER-TOTE ALS KRANICH: Du musst für mich denken. Sonst sagst du hinterher, dass ich alles falsch gemacht habe. Mit wem soll ich nicht reden? Was soll ich heute Abend machen? Wohin soll ich morgen gehen? Was soll mit meinem Körper passieren, wenn ich nicht mehr lebe?

SCHWESTER: Das weiß ich nicht. Vielleicht lebst du länger als ich.

ÜBERSETZER-TOTE ALS KRANICH: Nein. Ich erlaube dir nicht, vor mir zu sterben. Wer sonst soll meine Leiche reinigen?

SCHWESTER: Meine Tochter kann das machen.

ÜBERSETZER-TOTE ALS KRANICH: Ich werde dir nicht erlauben, eine Tochter zu gebären. Wir müssen unsere Familie aussterben lassen. *Nimmt die Maske ab.*

BRUDER: Es war einmal ein Jäger, der MICH hieß.

SCHWESTER: „M" wie Marder, „I" wie Igel, „C" wie Chimäre und „H" wie Hund.

ÜBERSETZER: Sie können unmöglich MICH heißen.

BRUDER: Doch, ich könnte MICH heißen, damit Sie nicht feststellen können, wer ich bin.

SCHWESTER: *schreit laut wie ein Kranich.*

NACHBAR: Ich muss die Feuerwehr anrufen. Das Haus ist unter Wasser, und keiner merkt es. Eine Mörderin reinigt die Leiche mit Salzwasser. Es stinkt überall. Ein Verrückter schreibt seine Biografie auf und ein anderer Verrückter übersetzt sie falsch. Eine Schildkröte schwimmt durchs Zimmer. All das hatte ich euch schon vor 30 Jahren verboten, aber es hörte ja keiner auf mich. Jetzt ist alles zu spät. Jetzt kann man alles nur noch mit Gewalt auslöschen.

BRUDER: Eines Tages ging der Jäger in den Wald, um ein Reh zu jagen. Am Eingang des Waldes sah er einen Mann, der Eier legte.

NACHBAR: Sofort losschießen! Bevor aus den Eiern die Unbekannten geboren werden! Sofort! Egal, ob man trifft oder nicht. Egal, was man trifft. Überall, wo man allein ist, begegnet man Feinden. Einem Reh oder einem schwangeren Mann. Egal. Sofort töten!

BRUDER: Seine Eier glänzten im Sonnenlicht.

SCHWESTER: Meine Schwester hat aus den Nasenlöchern Kinder geboren. *Reinigt die Nase der Toten.* Diese Kinder wurden aber nicht als Menschen anerkannt und deshalb weggeworfen. Meine Schwester hat auch aus den Augen Kinder geboren. *Reinigt die Augen der Toten.* Diese Kinder wurden gehasst und getötet in einem Büro.

NACHBAR: Das war der Grund, warum sie keine Karriere machen konnte. Entweder gebärt eine Frau ihre Kinder in einer vorbestimmten Weise, oder sie verzichtet ganz und gar darauf. Aber so wie sie es hier im Haus gemacht hat, ist es ein Fall für die Feuerwehr. Wo ist das Telefon?

ÜBERSETZER: Das haben Sie doch schon längst vernichtet.

NACHBAR: Ich?!

ÜBERSETZER: Ich habe gesehen, wie Sie das Telefon gegen die

Wand geworfen haben. Alles, was stinkt, muss sofort vernichtet werden, sagten Sie, und warfen den Apparat gegen die Wand. Übrigens habe ich am letzten Sonntag im Wald auch gesehen, wie ein Mann Eier legte. Ich habe sie dann mitgenommen, um sie zu untersuchen. *Holt drei Eier aus der Aktentasche und gibt sie dem Bruder.*

BRUDER: *beobachtet die Eier ganz genau.* Das sind nicht meine Eier.

ÜBERSETZER: Ich denke auch, dass Ihre Eier anders aussehen müssten. Selbst wenn Sie schon einmal Eier gelegt hätten …

BRUDER: ,,Hätten"? Warum denn „hätten"?

NACHBAR: Werfen Sie die Eier gegen die Wand! Ich bekomme sonst keine Luft mehr.

ÜBERSETZER: Ich werde das Fenster aufmachen, wenn Sie Atemschwierigkeiten haben.

NACHBAR: Die Luft ist in diesem Haus zu dick für mich. Am liebsten möchte ich sofort raus. Alle vernünftigen Menschen haben das Haus schon verlassen. Warum bin ich eigentlich noch hier? Ausgerechnet ich? Es ist sicher besser, wenn ich morgen offiziell hier auftauche und nichts mit dem heute Geschehenen zu tun habe. Denn wichtig ist doch nur die Beerdigung, falls mit diesem toten Weib überhaupt noch etwas Wichtiges angefangen werden kann.

SCHWESTER: Die Beerdigung wird nicht stattfinden. Der Sarg ist uns abhanden gekommen.

NACHBAR: Wie bitte?

SCHWESTER: Der Sarg hat sich selbst begraben. Bevor wir die Leiche hineinlegen konnten.

BRUDER: Soll ich das Fenster aufmachen?

SCHWESTER: Dieses Fenster kannst du nicht mehr aufmachen. Auch die Tür ist von außen zugenagelt.

Die Tote steht langsam auf. Es wird dunkel. Die Tote zündet eine Kerze an und gibt sie ihrer Schwester. Die Schwester geht mit der Kerze in den Sarg zurück, aus dem sie am anfang des Stückes herauskam. Dasselbe passiert auch mit dem Bruder, dem Übersetzer und dem Nachbar. Die Tote verlässt dann den Raum.

WIE DER WIND IM EI

Personen:

Frau
Schwägerin der Frau
Dichter
Fremdes Mädchen
Chor

Ein kleines Haus steht in einer Mulde. Subtropische Bäume wachsen um das Haus herum. Ihre Äste bewegen sich wie menschliche Hände, die sich in der Gebärdensprache unterhalten. Im Haus gibt es zwei Zimmer: Das eine gehörte dem Mann, der bis vor zwei Jahren dort lebte. Das andere benutzt die Frau. Ein Schreibtisch steht am Fenster. Neben der Wand ein einfaches Bett. Kein Gegenstand erinnert an irgendeine Nationalität.

FRAU: Es hat sich eben etwas bewegt, dort im Busch. Eine Katze? Ein Lichtspiel? Oder eine Einbildung? Seitdem ich in dieser grünen Mulde mein Nest gebaut habe, habe ich mich nie so unruhig gefühlt wie heute. Weit entfernt von jedem Zweibeinigen, geschützt vor jeder menschenfresserischen Frage, wollte ich neun Monate lang an meiner Autobiografie schreiben. Mein Haus mit sieben Siegeln betritt kein Mensch außer einer Frau, die MICH nicht sehen kann: Diese Frau – das bin ich. (...) Leider stimmte es nicht ganz, dass keiner mich besucht. Es gibt drei Menschen, die mich immer besuchen können. (...) Auf und ab geht der junge, neugierige Postbote, als suche er nach einem Grund, an meine Tür zu klopfen. Aber er findet keinen Grund. Denn ich bin eine Frau ohne Adresse. Mein Briefkasten liegt in meinem Bauch. Dort kann kein Brief ankommen. Oder doch? In meinem Bauch hat sich eben etwas bewegt, als ich jenes Wesen im Garten sah. Was war es, das sich da bewegte? Viel größer als eine Katze, aber viel kleiner als ein Mensch. (...) Es ist Unsinn, vom Menschen im Allgemeinen zu sprechen. Keiner weiß genau, wie groß eigentlich ein Mensch ist. Ein Mensch kann auch kleiner sein als eine Katze.

CHOR (1): Wind Windel Wand Wandel Wunde Wunder
Der Wind bringt ein Wunder
Ein Mädchen steht vor der Tür
windelweich und wunderbar
Die Wand hat sich in Wind verwandelt
Und die Wunde hat sich in Wind verwandelt
Wind Windel Wand Wandel Wunde Wunder

FRAU: Etwas hat sich in meinem Bauch bewegt, als wollte sich ein Teil meines Fleisches von mir befreien. Nein, es war nicht mein Bauch, sondern der Garten, der plötzlich einen neuen Raum öffnete. Für wen eigentlich. Ich brauche keinen Raum, sondern nur Papier. Im Garten bewegen sich immer viele Gräser, Äste, Blätter und Früchte, wenn der Wind weht. Es ist nichts Besonderes. Aber das meine ich nicht. Etwas anderes hat sich bewegt. (...) Ich bin müde. Ich sehe etwas, und der Weg zu dem treffenden Wort scheint sich immer weiter zu entfernen, so dass ich fast – bevor ich zum Sprechen komme – meine Sehkraft verliere. In meinen Augen sterben jeden Tag ein paar Nerven ab, weil ich nicht genug schlafe. Wie eine kalte Münze liege ich nachts in meinem Bett und kann weder schlafen noch richtig aufwachen. Ich möchte mich wieder in einem tiefen Schlaf befinden.

Die Schwägerin kommt ins leere Nebenzimmer und fängt an, heftig zu putzen. Sie hat 20 schwere Schlüssel am Gürtel hängen, die bei jeder Bewegung laut klirren.

SCHWÄGERIN: Der Staub macht den Boden taub. Trübe Scheiben bringen Armut. Menschen müssen vom Morgenlicht gestochen werden wie das Fleisch auf dem Grill. Hell und heiß begrüßt uns die Sonne.

FRAU: *kommt ins Nebenzimmer.* Guten Morgen, liebe Schwägerin. Jetzt ist es aber genug mit dem Saubermachen. Auch der frisch geduschte Mond kann nicht gesünder leuchten als dieser Fußboden. Und die Glasscheiben sind hier durchsichtig wie ungeschminkte Quallen. Ruh dich aus! Deine Schlüssel möchten auch eine Weile schlafen.

SCHWÄGERIN: So wie ich immer einen Schlüssel umdrehe, drehst du an den Worten. Durch das Drehen öffne ich die Türen der Schatzhäuser, in denen die Zinsen neue Zinsen gebären und Mäuse neue Mäuse. Welche Tür öffnest du aber, wenn du die Worte verdrehst?

FRAU: Ich öffne nichts. Das ist nicht nötig.

SCHWÄGERIN: Du öffnest nichts? Kein Wunder, dass mein Bruder nicht zurückkommt, wenn die Tür verschlossen bleibt. Vergiss aber nicht, dass das Haus mir gehört, so wie du meinem Bruder gehörst.

FRAU: Liebe Schwägerin, er kehrt nicht mehr zurück, selbst wenn der Boden leuchtet und das Fenster glänzt. Sein bester Freund hat ihn vor zwei Wochen auf der Insel besucht, wo er seit zwei Jahren lebt. Auf der Insel haben hässliche Hunde liebliche Augen. Dort gibt es viele seltsame Steine, und schöne Männer stehen den ganzen Nachmittag an einer Straßenecke herum und erzählen sich gegenseitig Geschichten. Mein Mann geht jeden Tag Steine und Geschichten sammeln. Erinnerst du dich an seine Leidenschaft für Vulkansteine?

SCHWÄGERIN: Ich habe schon zwei Postkarten von ihm bekommen. Das ist ein unverkennbares Zeichen dafür, dass er dort nur Urlaub macht. Wer schreibt heutzutage Postkarten außer Urlaubern? Wenn er tatsächlich länger dort bleiben würde, wie du vermutest, so wäre er ein Feigling, der die lieblichen Augen der Hunde dem beruflichen Erfolg vorzieht. Dann wärst du aber schuld. Du hast ihm sicher die Leber herausgenommen und sie aufgegessen.

Denn die Leber ist das Organ des männlichen Mutes. Warum ist er sonst so feige geworden?

FRAU: Der Feigenbaum trägt Feigenäpfel. Das ist fein. Ich bin genauso ängstlich wie er und habe keine Angst davor, ängstlich zu sein. Angst macht das Leben interessanter.

SCHWÄGERIN: Dann geh du doch auch auf die Insel und bleib bei ihm! Dann wäre er wenigstens nicht ohne Ehefrau. Warum bleibst du hier?

FRAU: Er arbeitet auf seiner Insel und ich auf meiner. Diese Mulde ist meine Insel, die kein Meer kennt. Nur der Herbststurm hört sich an wie die Wellen auf einem Ozean.

Der Dichter betritt das Haus. Die Schwägerin betrachtet ihn kritisch von oben bis unten und verlässt das Haus ohne ein Wort. Der Dichter betrachtet sie vorsichtig und etwas ängstlich. Als er aber erneut einen Blick auf die Frau wirft, strahlt sein Gesicht vor Freude.

DICHTER: Kann man einen Kokon, ohne ihn zu zerstören, durchschauen? Mit tastenden Worten und geschlossenen Augen? Man sagt, es sei nur ein Wurm, der im Kokon schlafe. Man könne ihn höchstens zerquetschen, denn seine Hässlichkeit sei ansteckend. Ich denke aber, ein Wurm ist genauso schön wie ein Schmetterling. Er erinnert mich an den Zeigefinger eines Neugeborenen.

FRAU: Warum bist du gekommen? Ich bin dir zwar dankbar, dass du meinen Mann auf der Insel besucht und mir davon berichtet hast. Aber jetzt ist der Bericht abgeschlossen. Ich möchte nicht, dass ein Mensch ständig in diesem Haus spricht.

DICHTER: Ich bin nicht gekommen, um zu sprechen. Ich kann nur nichts sehen, ohne zu sprechen. Das ist der einzige Grund, warum mein Mund Sätze spuckt. Lass dich nicht davon stören. Ich sehe etwas, und das muss ich aussprechen, sonst verschwindet es. Dein Gesicht zum Beispiel. Seitdem mein Freund fort ist, siehst du genauso aus wie er. Lange war ich wütend auf dich, weil du für ihn keine Tränen verloren hast. Deine Augen waren immer trocken und ruhig. Ich dachte, du hättest ihn weggeworfen, wie einen alten Mantel. Jetzt weiß ich aber, dass ich nicht recht hatte. Er ist nicht weggeworfen worden, sondern er ist in dich hineingegangen. Wie kannst du sonst sein Gesicht haben?

FRAU: Ich beschäftige mich nicht mit dem, was in mich hineinkommt, sondern mit dem, was aus mir herauskommt. Heute habe ich ein seltsames Gefühl, als wäre jemand gerade aus mir herausgetreten.

DICHTER: Deine Haut war früher wie Eierschale, heute ist sie aus männlichem Leder. Der Bart wächst aus deiner Haut.

FRAU: Du siehst nur das, was du beschreibst, aber nicht das, was aus meiner Haut wächst. Ich bin meinem Mann nicht ähnlich geworden. Nur eine Gewohnheit habe ich von ihm übernommen: Er hat immer das Manuskriptpapier vollgeschrieben. Es gab keinen freien Platz mehr, so dass man kein neues Wort hinzufügen konnte. Wenn er für eine Zeitung schrieb, war es nicht richtig, aber für sein Tagebuch war es vielleicht doch richtig. Ich benutze mein Papier jetzt genauso.

DICHTER: Deine Stimme zittert zwischen zwei Höhen, denn sie kann sich noch nicht entscheiden, welche Höhe sie annehmen soll: Die eine ist nicht tief genug für einen Mann, und die andere ist noch zu tief für eine Frau. Es wird aber nicht mehr lange dauern, bis du mit der Stimme meines Freundes sprichst.

FRAU: Ich habe meinen Mann nicht aufgegessen, weder seine Stimmbänder noch seine Leber habe ich in meinem Mund gehabt. Du möchtest gerne, dass er in mir ist?

DICHTER: Ja. *Denkt nach.* Nein. Ich weiß nicht genau, was ich will.

FRAU: Ich bin heute scheinschwanger. Vor etwa einem Jahr besuchte ich einen Arzt in der Stadt und sagte ihm, dass ich nachts Bauchschmerzen hätte und nicht einschlafen könnte. Er fragte mich, ob ich Magenschmerzen hätte. Meine Schmerzen kannten keine Grenzen. Mir wurde klar, dass ich keinen Magen habe. Ich bin eine Flasche aus Fleisch: Bei mir gibt es keine Grenzen zwischen Bereichen, die man als Lippen, Gaumen, Zunge, Speiseröhre, Magen, Dickdarm, Leber, Galle oder Gebärmutter bezeichnet. An jeder Stelle könnte ein Ei entstehen oder können Eierspeisen verdaut werden. Jetzt kannst du gehen.

DICHTER: Nein, ich werde nicht gehen. Denn ich wollte genauer wissen, was du machst, wie du lebst. Letztes Mal haben wir uns nur über meinen Freund unterhalten. Über dich habe ich nichts erfahren.

FRAU: Zurzeit schreibe ich alles auf, an das ich mich noch erinnern kann. Ereignisse seit meiner Kindheit bis heute. Vom Schreiben muss ich dir aber nicht erzählen. Du bist schließlich der anerkannte Dichter.

DICHTER: Ich habe schon aufgehört zu schreiben. Ich will nicht mehr wissen, was aus meiner Feder fließt. Ich möchte aber wissen, woran du dich erinnern kannst von all den Geschehnissen, die frei in deinem Gedächtnis schwimmen. Wenn ich deine Autobiografie lese, erfahre ich von dir genauso viel wie du selbst.

FRAU: Was ich jetzt schreibe, ist nicht zum Lesen gedacht. Auch ich lese es nicht. Möchte es zu Ende schreiben und dann vernichten.

DICHTER: Aber warum?

FRAU: Weil ich müde bin. Weil ich nicht mehr schlafen kann. Ich muss etwas verbrennen. Sonst werde ich eines Tages mich selbst ins Feuer werfen, um zu Asche zu werden. Man sagt, die Asche schlafe am tiefsten und am längsten.

DICHTER: Es scheint dir Spaß zu machen, mit beängstigenden Rätselwörtern herumzuwerfen, bis ich hilflos im Alptraum ertrinke. Erklär mir alles verständlicher, und hör auf, mit meiner Sorge zu spielen. Sonst bekomme ich einen Wutanfall.

FRAU: Heftige Worte sind immer tot. Scharfe Fragen sind phantasielos.

DICHTER: Heftiger Wortwechsel langweilt mich auch. Aber ich muss dich wirklich ausfragen. Ich frage aus der nackten Seele. Sie ist verletzlich wie eine nackte Schnecke auf einer Autobahn. Würdest du sie überfahren?

FRAU: Eine ernste Miene gleicht der Banknote, und eine offene Seele erinnert mich an ein Fußballstadion.

DICHTER: Ich verspreche dir, niemals das ernsthafte Gesicht eines verliebten Mannes zu machen. Ich möchte nur wissen, was du zum Beispiel schreibst. Lass es mich lesen.

FRAU: Lesen oder nicht lesen. Du kannst daraus kein Element aus meinem Leben ziehen und behalten. Du findest dort nichts anderes als fremde Buchstaben.

RADIONACHRICHTEN: Die Marine hat das größte Manöver in unserer Bucht seit 1979 begonnen. 57000 Soldaten sowie 180 Kriegsschiffe sind eine Woche lang im Einsatz. / Ab nächstes Jahr wird die Werbung für Säuglingsmilchprodukte verboten. Das neue Gesetz soll vor allem das Stillen der Neugeborenen fördern. / Bei den katastrophalen Überschwemmungen sind bislang mehr als 1000 Menschen ums Leben gekommen. Über 600000 Häuser sind allein in den drei Provinzen am Fluss eingestürzt. Mehr als 20000 Menschen seien verletzt worden, berichteten die örtlichen Verwaltungsämter.

FRAU: Ich bin müde. Alle Blicke wirken wie ein Kommentar auf mich, den ich nicht bearbeiten kann. Sie stechen mich weiter bis tief in die Nacht. Obwohl ich in meiner Mulde lebe, bin ich nicht geschützt. (...) Was für ein Duft ist es, der die Menschen in dieses Haus lockt? Meine Autobiografie ist kein Honig, um den sich Bienen sammeln. Sie besteht aus Asche, schon bevor ich sie ins Feuer werfe. Ich bin so erschöpft. Meine Haut schmeckt bitter wie das Insektenblut. Für einige Menschen schmeckt sie wie Honig. Ich möchte mich vergessen. Wie schön es wäre, wenn ich mich von mir befreien könnte. Es gibt sonst keinen Zwang, von dem ich mich befreien möchte. Wenn ich nicht mehr an mich gebunden wäre, könnte mich keiner mehr angreifen. Keiner könnte mich stechen mit seinem Blick, um aus der Wunde Honig zu saugen. (...) Solange ich von mir selbst abhängig bin, ist alles, was ich schreibe, langweilig: Meine Erlebnisse, meine Erinnerungen, meine Tragödie, meine Sehnsucht, mein Mann, mein Geheimnis: Ich werde sie alle aufschreiben und ins Feuer werfen, damit ich wieder Worte zum Sprechen bringen kann. Ich werde mich von mir befreien, damit ich wieder tief schlafen kann. Der Schlaf hat die reichste Sprache.

CHOR (2): Der Baum singt kaum im hellen Raum
Aber im Traum würde er Schaum spucken
Träume und Schäume rufen Worte wach
Träume und Schäume rufen Orte wach

Man hört das Gewitter, den starken Wind und den heftigen Regen. Bäume tanzen in der Finsternis wie Drogensüchtige. Die Tür öffnet sich lautlos. Ein fremdes Mädchen steht da, vom Blitzlicht beleuchtet.

FRAU: Eines Tages stand da ein Kind vor meiner Tür. Es hatte seinen Kopf verbunden. Der Verband war verdreckt und hatte eine ähnlich rotblaue Farbe wie seine Haut. Bist du ein Mädchen oder ein Junge? Das Kind hatte eine zerrissene Soldatenuniform an, die ihm bis auf die Fersen hing. Kannst du verstehen, was ich dir sage? Es war der Anfang eines eisigen Winters. Das Kind hatte keine Schuhe an, und seine Füße waren wie aus Zement. Es roch nach faulem Obst. Ich badete das Kind, zog es an und kämmte ihm das Haar. Es war ein Mädchen. Das Mädchen hatte trockne Lippen und weit aufgerissene Augen, weil es Hunger hatte. Aber das Mädchen aß nicht die Bohnensuppe, die ich gekocht hatte. Es spuckte die Suppe aus. Es spuckte Brot, Kekse und Nudeln aus. All das konnte es nicht essen. Was möchtest du essen? Du hast Hunger. Sag, was du möchtest. Das Mädchen sprach kein Wort. Es ging zu einem Korb, holte ein Stück Eierfrucht heraus und biss hinein, roh und ungewaschen, wie sie war.

Die Frau sitzt am Schreibtisch und schreibt. Sie ist in ihre Gedanken versunken. Auf dem Boden sitzt das Mädchen und spielt mit einem Bleistift. Das Mädchen findet ein Blatt Manuskriptpapier, betrachtet die Schriftzeichen, die darauf stehen, und schreibt sie auf einem anderen Papier ab. Bald dreht sich die Frau um.

FRAU: Nein, du darfst nicht auf meinem Papier zeichnen. *Nimmt das Blatt Papier dem Mädchen aus der Hand und betrachtet überrascht das, was das Mädchen geschrieben hat.* Du hast meine Wörter abgeschrieben? Das sieht aber gut aus. Kannst du vielleicht schon schreiben? Nein, das kann nicht sein. Dafür bist du noch zu klein. Außerdem kannst du anscheinend meine Sprache nicht verstehen. Hier ist Papier für dich. Du kannst zeichnen, was du möchtest. *Die Frau geht zurück an ihre Arbeit, und das Mädchen schreibt weiter. Nach einer Weile sieht sich die Frau wieder nach dem Mädchen um.* Das sieht aber schön aus. Du hast meine Zeilen abgeschrieben. Du kannst gut schreiben.

MÄDCHEN: Du kannst gut schreiben.

FRAU: Du kannst auch sprechen?!

MÄDCHEN: Du kannst auch sprechen?!

FRAU: Oder wiederholst du nur, was ich dir sage?

MÄDCHEN: Oder wiederholst du nur, was ich dir sage?

FRAU: Kannst du mir vielleicht doch sagen, wo du herkommst?

MÄDCHEN: Kannst du mir vielleicht doch sagen, wo du herkommst?

FRAU: Wie heißt du?

Das Mädchen geht zum Korb und isst eine rohe Eierfrucht.

FRAU: Wie die Schnecke im Dunkeln brennt, so brennt ihre Zunge im Mund. Die nackte Eierfrucht wird von den scharfen Perlenzähnchen zermahlen. Warum isst du kein Honigbrot und keine Mandelkekse? Jedes Kind liebt Zucker. Eierfrüchte sind bitter. Wie das Menschenfleisch. Wenn du die Haut eines schlafenden Menschen leckst, schmeckt es ähnlich wie die rohe Eierfrucht.

Das Mädchen geht zur Frau und umarmt sie.

FRAU: Ich glaube, ich habe auf dich gewartet. Worauf wartest du aber?

CHOR (3): Asche in der Flasche
Das ist ein Mensch
Asche von verbrannten Knochen
Die Knochen waren aus Knoten
Die Knoten wollten sich nicht lösen
gebunden gefesselt verknotet
Verbrannte Knoten werden zu Asche
Asche fliegt wie Flasche
in ihren eigenen Körperhimmel

Die Frau arbeitet am Schreibtisch. Das Mädchen schreibt auf dem Fußboden. Plötzlich erhebt sich das Mädchen vom Boden wie ein Hase und versteckt sich unter dem Bett. Die Tür geht auf, und der Dichter kommt herein, die Frau merkt es nicht. Er nimmt ein paar Manuskriptpapiere vom Boden in die Hand und liest eine Weile darin.

MANN: Wenn die Blätter sich vom Stamm lösen, gehören sie nicht mehr dem Baum. Wenn die Blätter sich von deinen Fingern lösen, sind sie nicht mehr deine. Ich werde sie mit nach Hause nehmen, um sie zu lesen.

FRAU: Ich habe nicht gehört, dass du hereinkamst. Was tust du? Nein, nimm sie nicht mit.

DICHTER: Darf ich sie nicht lesen?

FRAU: Doch, aber du darfst sie nicht mitnehmen. Gefallene Blätter müssen unter ihrem Baum verwesen. Sonst wird die Erde unter dem Baum immer magerer. Du musst jetzt leider gehen. Ich muss arbeiten.

DICHTER: Ich lese. *Liest weiter.*

FRAU: Es ist schön, wenn du sie liest. Aber auch, wenn du sie nicht liest, werde ich weiterschreiben.
Du musst jetzt gehen.

DICHTER: Ich lese.

FRAU: Es wäre falsch zu denken, du wärst verpflichtet, irgendeinen Text unbedingt zu lesen.

DICHTER: Aber ich lese. Das Lesen ist meine größte Leidenschaft. Das Schreiben dagegen empfinde ich als sehr langweilig. Ich möchte am liebsten nur noch lesen und nichts mehr schreiben. Ich kann mich nur nicht von der Bezeichnung „Dichter" trennen. Deshalb schreibe ich immer wieder einige Zeilen. Du hast es leicht, da du ja gar keine Bezeichnung hast.

FRAU: Dann setz dich hin und lies.

DICHTER *setzt sich auf das Bett und liest unkonzentriert:* Es ist schön zu lesen. Wenn ich lese, muss ich nicht an dich denken, was mir manchmal Zahnschmerzen verursacht. Wenn ich lese, bin ich in deinen Gedanken und muss nicht mehr an dich denken.

FRAU: Wer liest, öffnet den Mund nicht und schließt die Augen nicht.

DICHTER: Denkst du auch manchmal an mich?

FRAU *überlegt ein paar Sekunden lang:* Ja. Genauer gesagt, denke ich oft an deinen Mantel. Er ist aus Textilien gemacht, die ich nicht kenne: Textilien, die man nur im Traum auf die nackte Haut anziehen kann.

DICHTER: Ich lese.

FRAU: Der Mantel war so groß, dass er – wenn er im Schrank hing– einen Raum in sich bildete, den ich betreten konnte. Ich stand darin. Seine Innenwand war weich wie der Bauch eines Tieres.

DICHTER: Ich lese.

FRAU: Du hast immer diesen Mantel an. Dadurch bist du fürsorglich wie eine erkältete Buchhalterin und wild wie ein Wolf zugleich.

DICHTER: Nicht ich, sondern du hast einen Mantel an, und zwar unter deiner Haut. Du hast etwas, was aus dir gekommen ist, und verbirgst es vor mir. Ich kann nicht einmal ungefähr sagen, was das sein kann. Vielleicht sollte ich öfter in deiner Autobiografie lesen, damit ich dich verstehe.

FRAU: Bitte aber nicht heute. Gleich kommt meine Schwägerin. Möchtest du mit ihr Tee trinken?

DICHTER: Nein, danke. Ich komme wieder.

Der Dichter verlässt das Haus. Das Mädchen kommt heraus.

FRAU: Du bist voller Staub und Spinnengewebe. Ich habe noch nie jemanden unter meinem Bett gehabt. Komm, lass uns baden. *Hinter der Badezimmergardine zieht die Frau das Mädchen aus und lässt das Wasser laufen. Dann zieht sie sich selbst auch aus. Man sieht nur Schatten durch die Gardine.* Dieser Dichter ist nicht bösartig. Aber es ist doch besser, wenn er nichts von dir weiß. Sonst schlägt er mir vor, mich bei der Polizei zu melden. Jeder verlorene Mensch muss wiedergefunden werden, und keiner darf etwas dagegen tun, lautet das Gesetz. Es gibt aber so viele Menschen, die vermisst werden. Wirst du auch vermisst? Vermisst du jemanden? Suchst du jemanden? Sucht jemand nach dir? *Man hört Wassergeräusch.* Was soll ich mit dir machen? Wenn du nicht sprichst, kann es dir nirgendwo gut gehen. Sie stecken dich ins Heim für sprachlose Kinder oder so. Ich weiß nicht genau, was dann passieren wird. Es ist besser für dich, bei mir zu bleiben. (...) Halt! Du tust mir weh! *Das Mädchen lacht.* Du sollst nicht dort kneifen, wo die Haut weich ist. Nein, nicht, rühr mich nicht an! *Das Mädchen lacht.* Weg damit! Beiß mich nicht ins Fleisch! Lass mich los!

Die Frau läuft weg aus der Wanne. Das Mädchen lacht allein weiter und planscht mit dem Wasser. Sie ist noch so klein. Sie versteht wahrscheinlich nicht, was Schmerzen bedeuten. Sie hat aber die Kraft einer Maschine.

RADIONACHRICHTEN: Trotz schwindender Hoffnung, Überlebende in den Trümmern des eingestürzten Kaufhauses zu finden, haben Rettungsmannschaften Kameras und Mikrofone in zwei freigelegte Schächte hinabgelassen, um mögliche Lebenszeichen Verschütteter zu orten. Bisher wurden 117 Todesopfer geborgen, mehr als 340 Menschen werden noch vermisst, darunter viele Jugendliche und Kinder. / Ein Tiger hat eine 45-jährige Bäuerin angegriffen und schwer verletzt. Sie liegt noch bewusstlos im Universitätskrankenhaus. Vermutlich arbeitete die Bäuerin zusammen mit dreien ihrer Kinder vier Kilometer nordwestlich der Stadt in der Nähe eines Waldes, als der Tiger sie anfiel. Die Kinder werden noch vermisst. / In einem alten Brunnen auf dem Marktplatz sind ein zehnjähriger Junge und vier weitere Personen gestorben, die versucht hatten, das Kind zu retten. Die Polizei teilte mit, der Knabe sei beim Spielen in den 25 Meter tiefen Schacht gefallen. Auf seine Hilferufe hin sei sein Vater in den Brunnen gestiegen, habe jedoch den Halt an einem Seil verloren und sei ebenfalls in die Tiefe gestürzt. Daraufhin hätten zwei Nachbarn und ein vorbeikommender Autofahrer den beiden zu Hilfe kommen wollen. Die Feuerwehr habe aber alle fünf nur noch tot aus dem Brunnenschacht bergen können, auf dessen Grund sich giftige Gase gebildet hatten.

Die Frau schreibt. Das Mädchen liegt auf dem Bauch und schreibt Manuskripte der Frau ab. Die Frau steht auf, geht zu dem Mädchen und schaut, was sie schreibt.

FRAU: Eigenartig. Du schreibst genauso wie ich. Meine Wörter sind tot, weil ich sie schreibe, um sie dann zu begraben. Aber wenn ich das Gleiche auf deinem Papier lese, ist alles plötzlich so lebendig, als hättest du meiner Schrift Leben eingeblasen.

Man hört das Klirren der Schlüssel. Die Schwägerin kommt in das Nebenzimmer, um es sauber zu machen. Das Mädchen versteckt sich unter dem Bett.

SCHWÄGERIN *fröhlich:* Mein Lappen ist das Wappen meines Reiches, in dem jedes Besitztum glänzt. Mein Fenster lässt ein klares Licht durch, mein Fußboden reflektiert ein klares Licht und mein Herz ist klar wie Kloßbrühe! Mein Eimer ist voll mit klarem Wasser, wie die Tränen in meinen Augen. *Plötzlich fängt sie an zu weinen und schlägt mit der Faust an die Wände.*

FRAU: Guten Morgen, liebe Schwägerin. Bitte wein nicht. Dein Bruder hat dort auf der Insel ein Leben gefunden, das ihm gefällt wie schöne Vulkansteine. Er ist nicht im Meer der Tränen ertrunken. Du wirst auch nicht in deinem Eimer ertrinken.

SCHWÄGERIN: Du bist gar nicht traurig? Hast du ein Herz aus Metall? Hast du keine schlaflosen Nächte?

FRAU: Nein, nicht mehr. *Für sich.* Seitdem das Mädchen hier lebt, kann ich mich in die Tiefe des Schlafs fallen lassen. Es ist merkwürdig. Eigentlich müsste ich vor der Gewalt des Mädchens Angst haben und nicht mehr richtig schlafen können. Denn manchmal kommt sie um Mitternacht zu mir ins Bett und beisst mich in die Zehen.

SCHWÄGERIN: Sprichst du noch mit mir oder nur noch mit deinem eigenen Spiegelbild?

FRAU: Es tut mir leid. Meine Erinnerungen schieben sich zwischen meine Sätze und hindern mich, mit dir einen vernünftigen Dialog zu führen.

SCHWÄGERIN: Hast du mit meinem Bruder auch immer so geredet?

FRAU: Ich weiß nicht mehr, wie wir miteinander geredet haben. Manchmal denke ich, er hat genauso geredet, wie ich jetzt rede.

SCHWÄGERIN: Was hast du ihm alles weggenommen? Seinen Mut, seinen Ehrgeiz, seinen Stolz, auch seine Redensart hast du geraubt.

FRAU: Er wollte all das nicht mehr haben.

SCHWÄGERIN: Das sagen alle Schwindler. Das kann jedoch nicht sein, dass jemand freiwillig auf sein Besitztum verzichtet. Du musst zahlen, wenn du dir etwas nimmst. Jede Falte in deinem Fleisch trägt eine Rechnung, die du noch nicht bezahlt hast. Lass mich sie umblättern, diese Faltenrechnungen.

FRAU: Rühr mich nicht an!

SCHWÄGERIN: Warum denn nicht? Mich würde die Gesamtsumme interessieren, damit ich die Zinsen ausrechnen kann.

FRAU: Rühr mich nicht an. Jede Falte in meinem Fleisch ist eine Quittung, und die Gesamtsumme bildet meine Schlaflosigkeit. Eines Tages werde ich dir alle meine Faltenblätter zeigen. Keine Angst, ich vergesse kein einziges dabei.

SCHWÄGERIN: Meinst du deine Autobiografie? Die möchte ich aber nicht lesen. Alles Geschriebene langweilt mich wie das Blumenmuster meines Teppichs. Bücher ärgern mich wie die Münzen im Brunnen. Wenn ich ein Buch sehe, möchte ich es am liebsten sofort ins Feuer werfen.

FRAU: Ich werfe meine Autobiografie sowieso ins Feuer.

SCHWÄGERIN: Was hast du eigentlich auf deiner Haut? Das sind keine Falten, sehe ich gerade. Das sind Wunden. Welches Tier hat dich in die Schulter gebissen?

FRAU: Rühr mich nicht an!

Der Dichter tritt ins Haus. Die Schwägerin betrachtet ihn unfreundlich.

SCHWÄGERIN: Was würden Sie sagen, junger Mann, wenn ich in Ihren Schreibtisch beißen würde?

DICHTER: Bitte essen Sie lieber meinen Kleiderschrank, der schmeckt nämlich besser, würde ich dann sagen.

SCHWÄGERIN: Das Besitztum eines anderen Menschen soll man nicht einfach in den Mund nehmen.

DICHTER: Der Ansicht bin ich allerdings auch. Auch das eigene Kind soll man nicht auffressen, nicht wahr?

SCHWÄGERIN: Ich habe meinen Kindern nichts angetan. Sie haben mich von sich aus verlassen.

Die Schwägerin verlässt das Haus.

DICHTER: Ich bin doch nicht der einzige Mensch, der dich besucht.

FRAU: Ich habe meine Schwägerin auch nicht gebeten zu kommen.

DICHTER: Du sagst, ich solle nicht kommen. Du sagst, ich dürfe das Geschriebene nicht mitnehmen. Wenn ich aber schon deine Hände nicht bei mir haben kann, möchte ich wenigstens deine Handschrift haben.

FRAU: Ich muss meine Handschrift bei mir behalten, genauso wie meine Hände, von denen ich auch keine Kopien habe. Wie soll ich nachts ohne Hände Träume überleben?

DICHTER: Ich liege auch ohne deine Hände in meinem Bett.

FRAU: So hat jeder seine eigenen Hände und seine eigene Handschrift bei sich zu Hause.

DICHTER: Warum machst du keine Kopie davon? Was wäre, wenn ein Dieb deine Autobiografie mit Geldpapieren verwechseln und klauen würde? Oder wenn das Haus brennen würde?

FRAU: Dann wäre sie weg.

DICHTER: Warum darf ich nicht eine Kopie davon machen und sie behalten?

FRAU: Was möchtest du damit machen?

DICHTER: Ich weiß nicht. Ich brauche etwas, das ich für immer bei mir behalten kann und das mir Kraft gibt. Heilige Schriften, Liebesbriefe, Gedichtbände oder was man so zu Hause hat. Ich bin genauso müde wie du.

FRAU: Gehe jetzt, bitte.

CHOR (4):

Bau keine Brücke
zwischen hier und dort
Lass die Spalte weiterleben
Auf der Brücke bleiben sie stehen
Um ins Wasser zu spucken
Zuerst spucken sie Spucke
Dann spucken sie Steine
Dann spucken sie sich selbst
Bau keine Brücke
Lass die Spalte weiterleben
Aus der Spalte springt ein Wunder

Der Dichter geht aus dem Haus, bleibt hinter der Tür stehen und hält einen Monolog.

DICHTER: Was ist besser? Ein Dichter zu sein und keine Gedichte zu schreiben oder kein Dichter zu sein und viele Gedichte zu schreiben? Manchmal bin ich auf diese Frau neidisch und möchte am liebsten das Fleisch ihres Ohrläppchens abbeißen und es hinunterschlucken. Dann werde ich ihre Autobiografie mit nach Hause nehmen und daran weiterschreiben. Dass man vom Schreiben so besessen werden kann. Ein Glück, dass ich nicht sie bin. Ich möchte nicht in einer Mulde leben, ohne

Beruf, ohne Kinder, ohne Namensschild an der Tür. Sie hat keine Freunde, die sie bewundern. Meine Freunde bezeichnen mich als großen Dichter, wenn sie genug Wein im Blut haben. Die Frau ist allein. Was soll ich tun? *Durch die Türspalte sieht er mit großer Überraschung, wie das Mädchen unter dem Bett hervorkommt.*

FRAU: Jetzt können wir weiterschreiben. Ich verstehe nicht, warum diese Menschen immer zu uns kommen müssen. Sie setzen Kommata und Punkte in unsere Biografie, und zwar immer an die falsche Stelle. *Blickt auf das Papier, das das Mädchen in der Hand hat.* Deine Handschrift ist der Spiegel meiner Erinnerung. Keiner wird meine Handschrift von deiner unterscheiden können.

DICHTER *zu sich:* Sie hat ein Kind! Ein uneheliches Kind! Das kann aber nicht nach der Abreise meines Freundes geschehen sein. Dafür ist das Kind schon zu groß. Das Kind ist auch nicht von meinem Freund. Er hätte mir sonst von ihm erzählt. Er hatte sich immer eine Tochter gewünscht und bedauert, dass er keine hatte. Wer kann bloß der Vater des Kindes sein? Hat mein Freund deshalb das Haus verlassen?

FRAU: Wenn ich deine Schrift sehe, verschwindet meine Vermutung fast, dass du meine Sprache nicht kennst. Denn deine Schrift ist so perfekt. Aber du verstehst kein Wort davon. Es muss doch eine Sprache geben, die dich umarmt hat, als du geboren wurdest. Oder bist du auf einem Schlachtfeld geboren, in dem man nur noch den Schrei des Maschinengewehrs hört? Wenn du ein einziges Wort von dir aus sagen würdest, dann könnte man vielleicht herauskriegen, wo du herkommst. Aber du sagst nur die Worte, die aus mir kommen. Du kommst doch nicht aus mir.

MÄDCHEN: Du kommst doch nicht aus mir.

FRAU: Wiederhol doch nicht mehr, was ich zu dir sage. Das macht mich traurig. Sag mir endlich, wie du heißt.

Das Mädchen steckt ihren Finger ins Ohr der Frau.

FRAU: Aua! Was tust du! Es tut doch weh! Du sollst nicht deinen Finger, sondern deinen Namen in mein Ohr hineinstecken.

Das Mädchen beisst der Frau fest in das Ohrläppchen.

FRAU: Nein, lass das. Nein.

Die Frau schreit. Ihr Ohrläppchen blutet. Das Mädchen bricht in ein unschuldiges, fröhliches Lachen aus. Die Frau setzt sich erschöpft neben das Bett und schließt die Augen. Das Mädchen geht Eierfrüchte essen.

FRAU: Ich sehe eine Pfütze. Sie ist unglaublich tief. Das Wasser hat eine grünlich-blaue Farbe. Im Wasser schwimmen Fische aus grünem Plastik, und auf dem Wasser spielen Enten aus glänzendem Blech. Sie sind alle lebendig. Die Luft leuchtet seltsam. Ich habe Angst. Sie können doch nicht lebendig sein. Blech und Plastik.

Das Mädchen setzt sich neben sie, nimmt zärtlich ihre Hand und beisst ins Fleisch des Zeigefingers. Die Frau schreit auf.

Doch lebendig sind sie alle. Ich ziehe mich aus und gehe ins Wasser. Der Schlamm ist lauwarm und bedeckt meine Haut. Über dem Kopf klirren die Blätter aus Blech. Die Luft ist ganz dünn, und es tut meiner Zunge weh, sie einzuatmen. Es gibt einen Müllplatz neben dem Teich. Wie schön sie sind: die leeren Dosen, Flaschen und Tüten. Aufkleber haben sich schon abgelöst. Was war früher in ihnen? Wahrscheinlich haben sie darauf gewartet, dass sie nichts mehr enthalten und keine Produktnamen mehr tragen müssen. Leere Flaschen, sie sind so schön. Warum habe ich aufgehört, sie zu sammeln? Als erwachsene Frau musste ich immer darauf achten, dass die Flaschen nicht leer waren. Ich möchte Worte finden, die die leeren Flaschen zum Sprechen bringen. Nein, umgekehrt. Nur die leeren Flaschen bringen mir die Worte. Ich muss nur die Flaschen ausleeren und reinigen, alle Flaschen, die ich in meinem Leben finde.

Das Mädchen sitzt friedlich neben der Frau und schreibt mit Blut auf die eigene Haut Schriftzeichen.

Seitdem du gekommen bist, kann ich tief schlafen. Es herrscht eine Stille in meinem Körper, obwohl du nicht sanft damit umgehst.

Die Schwägerin macht die Tür auf und erschreckt sich.

SCHWÄGERIN *zu sich:* So etwas habe ich schon einmal in einer Zeitschrift gelesen. Gut, dass es Wochenzeitschriften gibt, sonst wäre ich sprachlos über so viel Unverschämtheit, für die ich keine Worte habe. Wie hieß es noch? Ach ja, der sexuelle Missbrauch von Kindern. Ich klage dich an. Wessen Kind ist es aber? Ist es von dem frechen Dichter, der mir seinen Kleiderschrank angeboten hat? Ist das Kind aus seinem Kleiderschrank geboren oder aus deinem Bauch? Wie hast du es geschafft, ein Kind so schnell zuzubereiten wie ein Fertiggericht?

FRAU: Das ist nicht mein Kind.

SCHWÄGERIN: Hast du das Kind etwa aus der Bibliothek ausgeliehen wie ein Buch, oder hast du es entführt? Ich glaube, dein Kopf ist nicht mehr ganz dicht, so dass das Fruchtwasser des Tagtraums heraussickert. Man soll doch mit einem dichten Schiff durch das Leben fahren. Mein Haus ist mein Schiff. Wenn das Kind in mein Schiff ein Loch macht, muss ich es in den Ozean werfen. *Das Kind reagiert nicht und spielt weiter mit dem Blut der Frau, friedlich und sanft. Die Frau bewegt die ganze Zeit ihre Lippen, als würde sie Gedichte rezitieren.*

CHOR (5): Wind Windel Wand Wandel Wunde Wunder
Der Wind bringt ein Wunderkind
Man sieht es aber nicht
Wenn es gesehen wird, muss es fort
Ein Kind des Windes
Der Wind hat seltsame Farben
Himmelblau Schneeblau Blutblau
Das Kind schreibt mit dem Wind
Seine Schrift hat seltsame Farben
Himmelblau Schneeblau Blutblau

Die Schwägerin steht immer noch im Raum. Der Mann tritt auf mit einem großen Koffer.

DICHTER: Ich wollte dir nur kurz Bescheid sagen, dass ich wieder auf die Insel fahre. Vielleicht bleibe ich länger dort. Soll ich deinem Mann etwas ausrichten?

FRAU: Warum denn so plötzlich?

DICHTER: Deine Autobiografie hätte mich in dein Leben eingeführt wie der lange Teppich, der die Gäste vom Eingangstor in den Konzertsaal führt. Dann wäre ich in dem Gebäude gewesen. Aber ein Kind von einem fremden Mann ist eine weiße Wand. Dort kann ich nichts lesen. Ich kann sie nicht durchbrechen. Du würdest doch auch sagen: Das Durchbrechen einer Wand ist genauso langweilig wie heftige Worte.

FRAU: Von welchem fremden Mann redest du?

DICHTER: Ich rede von dem Vater des Kindes.

SCHWÄGERIN: Ich bin keine Freundin der Freundschaft. Das sage ich dir ohne Scheu und Heu. Was ich will, ist nicht das Geld. Das sage ich mit Stolz und Holz. Obwohl ich den ganzen Tag die Mäuse knete und sie zu Kohle brenne. Ich habe nicht einer illegalen Familie das Haus vermietet, sondern meiner Schwägerin erlaubt, weiter hier zu wohnen, bis sie eine Arbeitsstelle findet. Du hast meine Großzügigkeit aber gleich ausgenutzt und, anstatt nach einer Arbeit zu suchen, schnell eine komplette Familie gegründet, wie ich sehe. Die Mutter, das Kind und hier der Vater.

DICHTER: Ich bin nicht der Vater.

SCHWÄGERIN: Wer ist dann der Vater? Ist das Kind etwa nicht von euch? Die Mutter muss doch alles wissen.

FRAU: Ich bin nicht die Mutter.

SCHWÄGERIN: In der Tat hat das Mädchen Ähnlichkeit mit keinem von uns. Wer ist das Kind? Wer bist du? Bist du stumm?

FRAU: Nein, aber sie spricht nicht.

SCHWÄGERIN: Dann ist sie gar niemand.

DICHTER: Woher kommt das Kind? Es muss doch dahin zurück, wo es herkommt. Wie heißt du?

FRAU: Das Mädchen spricht nicht. Aber sie schreibt. Außerdem hat sie mich doch gerettet. Deshalb kann ich sie nicht einfach jemandem geben. Ich kann zum Beispiel nicht mehr einschlafen, wenn sie nicht mehr da ist.

DICHTER: Keine Sorge. Ich kenne einen guten Arzt, der jeden Menschen zum Schlafen bringen kann. Das Kind hat sein Werk getan. Jetzt muss es für sich sorgen. Ich rufe das Kriegsamt an. Ach ja, du hast kein Telefon. Ich muss auf die Straße gehen. *Macht die Tür auf.* Es regnet! *Geht.*

SCHWÄGERIN: Ich komme mit. *Zu sich.* Wer weiß, ob er alles richtig macht. Vielleicht will er ja nur flüchten, weil das Kind doch seines ist. Ach, es regnet in Strömen. *Geht. Man hört ein Donnern.*

FRAU: Was soll ich machen. *Setzt sich kraftlos auf den Boden und beobachtet, was das Mädchen tut. Das Mädchen sammelt die Papiere, die unter dem Bett herumliegen, nimmt sie in die Arme und will aus der Tür gehen.* Warte, wo gehst du hin?

Das Gewitter, der heftige Wind, der Regen. Die Frau weint. Das Kind geht und schließt die Tür hinter sich. Das Kind drückt einmal von außen sein Gesicht gegen die Fensterscheibe und verschwindet. Es wird dunkel. Die Manuskripte der Frau beginnen zu brennen.

ORPHEUS ODER IZANAGI – DIE RÜCKKEHR AUS DEM REICH DER TOTEN

Ein Hörspiel

Personen:

Welle (weiblich)
Inake
Ogi
Erster Fischer
Zweiter Fischer
Erste Blume
Zweite Blume
Dritte Blume
Zahl 4 (weiblich)
Zahl 9 (männlich)

1

WELLE: Ich bin eine Welle und stamme aus deinem Atem. Ich bin eine von den vielen Wellen, die es in der Luft und im Wasser gibt, und ich weiß eigentlich nicht genau, welche dieser Wellen ich bin. Wir sind Wellen – so sollte ich vielleicht sagen. Wir ..., ein merkwürdiges Wort. Wir sind Wellen, wir sind Wasser, wir sind Luft, wir sind Atemzüge? Du weißt, wie es mit dem Atem ist. Du denkst nie darüber nach, wie du ein- und ausatmest. Die Luft kommt wie von allein in deinen Körper hinein und verlässt ihn bald wieder. Wie eine Welle, die kommt und geht. Kommt und geht. Kommen und gehen. Kommen und Gehen. Ich bin die Welle, eine endlose Wiederholung der Geschichten. Ich kenne keine Veränderung, keine Abweichung, kein Ende. Nun will ich euch von Ogi erzählen, dem vergessenen Enkelkind von Orpheus und Izanagi. In den Überlieferungen werden weder seine Großmütter noch seine Mutter erwähnt. Ein Kind von Orpheus muss irgendwann irgendwo mit einem Kind von Izanagi zusammengekommen sein, und Ogi ist das Ergebnis. Einige Wissenschaftler behaupten, eine solche Mischung habe nur auf der Seidenstraße entstehen können, über die Fragmente griechischer Kultur nach Japan gebracht wurden.
Ogi lebte angeblich auf einer kleinen Pazifikinsel, so heißt es jedenfalls in der einzigen Überlieferung, die über sein Leben berichtet. Und seine Frau Inake, eine Enkelin von Eurydike und Izanami, lebte auch auf dieser Insel.

ERSTER FISCHER: Hast du schon gehört?

ZWEITER FISCHER: Was gibt es Neues?

ERSTER FISCHER: Hast du es noch nicht gehört?

ZWEITER FISCHER: Gibt es denn etwas Interessantes in diesem langweiligen, fischlosen Monat?

ERSTER FISCHER: Ja, gibt es. Es gibt keinen Fisch, aber es gibt ein Kind im Wasser und ein zweites Kind am Berg.

ZWEITER FISCHER: Was?

ERSTER FISCHER: Ogis Frau Inake hat zwei Kinder geboren.

ZWEITER FISCHER: Zwillinge?

ERSTER FISCHER: Nein, die Kinder sind kurz hintereinander auf die Welt gekommen. Es dauert nicht neun Monate, bis die

Embryos aus dem Mutterleib vertrieben werden. Ogi und Inake sind – wie wir alle wissen – keine richtigen Menschen.

ZWEITER FISCHER: Man sagt, Ogi sei ein Halbgott.

ERSTER FISCHER: Da bin ich nicht so sicher. Ich denke, dass er ein Viertelgott ist.

ZWEITER FISCHER: So wie Inake. Man sagt, Inake sei eine Viertelgöttin.

ERSTER FISCHER: Da bin ich auch nicht so sicher. Ich denke, sie ist eine Achtelgöttin.

ZWEITER FISCHER: Das ist doch nicht so wichtig. Man sagt, sie seien Götter und wir seien nur arme Fischer. Aber was ist der Unterschied zwischen einem Gott und einem Fischer? Wenn ein Gott mit einer Frau zu tun haben will, muss er sich auch sehr bemühen, sie dazu zu überreden, und es ist nicht sicher, dass es klappt. Ogi hat viele Fehlschläge erlebt.

ERSTER FISCHER: Und die Geburt fällt den Göttern auch nicht leichter als uns. Das erste Kind von Inake und Ogi hatte drei Augen. Deshalb hat Ogi es ins Meer geworfen. Mit dem dritten Auge sieht man nämlich das Elend der Menschheit. Ogi wollte nicht, dass seine Politik später von dem eigenen Kind kritisiert wird. Das eigene Kind ist immer der gefährlichste Revolutionär, steht im Ratgeber für Herrscher.

ZWEITER FISCHER: Und was ist mit dem zweiten Kind?

ERSTER FISCHER: Das zweite Kind hatte zwei Münder, vorne und hinten je einen. Deshalb hat Ogi es am Berg ausgesetzt. Wer zwei Münder hat, sagt nicht, was der Vater hören will.

ZWEITER FISCHER: Während der vordere Mund zu dem Vater spricht, spricht der hintere Mund zu dem Volk, zu uns Fischern.

ERSTER FISCHER: Nein, es ist anders. Der erste Mund schweigt, und der zweite schweigt ebenso. Kein Herr kann auf Dauer Schweigen ertragen, geschweige denn ein Doppeltes. Er will Lob hören. Seine Ohren sind süchtig nach Lobliedern.

ZWEITER FISCHER: Es gibt aber sowieso keinen Sänger mehr, der Zeit für Ogi hat. Die meisten Sänger haben ein breiteres Publikum. Ogi musste Musik studieren, um seine Loblieder selbst komponieren und singen zu können.

ERSTER FISCHER: In der Tat, es gibt keinen Sänger mehr, der nur für ihn singt. Aber viele reden noch über Ogi: über seine Schönheit, seinen Mut und seine Tatkraft. Ein Kind, das schweigt, würde ihn verunsichern.

ZWEITER FISCHER: Er hat sehr schwierige Aufgaben. Es ist fast ein Wunder, dass er noch nicht daran verzweifelt ist.

ERSTER FISCHER: Er muss bald etwas unternehmen, um sein Leben besser zu regeln. Das wäre eigentlich leichter, wenn er Vater wäre. Ich frage mich, warum Inakes Erstgeborene so unnütze Kinder sind. Was hat sie verkehrt gemacht?

ZWEITER FISCHER: Jetzt fällt mir etwas ein: Inake hat Ogi zu einem nächtlichen Spaziergang gezwungen. Ogi hat Angst vor der Finsternis. Das wissen wir alle. Ich habe mit eigenen Augen gesehen, wie sie zusammen am Meer spazieren gingen. Inake sagte immer wieder JA, und Ogi antwortete jedes Mal mit NEIN. Als sie vor dem Leuchtturm standen, stieß Inake ihn ins Wasser und sprang selbst hinterher. Am nächsten Tag war sie schwanger. Ich habe meiner Frau damals schon gesagt, dass das nicht gut gehen kann. Auf diese weibliche Art und Weise kommen keine nützlichen Kinder zur Welt.

ERSTER FISCHER: Und wie haben sie das zweite Kind gezeugt?

ZWEITER FISCHER: Beim zweiten Kind hat Inake ihren Mann wieder gezwungen, nachts mit ihr spazieren zu gehen. Als sie beide vor dem Leuchtturm standen, versuchte Inake, nach der Hand ihres Mannes zu greifen. Der Mann zog sich zurück und sagte NEIN. Die Frau ging auf ihn zu und sagte JA. Der Mann ging wieder einen Schritt zurück und sagte NEIN. JA, NEIN, JA, NEIN, JA, NEIN, JA, NEIN. So begannen sie, im Kreis um den Turm zu laufen. Sie liefen immer schneller und sahen dabei aus wie ein einziger Ring aus Licht. Am nächsten Tag war Inake schwanger.

ERSTER FISCHER: Beim dritten Kind haben sie aber alles richtig gemacht.

ZWEITER FISCHER: Was haben sie denn gemacht?

ERSTER FISCHER: Diesmal hat der Mann seine Frau in eine Tigerhöhle geschickt. Als der Tiger sie töten wollte, kam er und erstach den Tiger mit dem heiligen Schwert. Das Blut floss aus dem Leib des Tigers und bespritzte den Bauch der Frau. Am nächsten Tag war sie schwanger.

Fröhliche Geräusche. Nicht sofort zu identifizieren: eine Mischung aus dem Rauschen von Blättern und Lärm aus einer Fabrik, dazu Vogelgezwitscher, in dem fragmentarisch menschliche Musik zu hören ist.

ERSTE BLUME: Meine Blüten öffnen sich rot. Der Bauch einer Frau öffnet sich rot.

ZWEITE BLUME: Im Himmel öffnet sich ein Loch, das nennen wir die Sonne. Ist sie rot? Ist sie schön? Keiner darf ihr direkt in die Augen blicken. Sonst wird man blind.

DRITTE BLUME: Wir Blumen sind rot, um gesehen zu werden. Die Sonne ist rot, um nicht gesehen zu werden.

ERSTE BLUME: Die Geburt der Gebirge der Gebäude der Gebräuche. Es gibt einen alten Brauch unter Männern: Sie verabschieden sich von der Blumenwiese, wenn sie Väter werden. Seht doch! Ogi kommt! Er besucht uns, um sich von uns zu verabschieden!

ZWEITE BLUME: Ogi, Ogi, verlass die Wiese, verlass die Insekten, verlass uns, die Blumen. Ogi, du bist trocken zu uns gekommen und feucht nach Hause zurückgekehrt. Weißt du, was die Träne ist? Sie ist der Morgentau, der versehentlich in einem menschlichen Auge geboren ist.

DRITTE BLUME: Ogi, du sollst mit unseren Blüten einen blutroten Kranz für Inakes Haare flechten, damit du dich später an uns erinnern kannst.

ERSTE BLUME: Sing für uns ein Liebeslied. Du weißt schon, was die Freude bedeutet. Das hast du aus der Farbe unserer Blüten gelernt. Die Farbe ist in deinen Kopf hineingegangen, und seitdem sind wir verblasst. Als Trost möchten wir dein Lied hören.

ZWEITE BLUME: Du weißt jetzt, was die Eifersucht ist. Das hast du aus dem bitteren Saft gelernt, der in unserem Stiel ist. Wir haben keine Flüssigkeit von dir getrunken, aber du hast immer von der unseren getrunken. Dafür möchten wir ein Gedicht von dir haben. Verlass uns nicht ohne Opfergaben.

DRITTE BLUME: Warum bist du so schweigsam?

OGI: Traurig ist die Freude. Da ich morgen mein drittes Kind bekomme, endlich mein richtiges Kind, mein einziges brauchbares Kind bekomme, freue ich mich so sehr. Aber meine Freude fühlt sich an wie ein Seeigel. Warum ist die Freude so traurig? Warum scheint die helle Sonne so dunkel? Warum hasse ich Inake, nach der ich mich sehne? Seitdem ich von euch so vieles gelernt habe, verstehe ich nichts mehr. Ihr habt aus meinem Leben einen großen Knoten gemacht, den ich nicht lösen kann.

ERSTE BLUME: Traurige Freude!

ZWEITE BLUME: Dunkles Licht!

DRITTE BLUME: Töte die Geliebte!

ERSTE BLUME: Du bist nicht traurig, Ogi. Du kannst gar nicht traurig sein. Wir Blumen sind traurig. Dein Herz spiegelt nur unsere Gefühle.

OGI: Das kann gar nicht sein. Ich bin doch hier der Einzige, der spricht.

ERSTE BLUME: Hörst du nicht mehr, wie wir sprechen?

OGI: Ich hatte immer gedacht, die Blumen hätten mir einen Rat gegeben. In Wirklichkeit hörte ich nur meine innere Stimme. Denn Blumen sprechen nicht.

ZWEITE BLUME: Ogi, du glaubst, dass wir nicht sprechen können? Ogi ist genauso dumm geworden wie die Menschen!

OGI: Schweig, meine innere Stimme!

DRITTE BLUME: Ich bin nicht deine innere Stimme. In deinem Inneren gibt es nur Eingeweide, aber keine Stimme.

OGI: Ich werde mich nicht mehr von den vielen Stimmen beeinflussen lassen. Sonst kann ich keine Entscheidung treffen.

ERSTE BLUME: Ogi, hör uns zu.

OGI: Die Blumen sehen traurig aus, weil ich traurig bin.

ZWEITE BLUME: Wie kannst du so etwas behaupten! Du bist verändert, Ogi. Nicht du, sondern wir Blumen sind traurig, aber wir sehen nie traurig aus.

OGI: Ich bin traurig wie eine Blume.

DRITTE BLUME: Nichts ist wie eine Blume. Nur wir Blumen sind wie Blumen. Willst du aus uns Metaphern machen? Womit haben wir das verdient?

OGI: Das ist eine gute Idee! Warum bin ich noch nicht darauf gekommen? Wie eine Blume! Wenn ich es so sage, wird mein Herz leichter. Ich werde befreit von der Macht der starken Blumen! Wie eine Hexe, wie eine Stiefmutter, wie der Drache! Sie wollten mich auffressen! Ab heute nenne ich euch Hexenkraut, Stiefmütterchen und Drachenkraut! Dann seid ihr harmlos. Wie eine Blume. Wenn ich es so sage, kommt es mir vor, als sei die Blume nur ein Wort.
Da kommt Inake! Inake! Du bist wie eine Blume!

INAKE: Was für einen eigenartigen Satz sagst du da? Ich bin nicht wie eine Blume. Ich bin Inake. Nur Blumen sind wie Blumen.

OGI: Du bist so schön wie eine Blume.

INAKE: Du findest also die Blumen schön. Und was ist mit mir?

OGI: Ich sagte, du bist wie eine Blume.

INAKE: Blumen sind listig und giftig.

OGI: Was hast du gegen die Blumen?

INAKE: Sie verführen mit ihren Farben und Düften.

OGI: Tust du das etwa nicht?

INAKE: Ich verführe nicht mit Farben und Düften. Was ist eine Farbe? Ein Lichtspiel ohne Fleisch. Was ist ein Duft? Ein Luftspiel ohne Fleisch. Ich halte nichts von Blumen. Wenn du lieber mit ihnen zusammen sein willst, gehe zurück auf deine Blumenwiese und schlaf dort.

OGI: Du gehst zu streng mit den Pflanzen um. Wer hat schon richtiges Fleisch in dieser Welt? Ein Vogel? Wer weiß, ob er unter den dicken Federn wirklich Fleisch hat. Ein Fisch? Das Fleisch vom Fisch nennt man nicht Fleisch. Wer hat schon Fleisch?

INAKE: Eine Schlange hat zum Beispiel richtiges Fleisch. Sie schmückt sich nicht mit bunten Farben und süßem Duft wie die Blumen. Sie trägt nur ihr Fleisch mit sich.

OGI: Von der unheimlichen Schlange möchte ich nichts hören. Die Schlange gleicht dem schwangeren Schweigen.

INAKE: Was hast du gegen die Schlange?

OGI: Die Schlange ist eine Prostituierte. Sie ist die schlechteste unter den Kriechenden. Sogar Maden sind besser als sie. Die Maden versuchen nicht, Menschen zu verführen. Wo gehst du hin? Nimm mich mit!

INAKE: Du kannst nicht mit mir kommen, denn ich bin auf dem Weg zu meiner Schlange. Da, den anderen Weg musst du nehmen. Er führt zu deiner Blumenwiese.

2

ERSTER FISCHER: Hast du schon gehört?

ZWEITER FISCHER: Was soll ich denn schon wieder gehört haben?

ERSTER FISCHER: Inake ist tot. Sie ist in der Schlangenhöhle gestorben.

ZWEITER FISCHER: Ist sie von der Schlange gebissen worden?

ERSTER FISCHER: Nein. Die Schlange ist immer zärtlich zu ihr gewesen. Inake besuchte die Schlange jeden Tag und ließ sie überall an ihrem Körper entlangkriechen: auf dem Bauch, auf den Schenkeln, auf den Beinen …

ZWEITER FISCHER: Dann hat die Schlange Inake in die tödliche Stelle gebissen?

ERSTER FISCHER: Nein. Die Schlange hat Inake geliebt. Sie hat sie niemals gebissen. Deshalb durfte die Schlange alles mit Inake machen. Gestern Abend schlief Inake in der Höhle. Die Schlange schlief zwischen ihren Beinen.

ZWEITER FISCHER: Zwischen ihren Beinen.

ERSTER FISCHER: Und da kommt Ogi, um Inake abzuholen und sieht …

ZWEITER FISCHER: Ogi sieht …

ERSTER FISCHER: Ogi nimmt in die zitternde rechte Hand das göttliche Schwert mit der gespalteten Klinge und …

ZWEITER FISCHER: Mit der gespalteten Klinge und …

Man hört Schritte und Atem des laufenden Ogi, vermischt mit Rauschen von Blättern und leisem Flüstern der weiblichen Stimmen.

ERSTE BLUME: Ogi, Ogi, was hast du getan? Deine Hände sind roter als unsere Blüten.

ZWEITE BLUME: Bist du verletzt? Was hast du getan? Du riechst nach Blut. Wir müssen deine Frau holen. Wo ist sie?

DRITTE BLUME: Ogi, wo ist deine Frau Inake, die Kinder mit übermenschlichen Fähigkeiten geboren hat? Sie wird bald das dritte Kind gebären und noch weitere Kinder gebären: Kinder mit drei Augen, Kinder mit zwei Mündern. Wir brauchen diese Kinder. Deshalb darfst du Inake nicht mit blutigen Geschichten belästigen. Sie macht sich sicher Sorgen um dich. Wo ist sie?

WELLE: Inake kannte die Schlange seit ihrer Geburt. Die beiden haben immer zusammen gespielt. Die Schlange hat Inakes glänzende Milchzähne gesehen. Die Schlange hat Inakes erste Blutung gesehen. Die Schlange hat ihren Bauch von innen gesehen.
Die Schlange schlief gerne mit Inake. Ogi sah an diesem Tag zum ersten Mal, wie die beiden zusammen schliefen. Vielleicht erinnerte ihn die Haltung der Schlange an etwas, das ihn erschreckte. Vielleicht verwechselte er seine Angst vor der Schlange mit dem Gefühl, das er gerade von den Blumen gelernt hatte: die Eifersucht. Er nahm sein Schwert in die rechte Hand und stach Inake ins Herz. Dann lief er weg, ohne zu verstehen, warum er nicht die Schlange, sondern seine Frau getötet hatte. Er lief zu den Blumen und bemerkte, dass er keine Stimme mehr hatte, um von seiner Tat zu berichten. Er schwieg. Die Blumen fragten und fragten und waren entsetzt darüber, dass sie keine Antwort von ihm bekamen. So etwas war noch nie vorgekommen. Die Blumen boten nur wenigen an, mit ihnen zu sprechen. In ihren Augen war Ogi undankbar und arrogant. Sie entschlossen sich, nicht mehr mit ihm zu sprechen. Als Ogi in die Schlangenhöhle zurückging, war die tote Frau nicht mehr da. Sie war unterwegs ins Reich der Toten.

3

OGI: Meine Stimme kehrte zu mir zurück, als ich mich entschloss, ihr nachzureisen. Ich werde ins Reich der Toten gehen. Man sagt, dieses Reich sei nicht so weit entfernt wie man denkt, aber der Weg dorthin sei sehr schlecht, und das Grenzgebiet sei unbearbeitetes Land ohne Ordnung. Es sei dort so chaotisch, dass man nicht einmal gute Feinde von bösen Freunden unterscheiden könne. Die Sonne steht auf dem Kopf, das Wasser des Flusses dreht sich im Kreis und die Bäume fliegen, während die Vögel Wurzeln in die Erde schlagen. Aber was kann mich jetzt noch erschüttern? Ich habe ein Ziel, daran muss ich mich festhalten. Ich werde Inake unterwegs finden und sie nach Hause zurückbringen. Falls sie das Reich der Toten schon betreten hat, werde ich mich bei dem Wächter nach ihr erkundigen und ins Reich einreisen, um sie zu holen.

ZAHL 4: Wenn sich zwei Zweibeinige miteinander treffen, gibt es vier Hände. Wenn der Mond und die Sonne zusammen in einen Spiegel blicken, gibt es vier Lichtquellen. Warte! Wer bist du?

OGI: Ich bin Ogi, der seine Frau Inake durch das Schicksal verloren hat.

ZAHL 4: Und wo willst du jetzt hingehen?

OGI: Ich bin auf der Suche nach meiner Frau Inake. Bist du die berühmte Wächterin, die das Tor des Todesreiches hütet? Ist das hier der Eingang?

ZAHL 4: Es gibt keinen Eingang zum Reich der Toten. Jeder, der will, darf jederzeit hineingehen oder hinausgehen. Hast du noch nie Tote gesehen, die Lebende besuchen?

OGI: Ja, doch, das habe ich schon oft gesehen. Aber es scheint mir etwas zu großzügig zu sein, dass es hier keinen Eingang, keinen richtigen Wächter, keinen Zoll gibt. Das gefällt mir nicht. Ich würde hier strengere Regeln einführen, wenn es mein Gebiet wäre. Wer bist du eigentlich, wenn du keine Wächterin bist? Ich habe schon oft von einer mächtigen Wächterin des Totenreiches gehört, die jeden Reisenden genau beobachtet. Man sagt, sie stehe immer auf einem Bein, ihr Bauch sei groß und dreieckig. Damit meint man dich. Wenn du aber keine wirkliche Wächterin bist, was machst du dann in dieser trostlosen Gegend?

ZAHL 4: Ich bin die Zahl vier, die Zahl des Todes. Ich entdecke meine Zahl im Leben des Lebewesens, das als Nächstes sterben soll.

OGI: Du warst also diejenige, die meiner Frau die Zahl des Todes gebracht hat.

ZAHL 4: Ich habe ihr nicht die Zahl gebracht, sondern ich habe die Zahl in ihrem Leben entdeckt. Sie war schon da. Es war nicht meine Absicht. Wie kann eine Zahl eine Absicht haben? Deine Frau hatte nämlich ein Vierecksverhältnis. Ein Dreiecksverhältnis wäre nicht schlimm gewesen, denn das Dreiecksverhältnis entspricht der menschlichen Natur, aber eine Frau mit einem Vierecksverhältnis kann nicht weiterleben.

OGI: Und wer waren die vier?

ZAHL 4: Die Schlange, Inake, die Blumen und du.

OGI: Was für ein Unsinn! Ich bin Ogi, der seine Frau geliebt hat, und ich weiß ganz genau, dass es kein Verhältnis zwischen uns und den Tieren gab! Geschweige denn mit den Pflanzen! Was ich mit ihnen getan habe, zählt nicht.

ZAHL 4: Die Zahl die zählt die Zahl der Zahlen. Es gibt nichts, was nicht zählt.

OGI: Was zählt?

ZAHL 4: Die Zahl.

OGI: Was ist mit der Zahl?

ZAHL 4: Sie zählt.

OGI: Ich weiß genau, dass es zwischen mir und den Blumen keine unanständige Beziehung gab, die ich verbergen müsste. Ich habe nicht ihre Zungen berührt, weil sie keine Zungen hatten. Ich habe nicht ihre Lippen berührt. Ich weiß gar nicht, ob sie überhaupt welche hatten? Ich hatte nichts mit den Blumen zu tun. Aber Inake hat vielleicht doch etwas mit der Schlange gehabt. Das werde ich zwar nicht in der Öffentlichkeit zugeben, aber irgendetwas hat sie falsch gemacht. Inake hat etwas von der Schlange bekommen. Etwas, was ich nicht kenne. Es muss etwas gewesen sein, was einem Frauenkörper Freude bringt. Ich möchte nichts über die Schlange wissen. Wie ist es möglich, dass es überhaupt so ein hässliches Tier gibt wie eine Schlange? Hässliche Schlangen bekommen hässliche Eier und vermehren sich unermüdlich, als wären sie dazu verpflichtet. Inake dagegen wird ein schönes Kind gebären.
Wo bleibt eigentlich das Kind? Mein erstes richtiges Kind, das erst noch geboren werden muss? Ist es etwa im Bauch von Inake gestorben? Vielleicht lebt es noch. Man muss das Kind so schnell wie möglich aus dem toten Bauch der Mutter entfernen. Warum hat Inake es mitgenommen? Sie hätte es bei mir lassen müssen. Ein Kind kann nicht gleichzeitig hier und da sein. Soll das Kind lieber bei der toten Mutter sein als bei dem lebenden Vater?

ZAHL 9: Warte, du junger Mann oder junger Gott. Wo gehst du hin?

OGI: Ich bin auf der Suche nach meiner toten Frau Inake. Ich muss sie finden und nach Hause zurückbringen. Sie ist während meiner Abwesenheit gestorben. Ich muss sie unbedingt sprechen. Wer bist du? Bist du der berühmte Wächter, der den zweiten Eingang zum Reich der Toten bewacht? Man sagt, dass dieser Wächter einen großen, runden Kopf hat.

ZAHL 9: Ich bin die Zahl Neun, die Zahl des Leidens. Ich stehe tatsächlich immer im Grenzgebiet, das man durchqueren muss, wenn man ins Reich der Toten will. Aber ich bewache nichts. Jeder, der will, darf hinübergehen und zurückkommen.

OGI: Das ist sehr großzügig. Aber ich weiß nicht, ob es gut ist. Großzügigkeit ist in der Politik keine Tugend.

ZAHL 9: Ich bin nicht hier, um zu kontrollieren. Ich bin hier, um zu zeigen.

OGI: Dann zeig mir bitte den richtigen Weg zu meiner Frau.

ZAHL 9: Du musst hier auf sie warten. Deine Frau Inake hat mich beauftragt, dir zu sagen, dass du nicht weitergehen darfst. Du musst hierbleiben, bis sie kommt.

OGI: Es ist ein freundliches Angebot, aber ich kann mit meinen eigenen Beinen gehen. Warten ist nicht meine Stärke.

ZAHL 9: Du musst aber hier warten. Du darfst keinen Schritt weitergehen. Sonst kannst du niemals deine Frau nach Hause holen. Es wird bei jedem Schritt dunkler. Wenn du jetzt allein losgehst, findest du bald weder den Weg noch dich selbst.

OGI: Den Weg muss ich nicht finden, denn mein Ziel kennt den Weg. Mich selbst muss ich nicht finden. Mein Selbst ist immer bei mir, wenn ich handle.

ZAHL 9: Da täuschst du dich aber. Ohne eigene Lichtquelle kann man hier keinen einzigen Schritt machen.

OGI: Ich habe keine Lichtquelle. Ich bin keine Sonne. Wer außer der Sonne besitzt eine Lichtquelle? Nicht einmal der Mond hat eine.

ZAHL 9: Wenn du einen Spiegel hättest, so könntest du das Licht vom Mond empfangen, um den Weg und dich selbst zu finden.

OGI: Einen Spiegel hat nur ein Teich. Ein Gott hat keinen. Noch ist es nicht ganz dunkel. Ich sehe noch den Weg. Wenn ich mich beeile, werde ich Inake noch finden können.

ZAHL 9: Genau das hat Inake verboten. Sie sagte mir, falls du hierher kämest und nach ihr fragtest, solle ich dich warten lassen, bis es stockdunkel geworden ist. Dann solle ich ihr Bescheid sagen, damit sie kommen könne. Du darfst nicht versuchen, sie zu finden. Inake möchte nicht von dir gesehen werden.

OGI: Aber warum denn nicht? Ich weiß doch genau, wie sie aussieht. Ihre Gestalt kann ich sogar mit geschlossenen Augen sehen. Warum soll ich sie nicht mit offenen Augen im Licht sehen?

ZAHL 9: Sie sieht jetzt verändert aus, weil sie sich einer anderen Ästhetik als früher anpassen musste.

OGI: Welche Ästhetik meinst du?

ZAHL 9: Die Ästhetik des toten Fleisches.

OGI: Das macht mir nichts aus. Meine Meinung über sie verändert sich nicht, selbst wenn sie ganz anders aussieht.

ZAHL 9: Sie hat mich darum gebeten, dich nicht zu ihr zu bringen. Du musst warten.

OGI: Ich warte nicht gerne. Ich leide immer, wenn ich warten muss.

ZAHL 9: Es ist mir recht, wenn du leidest. Ich bin die Zahl Neun, die Zahl des Leidens. Es ist meine Aufgabe, Lebende zum Leiden zu bringen.

OGI: Mein Ziel ist stärker als mein Leiden.

ZAHL 9: Erinnere dich, wie deine Frau in der Höhle lag. Die Schlange lag auf ihrem Schoß und lutschte ihre Haut.

OGI: Ein grausames Schicksal.

ZAHL 9: Erinnere Dich, was Inake dir sagte. Sie wolle dich nie wieder sehen, wenn sie sich von der Schlange verabschieden müsse.

OGI: Eine verrückte Krankheit.

ZAHL 9: Erinnere dich, wie du in ihr Herz gestoßen hast und wie das Blut spritzte.

OGI: Ein trauriges Schicksal: Es zwang mich, gegen meinen Willen zu handeln. Das Schicksal ist mächtig, aber ich kann alles wieder gut machen. Die Toten kann man nach Hause holen, die Wunde kann man zusammennähen. Erinnere mich aber nicht mehr an die Kette der traurigen Vorfälle, sondern lass mich weitergehen.

ZAHL 9: Den Hass, der sich wie eine Wunde in deinem Bauch geöffnet hat, kann man nicht mehr zusammennähen. Dein Hass hat Inake umgebracht.

OGI: Das Schwert hat Inake getroffen. Ein grausames Schicksal.

ZAHL 9: Der Hass bringt den Mord, und der Mord bringt den Hass.

OGI: Erinnere mich an nichts, was schon geschehen ist, und lass mich weitergehen. Wo sind meine Beine? Ist es ein Traum, in dem ich mich befinde? Ich sehe meine Beine nicht mehr. Hat der finstere Schatten meine Beine gefressen? Wie kann ich weitergehen? Gib mir meine Beine zurück.

ZAHL 9: Du sollst nicht gehen. Ich habe dir gesagt, dass du warten sollst.

OGI Wie lange soll ich noch warten?

ZAHL 9: Der Schatten kriecht langsam deinen Körper hoch. Bald wird auch dein Bauch verschwinden.

OGI: Kann ich dann gehen?

ZAHL 9: Nein. Du musst warten. Der Schatten wächst langsam über deinen Körper. Bald wird auch deine Brust verschwinden.

OGI: Wie lange muss ich denn noch warten?

ZAHL 9: Der Schatten wird auch deine Arme verschlucken. Ganz zum Schluss, wenn die Dunkelheit überall ist, wird auch dein Kopf unsichtbar. Dann hole ich dir deine Inake, so wie sie mich gebeten hat.

OGI: Womit soll ich mich noch beschäftigen, bis es soweit ist? Wenn ich nichts zu tun habe, schlafe ich ein und verlaufe mich in meinem Traum. In einem Traum ist das Ziel nicht mehr deutlich zu erkennen.

ZAHL 9: Ich habe eine Uhr, die Uhr des Wartens. Sie hat neun Zeiger, die mir die Zeit zeigen. Jedes Mal wenn eine Stunde vergangen ist, stecke ich einen Zeiger in dein Fleisch. Ich stecke ihn tief hinein bis zu den Knochen, damit du nicht einschläfst. Das wird dich wach halten. *Sticht den ersten Zeiger in Ogis Körper.*

OGI: *schreit.*

ZAHL 9: Es ist schön, mir ein leidendes Wesen anzusehen. Noch achtmal werde ich die Freude haben, Zeiger in das Fleisch zu spießen.

OGI: Ich habe eine Bitte an dich. Ich bin keine Schmerzen gewohnt. Kannst du mir das Vergehen der Zeit nicht anders zeigen? Kannst du mich nicht durch ein Lied wachhalten? Musik zeigt auch Zeit. Von Musik verstehe ich mehr als von der Kunst des Stechens.

ZAHL 9: Meine Musik ist der stechende Uhrzeiger. *Sticht ihn mit dem zweiten Zeiger.*

OGI: *schreit.*

ZAHL 9: Es ist schön, wenn ein Leidender mich um etwas bittet. Je heißer die Bitte ist, desto kälter wird mein Herz. Noch siebenmal werde ich die Freude haben, dich zu quälen. *Schreit.* Was machst du?! Es ist verboten, mit einem Schwert eine Zahl auseinanderzuschneiden! Hast du nicht gehört, was ich dir eben gesagt habe? Man darf eine Zahl nur durch die Division teilen, aber nicht mit einem Schwert! Neun durch drei gleich drei. Hast du nicht gehört? Ich habe dir schon meinen Schwachpunkt verraten. Warum hörst du mir nicht zu! Was soll das, halt! Nein! Neun! Nein! Neun! Nein!

OGI: Hast du noch nie von meinem göttlichen Schwert mit der gespaltenen Klinge gehört? Es hat zwei Spitzen und spaltet alles, was mir im Weg steht, in zwei Teile.

ZAHL 9: Mich kann man aber nicht durch zwei teilen. Hast du noch Rechnen gelernt? Ich bin die Zahl Neun, die sich nur durch drei teilen lässt. Du kannst mich nicht mit Gewalt entzweihauen. Die Zahlen kennen keine Gewalt.

OGI: Dann verschwinde!

ZAHL 9: Zahlen verschwinden nie. Ich habe versucht, dir zu helfen. Jetzt ist es zu spät. Du wirst deine Gewalt bereuen.

OGI: Das Schwert fängt die Lichtspur auf, die der Mond hinterlassen hat. Dieses Licht wird mir helfen, Inake zu finden. In dieser tiefen Finsternis kommt mir dieses Licht vor wie ein Tränentropfen, der in die Wüste fällt. Vielleicht ist es nicht das Licht, sondern die Stimme, die Tag und Nacht hell bleibt. Hörst du meine Stimme, Inake? Inake! Inake!

Man hört ein Echo, in dem der Name Inake in zahlreiche Teile zerfällt wie eine Wolke von fliegenden Insekten.

Inake kann nicht sehr weit gegangen sein. Inake! Du bist mir doch nicht böse, dass ich nicht auf dich gewartet habe? Ich kann nicht warten. Ich muss immer handeln. Du glaubst doch nicht im Ernst, dass mich dein veränderter Körper erschreckt. Ich muss dich sehen. Meine Augen sagen, nur das Sehen zähle, alles andere sei nur Einbildung. Inake, wo bist du? Ich sehne mich nach dir. Es wird immer dunkler. Das Mondlicht wird schwächer, als wollte der Mond mir nicht helfen. Hier an diesem Ort bin ich nicht Herr. Keiner folgt meinem Befehl. Ich muss mir selbst den Weg schlagen mit Hilfe meines Schwertes. Oh, es stinkt! Als hätte jemand meine Nase geschlagen. Was liegt da? Merkwürdig. Ein toter Hund. Nein. Ein Haufen Fleischstückchen. Vielleicht von toten Mäusen. Der Haufen saugt das feine Licht auf, das aus meinem Schwert kommt. Matt schwarz. Ich muss ihn mir genauer ansehen. Vielleicht finde ich darin Spuren meiner Frau. Oh, wie es hier stinkt! Wie kommt es, dass so viele Mäuse auf einmal gestorben sind? Eins, zwei, drei, vier, fünf, sechs, sieben, acht, neun, weiter kann ich nicht zählen. Wenn es weiter so stinkt, bekomme ich keine Luft mehr. Der Geruch des toten Fleisches ist ja wie ein lebendiges Monster. Er drückt sich gegen meine Brust, und mein Magensaft steigt in mir hoch. Wie scheußlich diese vielen kleinen Knödel aus totem Fleisch aussehen! Sie liegen einfach da und stinken! Wenn ich sie genauer betrachte, werde ich rasend von ihrer Hässlichkeit! Was schimmert so merkwürdig zwischen diesen dunkelroten, faulenden Fleischstückchen? Wie kleine, weiße Schneeflocken. Das sind Maden! Dicke, weiche Maden kriechen auf dem Haufen! Eins, zwei, drei vier, fünf, sechs, sieben, acht, neun, weiter kann ich nicht zählen. Je weiter ich zähle, desto mehr werden es. Schauerlich. Mein Rücken zittert. Ich will hier weg. Wo sind meine Beine? Ich will hier doch weg! Lass mich gehen. Wie die Maden ohne Beine liege ich neben dem Fleischhaufen. Sehen kann ich auch nicht. Soll ich mich jetzt blind durch das faule Fleisch bohren? Soll ich wie die Maden herumkriechen? Ohne Ziel? Ohne Sicht? Ohne Kinder? Die Leiche bedeutet für die Maden die Welt. Es gibt für sie nur diese Leiche, in der sie leben und sterben. Aber für mich denn auch?

INAKE: Ogi!

OGI: Hat jemand meinen Namen gerufen?

INAKE: Ogi!

OGI: Hat jemand mich gerufen?

INAKE: Ogi!

OGI: Wer hat mich gerufen?

INAKE: Du hast mich gesehen.

OGI: Inake? Bist du es?

INAKE: Ich bin deine tote Frau. Hat dir nicht die Zahl Neun sagt, dass du mich so nicht sehen sollst? Hast du nicht gehört, dass du auf mich warten sollst?

OGI: Inake! Wo bist du? Ich sehe nur den Haufen totes Fleisch, sonst nichts. Wo bist du?

INAKE: Ich bin hier. Warum hast du nicht auf mich gewartet?

OGI: Nein, das kann nicht sein. Dieser Haufen totes Fleisch, das bist du nicht.

INAKE: Warum hast du nicht gewartet, bis ich dir die Sehkraft geraubt habe?

OGI: Nein. Inake. Das bist du nicht. Was vor mir steht und redet, das bist du nicht.

INAKE: Da du mich so gesehen hast, muss ich dich töten.

OGI: Was sagst du? Was für ein Unsinn! Was habe ich getan? Ein Mann hat das tote Fleisch gesehen. Dieser Mann, der bin ich nicht. Das tote Fleisch, das ist nicht du. Ich bin nicht der, der dich gesehen hat. Und du bist doch nicht das, was gesehen wurde.

INAKE: Ich muss dich töten.

OGI: *schreit wie ein Reh.*

4

WELLE: Ogi sprang auf und lief weg so schnell er konnte. Inake befahl einer Dienerin, ihn zu verfolgen. Die Dienerin lief wie ein Raubtier. Ogi warf den Blumenkranz, den er für Inake gemacht hatte, nach der Dienerin. So verlor er den Kranz. Der Kranz verwandelte sich in Trauben. Sie dufteten süß und hatten eine blutrote Farbe. Die Dienerin war entzückt davon, blieb stehen, setzte sich auf den Boden und fing an, sie zu essen. Währenddessen lief Ogi weiter fort, in die Richtung, aus der er gekommen war. Die Dienerin, eine gefräßige Schönheit, brauchte aber nicht lange, um die Trauben aufzuessen. Dann sprang sie auf und lief so schnell wie der Wind auf dem Meer weht. Ogi hörte den Atem der Dienerin hinter seinem Rücken, blickte zurück ohne anzuhalten und warf seinen

Gürtel in ihr Gesicht. So hat er seinen Gürtel verloren. Der Gürtel verwandelte sich in eine Schlange und wickelte sich um den Hals der Dienerin. Die Dienerin nahm aber den kleinen Kopf der Schlange in die Hand, legte ihn auf die Zunge und aß die Schlange auf. Ogi lief und lief und wunderte sich, dass er immer noch nicht den Ort erreichte, an dem die Zahl Neun kennengelernt hatte. Anscheinend gab zwei Wege, die ins Reich der Toten führten. Inake schickte ihre Armee hinter ihm her, als die schöne, gefräßige Dienerin noch immer nicht zurückgekommen war. Die Armee von Inake hatte tausend Soldatinnen, die vom Kopf bis zu den Fußspitzen nur aus Rüstungen bestanden. Sie waren unverletzlich, weil sie kein Fleisch unter den Rüstungen hatten. Die Rüstungen waren so schwer wie Schiffe, aber sie liefen so schnell wie Fische schwimmen. Ogi sah einen Fluss vor sich. Das muss der Fluss sein, der Inakes Land von meinem Land trennt, dachte er und wollte hinüberspringen. Da sah er Inakes Armee, die ihn fast erreicht hatte. Er nahm von dem Baum, der am Ufer stand, drei Pfirsichfrüchte und warf sie in die Armee. Denn er wusste, dass die härtesten Rüstungen mit den weichsten Früchten durchbrochen werden können. Die Armee verschwand in der Luft. In dem Moment erschien Inake selbst vor Ogis Augen. Wütend zwischen den Augen, traurig im Hals, durcheinander im Herzen und schadenfroh im Mund starrte sie ihren Mann an. Sie hatte nur eines im Sinn: Ogi zu fangen. Ogi nahm einen riesigen Stein und stellte ihn zwischen Inake und sich.

OGI: Inake, das ist der göttliche Stein, der ab heute dein Land von meinem trennen wird.

INAKE: Ogi, warum willst du dein Land von meinem trennen? Hast du mir nicht gesagt, dass du mit mir zusammen den Himmel und die Erde regieren willst?

OGI: Inake, damals warst du noch nicht tot. Du hattest noch nicht etwas, wovor ich mich fürchten musste. Jetzt bist du die Herrin deines Landes, und du sollst es nie wieder verlassen.

INAKE: Wie kann ich aber sicher sein, dass du mich in deinem Gedächtnis behältst? Wo kann mein Name weiterleben, wenn er nicht auf deiner Haut geschrieben steht?

OGI: Er kann ins Wasser dieses Flusses springen, denn der Fluss gehört weder mir noch dir.

INAKE: Wie willst du Kinder machen, die deine Macht unterstützen und weitertragen?

OGI: Ich werde meine Haut mit einer Nadel stechen lassen. Der Name des Meisters, der die Nadel-Kunst beherrscht, ist „Zahl Neun". Seine Nadeln sind die Uhrzeiger. Jede Wunde bildet eine männliche Mutterscheide, aus der Kinder herausspringen.

INAKE: Sie werden blutrot sein.

OGI: Sie werden so rot und so schön sein, wie meine Blumen es früher waren.

INAKE: Vergisst du mich nicht in diesem Spiel mit der Zahl Neun?

OGI: Dein Name wird im Fluss weiterleben.

INAKE: Wie kann mein Name leben, ohne zu ertrinken?

OGI *springt hinüber. Das Wasser des Flusses versucht, ihn zu fangen, aber er schafft es, sich dagegen zu wehren und erreicht das Ufer auf der anderen Seite:* Ich werde mich nicht mehr an dich erinnern. Ich werde deinen Namen nicht mehr rufen.

INAKE: Dann werde ich jeden Tag eintausend Kinder von dir töten, damit du dich an mich erinnerst.

OGI: Dann werde ich jeden Tag eintausendfünfhundert Kinder gebären, damit ich dich vergessen kann.

5

Eine Mischung aus Blätterrauschen, Wind, Flüstern der Blumen, Ogis Heulen, Inakes Summen, Stimmen der arbeitenden Fischer und Wasser.

ERSTER FISCHER: Hast du schon gehört?

ZWEITER FISCHER: Das war nur der Wind.

ERSTE BLUME: Keiner redet mehr mit uns.

ZWEITE BLUME: Wir kommen und gehen.

DRITTE BLUME: Wenn wir gehen, so sind das nicht mehr wir.

ERSTER FISCHER: Ich habe etwas gehört.

ZWEITER FISCHER: Das war nur der Wind.

ERSTER FISCHER: Der Wind?

ZWEITER FISCHER: Der Herbst kommt. Die Fische warten schon auf uns.

ERSTER FISCHER: Wir müssen schnell alles organisieren.

ZWEITER FISCHER: Merkwürdig, dass man am Strand plötzlich Stimmen hört.

ERSTE BLUME: Nicht/mehr/wir/doch/Blumen/gibt es/weiter/wenn …

ERSTER FISCHER: Es wird ein fischreicher Herbst.

ZWEITE BLUME: Fallen/die Blüten/vertrocknet/tot/doch/nicht/tot/ die Samen/fallen/schlafen/den Winter/die Samen/der Winter/ kommt/und/geht …

ZWEITER FISCHER: Hast du gehört?

DRITTE BLUME: Kommen und gehen …

ERSTE BLUME: Eingehen …

ZWEITE BLUME: Oder ausgehen …

DRITTE BLUME: Wir gehen ein …

ERSTER FISCHER: Meine Kinder werden immer dicker.

ZWEITER FISCHER: Meine werden immer länger.

ERSTE BLUME: Früchte eitern.

ZWEITE BLUME: Samen fliegen.

DRITTE BLUMEN: Es ist kalt. Wir gehen ein.

ERSTER FISCHER: Bist du bereit? Hast du alles?

ZWEITER FISCHER: Ja, wir können losfahren.

ERSTE BLUME: Eingehen

ZWEITE BLUME: Gehen

DRITTE BLUME: Auskommen

TILL

多和田葉子

この劇は五幕から成り、物語またはイメージ部分は散文形式で日本語で書かれていて、そのドイツ語訳がすぐ後に続く。ともにカッコに入っている。この部分の演劇化は自由。会話部分は、日本語とドイツ語と内容は別々で、わざと訳が付いていない。人物はみんな同じ場所にいて、同じ事物を見たり、触ったりすることができる。日本語をしゃべるのは、いのんど、通訳、薬局の女主人の三人。とりあえず、ドイツに観光に来ている現代人。ドイツ語をしゃべる人物は、ティル、阿呆女　　（宮廷に雇われている道化のようなもの）、三つ目女、乞食女、鍛冶屋とパン屋の親方、ブラウンシュヴァイク公など、中世ドイツの人間たち。ニーダーザクセン州（ハノーヴァーなどのある州）に生まれたということになっているティル・オイレンシュピーゲルの伝説を元にしているが、この人物を新しく解釈した結果、内容がかなり変わっていて、追加が多い。会話部分は、両言語ともあえて翻訳をつけなかった。ドイツ語ができない観客、または、日本語ができない観客にとっては、劇の一部は謎のまま流れていく。それでも、音楽的に（言葉のリズムその他）または映像的に、その謎への手がかりを感じさせるように。

Dieses Theaterstück besteht aus 5 Akten. Erzählte Teile (sie sind nicht als Regieanweisungen gedacht, sondern Bilder, die man frei bearbeiten kann) stehen immer in Klammern, zuerst auf Japanisch und dann auf Deutsch. Im Unterschied dazu sind die gesprochenen Teile in Deutsch keine Übersetzungen der japanischen Teile und auch nicht umgekehrt. Die drei Personen, die japanisch sprechen, sind Touristen, die gerade Niedersachsen besuchen. Die deutsch sprechenden Menschen stammen aus dem Mittelalter. Die beiden Gruppen befinden sich in demselben Raum. Sie empfinden die Situation zwar als natürlich, aber sie verstehen sich sprachlich nicht und kümmern sich nicht immer um die andere Gruppe. Ich habe absichtlich auf die Übersetzungen der gesprochenen Teile verzichtet. Es wäre wünschenswert, wenn die gemeinsame Theaterarbeit und die Produktion ohne Übersetzungen der Dialoge gelingen würde. Durch Gesten, Mimik, Sprachklang oder Choreografie muss eine gemeinsame Welt auf der Bühne geschaffen werden. Für die Zuschauer, die nur eine der beiden Sprachen verstehen, bleibt ein Teil der Bühne ein Geheimnis, aber musikalische oder bildliche Zugänge zu dem Geheimnis müssen möglich sein.
Das Theaterstück kann auch als eine neue Lektüre von „Ein kurtzweilig Lesen von Dil Ulenspiegel" gelesen werden.

1

（ティル、あらゆる風景をくぐり抜けて走る。風景は、壁の装飾、教科書の挿絵、イコンなどを思わせる、奇妙な静寂。ふくらはぎの筋肉が、もぐらでも縫い込んだようにふくれている、その脚にぴったりと付いたタイツのようなズボン、一歩進む度に、もぐらがもだえる。農婦でも領主の娘でも娼婦さえも、女という女が必ずくるぶしまでの長さのスカートをはいて脚を隠して生きた時代に、男たちは色気のすべてを脚で表現した。膝も、脚という組織に組み込まれることなく、左右好き勝手な方向を見回している。腿には筋肉が房になって付いていて、一歩進む度に、その房がぐりぐりと動く。中に桃の実でも隠されているような膝、ひょっこり突き出して部分を切り開いて、桃を取り出してみたくなるような。桃の実は、肉の中にうもれてから時間がたっているので、濃い茶色をして、においっているのだろう。

ティルは、歩調をゆるめて、泉の脇を通る。騒がしいほどの光を受けて緑色の髪を燃えたたせながら。突き出した下唇と多少上を向いた鼻が、ガキ大将のよう、でも年はいくつなのか全く分からない。泉の脇を通り抜ける。泉は六角形の石盤に取り込まれて、その面のひとつひとつに彫り込まれた神話の図柄をティルはよく見たことがない。泉の脇には、泉の彫刻柱が影になってうつっている。影は生き物ではないが、時々、踊り出して生き物になることもある。その時、影は怪物で、怪物に剣を差し向けるのは騎士。泉の真ん中から石柱がそそり立ち、その先に騎士の像が作ってある。ティルは騎士などではないから、身体を鎧で隠したり、淑女に忠誠を誓ったりしない。怪物はティルを見ると、あくびをしながら影の中にもぐり込んでしまう。

人のいない路地を走り抜け、町の入り口に着き、振り返らずに外へ飛び出す。門番はちょうど眠っている。強い風が立って、城壁を囲む樹海がいっせいに騒ぎたてても、それが引き裂かれる詐欺師、死刑囚の肉の叫びのように響いても、ティルは気にもとめないで先を急ぐ。町から外へ出なければ、石の壁から遠く離れなければ、逃げ出さなければ、やがて追われて、拷問の車輪に括りつけられ、民衆が罰したいと思っている人物になってしまうかもしれない。そうなれば、ティルの手首の関節はガラスと砕けて、足首も折れて、目玉どろどろ、肌は赤紫の縞模様のみみず腫れに包まれるだろう。町の外へ。逃げる。処刑を逃れて。石の壁の外の森は切れ目なくどこまでも、夕暮れそのもののように、たそがれて、肩にのしかかってくる。だから、町から町へ渡る時は、 そのように巨大な得体の知れないものに飲まれてしまわないように、じっと息をつめて、きょろきょろしないで、夢中で歩いていくしかない。先へ先へ、それにしてもこの逃亡、つかの間の、とどまるところのない人生。）

Till läuft schnell durch Landschaften, die an Tapetenmuster, an Illustrationen in Fabeln oder an Ikonen erinnern. An jeder Landschaft haftet ein seltsamer Stillstand. Tills muskulöse Waden bewegen sich, als hätte man Maulwürfe in sie eingenäht, seine enge Hose klebt fest an der Haut der Beine, bei jedem Schritt wälzen sich die Maulwürfe. Damals, als alle Frauen – Bäuerin, Fürstentochter oder Hure – lange Röcke trugen, versuchten Männer ihre erotischen Reize durch die Beine auszudrücken. Auch die Knie sind nicht ein Teil des Gesamtsystems der Beine. Sie schauen nach links, nach rechts und wieder nach links, wie es ihnen gerade zumute ist. Aus den Oberschenkeln erheben sich die Trauben der Muskeln, jedes Teilchen bewegt sich bei jedem Schritt. In den Knien sind Pfirsiche begraben, man möchte die Knie aufschneiden und die verfaulend riechenden Früchte herausholen. Sie haben sicher schon eine tiefbraune Farbe.
Till verlangsamt seine Schritte vor dem Brunnen. Sein Haar glänzt grün im berauschenden Sonnenlicht. Die untere Lippe streckt sich nach vorne, die Nase blickt leicht nach oben, ein freches Kind könnte so aussehen, aber Tills Alter ist vollkommen unklar. Er geht an dem sechseckigen Brunnen vorbei. Auf jeder Seite ist ein mythisches Bild eingemeißelt, keines davon hat sich Till genau angeguckt. Neben dem Brunnen der Schatten der Brunnensäule. Der Schatten ist kein Monstrum, der Schatten wird manchmal zu einem Monstrum. In dem Fall würde ein Ritter erscheinen, und gegen ihn kämpfen. So steht ein Ritter auf der Säule, die aus dem Brunnenwasser herausragt. Till ist kein Ritter, er versteckt sich nicht in einer Ritterrüstung, er verspricht keiner Frau irgendetwas, die Treue oder so. Das Monstrum blickt auf Till, gähnt einmal und kehrt zurück in seinen eigenen Schatten.

Till läuft durch eine menschenlose Gasse, die zum Stadttor führt. Der Wächter schläft gerade. Till verlässt die Stadt. Außerhalb der Stadt ist der Wind stark, die blätterreichen Bäume, die die Stadt umgeben, rauschen, es klingt wie das Geschrei des Fleisches, das Fleisch eines Gauklers, der zum Tode verurteilt ist. Till kümmert sich nicht um das Geschrei im Wind und beeilt sich. Er muss sich von der Stadt entfernen, die steinerne Mauer aus der Sicht verschwinden lassen, sonst wird er gefangen, vielleicht, denn er ist vielleicht der, den das Volk bestrafen will, eines Tages, an einem Rad befestigt. Seine Handgelenke werden dann brechen wie Glasscheiben, die Füße werden knacken, die Augen werden schmelzen, auf der ganzen Haut rotblaue Regenwürmer, die Wunden. Aus der Stadt heraus, eine Flucht vor den Strafen. Außerhalb der Stadtmauer sind die Wälder endlos wie die Dämmerung selbst, sie legt sich auf Tills Schultern. Zwischen der einen und der anderen Stadt muss er aufpassen, dass das Riesige, Unfassbare ihn nicht verschluckt, den Atem anhalten, sich nicht umschauen und immer weiterlaufen. Immer weiterlaufen, eine ewige Flucht, ein flüchtiges Leben.

1 通訳：そういうわけで、この地の中世に緑の髪をした反逆児が生まれたという伝説が伝わっているわけであります。

いのんど：そいつ、おれ。おれ、それ。いつか、あいつだった、そいつの今、おれの今、昔。

薬局の女主人：やだねえ、この人は何でも気に入るとすぐに、そいつおれ、あいつおれって言うことにしてしまうんだから。映画見てても、そいつおれ、本読んでも、そいつおれ、いつでもどこでも主人公になりきって、自分が誰なのか忘れて、そういうの、ぼけるって言うのかとおもったら、違うね。ほける、もうける、ボケベルって言うの。

いのんど：今度生まれる時には、緑の髪の反逆児に生まれ変わりたいなんて、思わないかい？

薬局の女主人：生まれ変わったって、今度もまた、あんたみたいな変な人の隣の家に生まれるのがオチだろう。そうしたら、また旅行にさそってあげるからさ。

いのんど：人は七回生まれ変わって、八回つまずくとか。旅に出れば、それはもう、生まれ変わるようなものだ。

薬局の女主人：生まれ変わることと、観光旅行に出ることと、関係あったら困るよ。旅で出かけていく先々に必ず自分の前生があるとしたらさ、恐ろしくて旅行なんかしたくなくなる。あたしは知りたくないね、自分の前生なんて。あれ、前から来る人・・・

TILL: Willkommen in der Stadt der Kultur, meine verehrten Touristen! Die Musik ist mein Name, ich presse mich auf eine schallende Plastikscheibe und verkaufe mich zu einem günstigen Preis. Traube ist mein Name. Ich presse mich so lange, bis ich flüssig werde. Dann gehe ich in eine Flasche hinein und verkaufe mich. Wie das deutsche Sprichwort sagt, soll man immer das eigene Kind mit dem Bade ausschütten, das heißt also, ich weiß nicht, was das bedeutet, aber Geld muss man auf jeden Fall so schnell wie möglich ausgeben. Geben Sie es lieber aus, bevor Sie sterben, für die Kultur zum Beispiel kann man Geld ausgeben. Ja. Und was ist Kultur? Meine Damen und Herren, die Namen der Komponisten und die der Weine, daraus allein besteht Kultur im Allgemeinen.

2 通訳：みなさま、あちらに見えますのが、ブラウンシュヴァイク公が、狩りの帰りにお飲みになって、ああ我が子孫の目の前にひろがる空がいつまでもこの葡萄色に染まり続けますように、と神に祈ったと伝えられているこの土地の名高い葡萄園。そのワインの伝統は今も守られております。（様々なワインのラベルのイメージ、そこに現われる字体、挿絵など。）ワインの名前さえ知っていれば誰でも文化人。しっかり覚えてくださいねえ。

いのんど：（ティルをさして）あの男は、おれたちを騙そうとしている。自分のことだからよく分かるんだ。おれもよく、人を騙して、幸福な気持ちになったものだなあ。でも、人を騙すのは、けっこう面倒臭い。最近は、のんびりしたい、という気持ちの方が強くなって。
通訳：どうか、のんびりなさってください。お金の心配ない方はお幸せです。

TILL: Weißwein, Rotwein, Blutwein, Wildschwein, was das Geflügel betrifft, esse ich am liebsten einen Engel, gebraten in der Sonne, Senf in den Haaren und Pfeffer im Herzen, dazu gibt es einen guten Wein.

DREIÄUGIGE: Schau, da gibt's Wein.

BETTELWEIB: Umsonst?

NÄRRIN: Entschuldigen Sie bitte, wir möchten …

TILL: Weg mit euch! Was seid ihr? Eine Hofnärrin, eine Frau mit drei Augen und ein Bettelweib! Verschwindet! *Holt eine leere Weinflasche aus dem Keller und tut so, als würde er Wein aus einer vollen Weinflasche in Gläser gießen.* Achtung! Dieser Wein ist nur für gebildete Menschen sichtbar.

3 通訳：みなさま、この方（ティル）の御説明によりますと、これは、教養のある方にしか見えないワインだそうです。
薬局の女主人：キョウヨウ？あたしは酒は嫌いだよ。キョウヨウなくてもジンカク疑われても、嫌いなものは嫌い。
通訳：でも、酒は観光のサカナとも言いますし、酒はどんな病にも効くとも言いますし。
薬局の女主人：酒が薬っていう言い方も嫌いだね。酒が飲みたいなら飲めばいいんだよ。身体ぼろぼろにしてでも勝手に飲めばいい。それを薬だなんて言い訳するキモッタマの小ささが気に入らない。それに、これは、どうでもいいことだけれど、もしも酒で病気がすべて直るんなら、うちの薬局はつぶれるわけだし。
いのんど：だまし、だまされ、払い、払わされ。薬だって、どうせ病人だまして、その気にさせて直すんだろう。もし胃薬の箱に何も書いてなかったら、その薬は、胃にだって効かないだろう。だから、人をだますのは、大切なことだよ。
薬局の女主人：でも、薬はね、みんなで宴会開いていっしょに飲むものじゃない。
いのんど：宴会はおれも嫌いだよ。それが理由で、若い頃、就職するのやめたくらいだ。
通訳：ところで、この土地のワインの特色は・・・
薬局の女主人：人の酒癖の話をすると、親しみを感じるから、するんでしょうけどね、あの人の飲み方はこうだとか、あいつが飲んでこういうことをしたとか。あたしは、そういう話は、退屈で退屈で、欠伸の連発、口が裂けそうになるね。そういう風にして、無理に親しみを押し付けられるのがいやなんだ。こんなこと言っても、分かってもらえないだろうけれど。

いのんど：分かるよ。

薬局の女主人：本当に分かるの？

通訳：この土地のワインの特色は・・・

薬局の女主人：それにしても、世の中の悪口、言うのは楽しいねえ。

いのんど：そりゃあそうさ。そのためにも、言葉をみがいておかないとなあ。

薬局の女主人：いのんどさん、あたしの言うこと、本当に分かってくれるの？

通訳：いのんどさんって、変わった名前ですねえ。あたし、その名前どこかで見たことあります。どこだったかしら。

TILL: Achtung! Ich bitte um Ihre Aufmerksamkeit! Jetzt singe ich „o Maria, maris stella".

BETTELWEIB: Was kostet der Eintritt?

TILL: Verschwindet! Meine Lieder sind nichts für kulturlose Menschen. In deinen Ohren rauschen nur Winde. Aber wer die Musik versteht, wird nicht bereuen, viel Geld dafür ausgegeben zu haben.

Alle klatschen erwartungsvoll in die Hände. Till tut so, als würde er singen. Man hört keine Stimme, nur der Wind wird im Hintergrund immer lauter.

（みんな期待に満ちた拍手を送る。ティルは口をぱくぱくさせて、歌を歌っている振りをする。背後の風の音が強くなり、嵐の前のように騒がしくなる。）

4 いのんどは、からのワイングラスを美味しそうに傾けては、存在しないワインを味わうふりをしては、本当はワインなどないことは分かっているとでも言いたげに笑っている。薬局の女主人は、からのワイングラスを時々めずらしそうにながめている。通訳は電卓であわただしく計算を始める。

NÄRRIN: Musik pumpt mein Blut hoch ins Gehirn, so hoch wie eine Ente fliegen kann.

DREIÄUGIGE: Das ist Kultur.

（たまたま通りがかった野良犬が、カセットレコーダーのスイッチを入れると、中世の歌曲が流れる。それが、奇妙に場違いでもあり、心をゆさぶりもする。）

Ein Hund, der zufällig vorbeigeht, schaltet beiläufig einen Kassettenrecorder, der dort steht, an. Man hört ein mittelalterliches Lied. Unpassend komisch und rührend zugleich.

O Maria, Stern der Meere; in Gnadenfülle,
Mutter zugleich und Braut; der Reinheit Gefäß,
unseres Erlösers Tempel,
Sonne der Gerechtigkeit,
Himmelstor, Hoffnung der Schuldigen,
Thron des Ruhmes.
Aufrichterin der Elenden,
Quell der Vergebung:
hör die Diener, die Dich bitten, Gnadenmutter Du:
Dass die Sünden genommen würden durch Dich heut
von denen, die Dich loben reinen Herzens in Wahrheit.

5 いのんど：何だか、妙に酔ってきたなあ。からっぽと、グラッパと、らっぱと、かっぱと。

BETTELWEIB: Schenk mir auch ein Glas von dem Wein ein, der nicht da ist. Wenn er nicht da ist, wo ist er aber? Nicht da, nicht dort, nicht einmal Nichts.

TILL: Der Wein ist nichts für Euch.

NÄRRIN: Was kostet der unsichtbare Wein? Ich werde ihn trinken und ihn mit unsichtbarem Geld bezahlen.

Die drei Frauen lachen.

TILL: Verschwindet! Frauen sind keine Kunden für mich.

6 通訳：みなさん、ここでは、ワインが飲める飲めないということではなく、ワインが見える見えない、ということが問題になるわけですが、つまり、あるものについて良く分かっている人間には見えても、分かっていない人間には見えないものがあるわけで、つまり、文学、美術、音楽の分かる人にしか見えないワインがありまして・・・
薬局の女主人：いったいワインと芸術とどういう関係があるんだい？どっかのへぼ詩人が酒なしには詩が書けなかったとか、そういうようなことかい？

（阿呆女は、からのワインの瓶を手に取って、まるで、ワインが入っているかのように、頭からワインをかぶって見せる。三つ目女と乞食女は、喜んで拍手する。阿呆女は瓶とワイングラスを使って、更に曲芸を続ける。見物人たち、みんな喜ぶ。ティルだけは、とまどい、うろたえている。そこに領主が現われる。）

Närrin nimmt eine Flasche in die Hand, kippt sie über ihrem Kopf aus und tut so, als würde sie vom Wein nass werden. Sie spielt weiter mit der Flasche und mit den Gläsern, als existierte der Wein. Die Dreiäugige und das Bettelweib amüsieren sich über das Spiel. Till ist verwirrt. Da erscheint der Fürst.

FÜRST: Was gibt es hier für ein Gewimmel?

TILL: Gnädiger Herr, was würdet Ihr sagen, wenn jemand für einen guten Wein Geld verlangte?

FÜRST: Das wäre in Ordnung.

TILL: Und wenn keiner von niemanden für keinen Wein kein Geld verlangte?

FÜRST: Das wäre …

NÄRRIN: Gnädiger Herr, sehet Ihr Wein in der Flasche?

FÜRST: Nein.

NÄRRIN: Dieser Mann sagt, wer in dieser Flasche keinen Wein sieht, versteht keine Kultur.

TILL: *versucht die Närrin zum Schweigen zu bringen.*

NÄRRIN: Ich sehe nichts in der Flasche.

DREIÄUGIGE: Selbst mit drei Augen sehe ich weder Wein noch Kultur.

BETTELWEIB: Ich sehe nur die Touristen, sie sind immer real.

7 いのんど：みんな何をうるさく討論しているんだろうねえ。酔わせてくれればいいの、ほら、胸がどきんどきんして、それで、いっちまうようなら、絵空事の方が上等。おれは、酔いたくて来たんだからね。いくら酒の悪口聞かせられても、飲んじゃうよ。

薬局の女主人：酔わせてくれるのはお酒だけと思っているのは、想像力の乏しい人間だよ。

いのんど：そんなことは、分かってるさ。

薬局の女主人：（領主をさして）それにしても、あの男、何をあんなにいばっているんだろう。あたしはね、お役人は我慢できないね。自分が偉いような気になって、サービス機関だってこと忘れてる。

通訳：芸術はやっぱり必要ですよねえ、だって、芸術がなかったら、観光産業が駄目になりますものねえ。

TILL: Seit ich geboren bin, gibt es drei Dinge, die ich nicht ausstehen kann: graue Pferde, geschminkte Pudel und fette Händler. Noch schlimmer aber finde ich Euch.

NÄRRIN: Uns?

FÜRST *lacht:* Till, was gefällt Dir nicht an den Frauen?

DREIÄUGIGE: Vielleicht war deine Mutter auch eine Frau?

BETTELWEIB: Vielleicht.

NÄRRIN: Oh, heilige Mutter, ich würde lieber in deiner Milch ertrinken als in diese Welt geboren zu werden.

TILL: Gnädiger Herr, die Frauen sind wie Unkraut. Sie ähneln Medikamenten, sie sind Zeichen für Krankheiten.

8 通訳：あら、あの人たち、どうしたのかしら。

（頬や首筋や腕に赤紫色の硬貨くらいの大きさの茸が生えた男女の一団が、がらがらを鳴らしながら通り過ぎていく。目の玉は飛び出して光り、唇は唐辛子でも食べた後のように燃えて、白鳥のように首を突き出し左右を見ながら、おかしな歩調で進んでいく。それは結果から見ればゆっくりとした歩き方ということになるのだろうけれども、足の置き方は、かるたの上に落ちる手のように速い。まだ見たことのない角度を捕まえようとでもするように、はすかいに、ずらして、ちぐはぐに、見物人たちが集まってくる。大人も子供もいる。自分の口が開いてしまったことにも気がつかずに、立ち止まったそのままの格好で、肌に茸の生えた人達を見物している。鼻の穴をふくらまして、歯をむいて笑い、石を投げた子がいる。群れの中の女のひとりにその石が当たると、女は、叫び声を上げたが、石を投げたのが誰なのか確かめようとはせずに歩き続ける。）

Eine Gruppe von Männern und Frauen mit Rasseln in der Hand, sie rasseln und schreiten langsam fort. Auf ihrer Haut wachsen dunkelrote Pilze, auf den Wangen, dem Hals und den Armen sind sie sichtbar, sie sind so groß wie Münzen. Ihre Augen leuchten, die Lippen brennen, als hätten sie zu viel Chili gegessen. Die meisten laufen mit nach vorn gestrecktem Kopf. Seltsame Schritte. Sie kommen nur langsam vorwärts, jedoch ist jede Fußbewegung blitzschnell. Als wollten sie mit ihren Füßen einen noch nie gesehenen Winkel entdecken, ertasten sie den Boden mit ihren Zehen, schräg, verschoben, uneinig, ihre Füße sind manchmal wie Kinderhände, die auf eine Spielkarte gelegt werden. Kinder und Erwachsene versammeln sich, um diese Gruppe anzuschauen. Die Zuschauer vergessen sich selbst und beobachten die Pilz-Menschen mit offenen Mündern. Ein Junge mit weit geöffneten Nasenlöchern zeigt seine Zähne und wirft einen Stein gegen eine Pilz-Frau, sie schreit, sucht aber nicht nach dem Täter und geht weiter.

2

（ティルが母親の股の間からつまずきころげ落ちるようにして、この世に現われた時、産声を上げたのは、赤子の口だけでなく、肛門も同時で、それは胸をかきむしるようなデュエットで響いた。しかも、髪の毛は金髪でも栗毛でも黒でもなく、真夏の木の葉の色だった。皺だらけの顔とつるつるの尻を比べて、両親も親戚も近所の人たちも、この尻が顔で、顔が尻だったら、どんなに美しい男の子だろうと残念がった。悪魔が顔と尻を入れ替えたのだろうと牧師が言った。あまり強く目をつぶって開かないので、母親が心配して村の医者に連れていくと、医者は馬の尿を皺だらけの赤子の顔に数滴垂らした。すると、顔の皮膚がゆるんで、目を開くまいと緊張していた力がほぐれて、赤子はぱっちりと目を開けた。こんなに山猫のような緑色の目は見たことがない。母親は心配になった。

ティルは十ヵ月もしないうちに、ぺらぺら口をきくようになり、ティルが口を開くと、みんなすぐにティルの話に飲み込まれていった。ティルは、まだ自分でも見たことのないものの話もした。たとえば、村一番の美人の腿には、コウモリの形の痣があるとか、そんなような話ばかりだった。

五つになると、ティルは、おならの音が異様に大きくなり、大人でも、こんな音を出せる者は村中捜してもいなかった。ティルの口と肛門の筋肉はますます発達して、人々を驚嘆させた。ただ、性器だけは、生まれた時の大きさのまま成長しなかった。ティルは疲れるということがなく、眠りは短く、足は速く、家の屋根にでも、大木にでも、するすると登った。教会の塔に登って、みんなを青ざめさせたのは、七歳の時だった。塔のてっぺんに片手で捕まって、もう一方の手でズボンを下げて、下に集まった人達に、ひかりかがやく尻を拝ませた。牧師は兎のように目を赤くして、残酷な刑罰を並べたてて怒鳴り散らしたが、ティルはびくともしなかった。夜になってやっと降りてきたティルを母親は捕まえて縄で打ちのめそうとしたが、ティルは足が速くて捕まらなかった。母親がくたくたに疲れて家に帰ってみると、パンが盗まれていた。腹をすかせることがせめてもの体罰になるだろうと考えていた母親はがっかりして、寝床に伏して泣き出した。

人のよい父親だけは、あの子については悪口を言う人が多いが、いったいどういうわけなんだろう、と不思議がった。おまえ、何か悪いことでもしたのか。ティルは父親の前では従順だった。不幸な星の下に生まれたってことではないでしょうか、とティルが大人ぶって答えると、父親は胸を痛めて、そうか不幸な星の下に生まれて、誰にも感謝されない、誰の役にもたたない、そういう人間におまえは生まれてしまったのかなあ、と嘆いた。

怒りが胆に溜まってきたのか、母親は、そのうち、異様な情熱をもって、息子に復讐するようになってきた。ティルが十一歳になった時のことだった。母親はイバラを籠いっぱい集めて、ティルの寝床にびっしりと敷きつめておいた。真夜

イバラを籠いっぱい集めて、ティルの寝床にびっしりと敷きつめておいた。真夜中にこっそりと帰って来たティルが着ているものを全部脱ぎ捨てて、ぐっすりと眠るつもりで寝床にもぐり込んだその途端、尻に腹に胸に脚に、小さな昆虫が無数に噛みついてきたようで、思わず声を上げて、寝床から飛び出し、苦しんだ。隣の部屋では、母親が甘い幸福感をかみしめながら微笑んでいる。ティルはまとわりついてくるイバラを夢中で振り払ったが、一度燃え始めた肌は燃え続け、肌に食い込んでいくばかり。どんな悪さをしても、逃げ足の早さと口のうまさで体罰を逃れ続けてきたティルには、身体の痛みほど苦手なものはない。夢中で外に飛び出して、寒さに震えながら、井戸の水を汲んで頭から夢中でかぶった。晩秋の夜の寒さに、水をかぶったものだから、電気でも走ったように身体はぶるぶる震え出し、イバラの痛みの方は寒さに対抗するように、肌にますます深く切り込んでくる。母親は戸を細く開け、そんな息子の様子をこっそり観察して、ほくそえんでいた。ティルが苦しんでいるのを見ていると、母親は幸福感に満たされた。

おまえも職人の修行をしないといけないよ、と父親は時々やさしい声で言うのだった。仕事がなければ食べていかれないのだから。ティルはおとなしく、はい、と答えて逆らわなかった。しかし、一歩外に出ると、もう全く別の考えが次々頭に浮かんできて、父親が言ったことだけでなく、自分に父親がいることまで忘れてしまうのだった。）

Als Till aus dem Bauch seiner Mutter wie stolpernd herausfiel, kam sein erster Schrei nicht nur aus dem Mund, sondern auch aus dem After, so dass seine erste Stimme im Duett zu hören war. Seine Haare waren weder blond noch braun noch schwarz, sondern sie hatten die Farbe hochsommerlicher Baumblätter. Das faltige, hässliche Gesicht und den glatten, rosaroten Hintern vergleichend sagten seine Eltern und Nachbarn, wie schade, dass nicht sein Gesicht der Hintern und nicht sein Hintern das Gesicht ist. Der Teufel hätte sie umgetauscht, sagte der Pfarrer. Tills Augen waren wie zugeschnürt. Sie blieben sehr lange geschlossen, die Mutter ging mit ihm zum Arzt, er tropfte dann Flüssigkeit, die er vom Pferdestall geholt hatte, in die Augen des Kindes, die Augen gingen dann auf. Auch die Augen hatten die grüne Farbe. Wie eine Wildkatze, dachte die Mutter und machte sich Sorgen um ihn.

Nach zehn Monaten konnte Till schon sprechen. Wenn er sprach, wurden die Zuhörer sofort von Tills Erzählungen verschluckt. Till erzählte von den Dingen, die er selber nicht gesehen hatte, zum Beispiel von dem blauen Fleck in Form einer Fledermaus, der auf dem Oberschenkel der schönsten Frau im Dorf zu sehen sein sollte.

Als Till fünf Jahre alt war, konnte er schon besser und lauter furzen als ein kräftiger Erwachsener. Seine Kraft des Mundes und des Afters entwickelten sich außergewöhnlich, ein Wunderkind. Nur das Geschlechtsorgan blieb so, wie es in diese Welt gekommen war. Till wurde nie müde, schlief kurz und kletterte mühelos auf das Dach jedes Hauses oder auf den höchsten Baum im Dorf. Er war sieben Jahre alt, als er auf den Kirchturm kletterte, alle Dorfbewohner wurden blass. Mit einer Hand hielt der Junge die Turmspitze fest, mit der anderen zog er seine Hose hinunter und zeigte frech seine leuchtenden Backen, die die Zuschauer als Heiligtum anbeten sollten. Der Pfarrer bekam Kaninchenaugen, drohte ihm mit den grausamsten Strafen, die ihm einfielen, der Junge ließ sich aber nicht erschüttern. Nachts kletterte er endlich herunter, seine Mutter wollte ihn schlagen, jedoch konnte sie ihn nicht fangen, denn er konnte bereits so schnell laufen wie ein Hase. Als die Mutter nach Hause kam, bemerkte sie, dass das Brot geraubt war. Sie warf sich auf das Bett und heulte, denn es war ihre letzte Hoffnung, dass sie Till wenigstens mit Hunger strafen könnte.

Allein der gutmütige Vater wunderte sich, warum die Leute so schlecht über Till redeten. Hast du etwas Böses getan? fragte er den Sohn. Till antwortete brav und altklug: Nein, ich bin bloß unter einem unglücklichen Stern geboren. Der Vater hatte Mitleid mit Till und klagte mit ihm, du bist unter einem unglücklichen Stern geboren, keiner ist dir dankbar, egal was du tust, was kannst du dafür. Aber die Mutter entwickelte eine leidenschaftliche Rachsucht gegen den eigenen Sohn. Eines Tages – Till war elf Jahre alt – sammelte sie einen Korb voller Brennnesseln im Wald und legte sie auf Tills Bett. Als Till wie immer nachts spät nach Hause kam und ins Bett schlüpfte, war es ihm, als hätten sich zahllose Insekten in Brust, Beinen und Hintern festgebissen. Er sprang aus dem Bett und jammerte. Im Nebenzimmer lächelte die Mutter voll süßen Glücks. Till versuchte, die Brennnesseln vom Leib abzuschütteln, aber das brennende Gefühl bohrte sich immer tiefer in die Haut. Till, der durch Reden und schnelles Laufen immer der Strafe entkam, konnte keinerlei körperliche Schmerzen ertragen. Er rannte aus dem Haus, holte eiskaltes Wasser aus dem Brunnen und begoss sich damit, sein Körper zitterte heftig, es war Herbstende, die Schmerzen gingen um so tiefer in die Haut hinein. Die Mutter beobachtete ihren Sohn heimlich durch den Türspalt und war glücklich.

Gelegentlich sagte der Vater zu Till, dass er einen Beruf erlernen müsse, einen handwerklichen Beruf, es gebe keinen Ausweg, wie sollte er sonst sein Brot verdienen. Till stimmte jedes Mal sofort zu, aber kaum war er aus dem Haus, fielen ihm tausende neuer Ideen ein, und er vergaß nicht nur das Wort des Vaters, sondern er vergaß, dass er überhaupt einen Vater hatte.

9 鍛冶屋の仕事場にて

いのんど：なんだか、妙なところへ来てしまったな。

薬局の女主人：これも観光のうちなの？

通訳：それが、あたしにも、よく分からないんです。

SCHMIED: Die Arbeit eines Handwerkers besteht darin, dass man Dinge auseinandernimmt. Der Schneider schneidet den Stoff auseinander, der Steinmetz schlägt die Steine klein, der Schlachter zerstückelt das Fleisch und so weiter.

TILL: Ich verstehe.

SCHMIED: Komm bloß nicht auf die Idee, etwas herstellen zu wollen, was du verkaufen kannst.

TILL: Nein.

SCHMIED: Du darfst nichts verkaufen.

TILL: Nein.

SCHMIED: Außer dich selbst.

TILL: Ja.

SCHMIED: Iss nur die Hälfte von deinem Brot, und arbeite doppelt so viel wie du kannst.

TILL: Ja.

10 薬局の女主人：（鍛冶屋に散らばっているものを勝手にいじくり、手で弄びながら）夢中で働いている時は、いろんなメモの紙切れとか、ビンとか、電卓とか、ボールペンとかが、あたしの手足といっしょになって、みんなでひとつの世界を作ってるように見えるけどねえ、旅行から帰って来て見ると、それが、ばらばらになっていて。変な形のものが、家の中、店の中にやたらとたくさん散らばっているだけで、つながりもなければ、まとまりもない。それで、あたしは、全く意味が分からなくなる。

いのんど：それでも、旅行に出る勇気がある？

薬局の女主人：実は、それが楽しみで、旅に出るわけさ。

いのんど：ばらばらの変な物たち、か。まるで、昔の芝居の小道具を、倉庫で偶然見つけた時みたいだな。

薬局の女主人：そういう変な物がたくさんころがっていると、なんだか、頭がぼおっとしてきて、それから、子供の頃読んだ本に書いてあった話なんか、思い出しちゃってね。お皿もランプもみんな魔女に姿を変えさせられた人間だとかいう話。そう思って、物を見ると、なんだか不気味じゃないか。

いのんど：旅から帰ると、家の中には、魔法がかかっている・・・

通訳：人生の目的はやっぱり観光ですね。

いのんど：ぐうっと酔わせてほしいよねえ。

薬局の女主人：あたしは、酔わせてもらうよりも、誰かが、痛快なことするのが見たいねえ。目には見えない手枷足枷をこなごなに打ち砕いてくれるような気持ちのいい見世物、誰かやってくれないかねえ。

いのんど：おれに期待しても無駄だよ。おれは、うっとり、ぼおっと、とろとろ、ぼんやり、していたい。

通訳：仕事だけしているのでは駄目です。観光をしなければ。観光は、現代人の義務です。

いのんど：ははは。

薬局の女主人：誰かのためにつくして生きるのが一番ラクだけどさ。感謝されながら。でも、観光でお金の無駄使いして、みんなを困らせる方が楽しいかもねえ。いのんどさん、あんたは、どうして、でかける気になったの？

いのんど：言葉の分からない国へ行ってみたいと、思っただけさ。別に、名所旧跡を見たいとは思わない。

薬局の女主人：あたしは、誰か知らない人と知り合いになりたいというようなことを考えることもあるね、なんだか、学生みたいなセリフだけれど。

いのんど：言葉が分からなければ、世の中違って見えるかもしれない、と思った。

薬局の女主人：誰かと夜通し、おしゃべりしてみたい。

通訳：あれもこれもという方には、マルチ・パッケージツアー、お得になっております。（色とりどりの観光会社のパンフレットのイメージ）

TILL: Ich habe eine Frage.

SCHMIED: Du sollst nicht fragen, sondern arbeiten. Deine Arbeit bringt mir noch keinen Gewinn. Es bedeutet für mich nur einen Verlust, dich einzustellen. Und du willst durch deine unsinnigen Worte den Verlust auch noch vergrößern?

TILL: Nein.

SCHMIED: Weißt du überhaupt, was ein Verlust ist?

TILL: Ich bin der Verlust.

SCHMIED: In meiner Abwesenheit muss die Arbeit weiterbetrieben werden oder genauer gesagt, wenn ich nicht da bin, muss endlich gearbeitet werden. Rede nicht zu viel und arbeite! Jedes Wort ist ein Verlust, stimmt doch, oder?

TILL: Ja.

11 いのんど：（ティルに近づいて、その肩を抱く。）がんばれよ。

薬局の女主人：（親方を指して）親方か何か知らないけれど、あの男、いやに威張っているから、何か言い返してやればいいのに。

いのんど：そう簡単にはいかないさ。言い返せば、クビになるだけだ。

薬局の女主人：雇われ人は悲しいねえ。

いのんど：雇われてなくたって、同じさ。

薬局の女主人：あたしの妹は、漫画、描いててね。昔は自由業やってる妹が羨ましいと思ったこともあったけど、自由業なんていうのも駄目だね。がんばってるとか、売れてるとか、そういう社会に通用する言葉で何でも表現してしまうから、会社員と同じになってしまう。
通訳：みなさま、お金が余っていらっしゃるから、退屈で苦しんでいらっしゃるだけですよ。あたしなんか、自分と息子の生活支えられれば、自由業でもサラリーウーマンでも何でもいい。羨ましいですよ、みなさん。
いのんど：おまえの職業は何だって、よく聞かれたよ。まともな仕事しているなら、まともな名前があるはずだ。ぶらぶらでも、うろうろでもなくて、ちゃんとした仕事の名前を言ってみろ、と言われて、鍛冶屋だよって答えてやったさ。家の家事の手伝いしてたからカジヤ、それから子供の頃、火事が見たくて近所の納屋に放火したことがあるからカジヤ、それから、沈没しそうなヤリクリの船の舵取って、舵や。立派なカジヤだろう。あんたと同じだ。（鍛冶屋の親方の肩を抱くようにして、突き飛ばす。）

SCHMIED: Schmiede alles, was du hier findest!
verlässt das Haus.

TILL: *beobachtet, wie sich die Touristen die Gegenstände anschauen, um sie zu verstehen, und macht sie nach: Er beobachtet die herumliegenden Gegenstände hilflos, verlegen und doch neugierig.*
Man muss neue Reime schmieden, solange sie heiß sind: Die Zangen zwicken die Wangen, und die Hammer haben Kummer. Alles, was ich finde, soll ich schmieden. Die gereimten Zeilen haben verschiedene Köpfe und die gleichen Hintern. Wer hat den gleichen Hintern wie ich? Mein Kopf ist wie der Hintern eines Pfarrers, deshalb sagen sie, ich sei ein Dummkopf, der nichts lernen kann. Aber mein Hintern ist so klug wie der Kopf des Meisters. Ich werde schmieden und schmieden und schmieden, bis der Meister zurückkommt. Mensch-Schleimhaut-Automat-Tomaten-Temperatur-Turmspringen-Genitalien-Italienreise-Eisenbahn-Ahnen-Entenbraten-Ratenkauf-Aufstehen und arbeiten!

12 尻取り遊びのようにティルは、ある単語の最後の音が、次の言葉の最初の音になるようにつなげていく。本来なら、火かき棒、大鋏、金鎚など、ひとつひとつ鍛えて仕上げていかなければいけないはずなのに、それを全部繋げていってしまう。火かき棒にくっつけられた大鋏は、物を挟んで切ることができなくなり、ただ突出と交差の夢の交わりを記憶に止めながら、奇妙な自分の形を呆然と見つめている。そこにまた金鎚がとっつくと、それは、物を打つこともできず、つまり、上から下へ力強く打ち下ろす直線運動が、灰の中をかきまわす火かき棒の回転運動や、鋏の交差運動と混ざって、混乱し、グロテスクな巨大な現代彫刻のような形に成長していく。

いのんど：おれも、ひとつ、やってみるか。（そこに散らばっている物を組み合わせ始める。）

通訳：現代芸術は嫌いです。いたずらで、嘘つきで、意地悪で、威張っていて、利口ぶっていて、まがっていて、ひねくれていて、ゆがんでいて、変態で、色気がありすぎて、いやらしくて、抽象的で、訳がわからなくて、ばかみたいで、子供っぽくて、時間の無駄で、お金の無駄で、そういうものが存在するというだけで、わたしはなんだか真面目な労働者としての自分が馬鹿にされているような気がするのであります。

（ティル隠れる。マイスターもどってくる。その背後に三人の女たち。）

Till versteckt sich. Der Meister kommt zurück, hinter ihm laufen die drei Frauen.

NÄRRIN: Warum wollte Till plötzlich ein Schmiedgesell werden?

DREIÄUGIGE: Weil er ein dienstloser Knecht war, der Knecht der Beschäftigungslosigkeit. Dann kam der Winter, der gerne verarmte Menschen speist.

BETTELWEIB: Nur Geld kann den Hunger stillen.

DREIÄUGIGE: Gulden schmeckt wie Gänsebraten und Pfennig wie Honig.

BETTELWEIB: Wenn man Geld essen könnte … ich meine, wenn Geld nur zum Essen da wäre, so gäbe es nicht reiche und arme Leute mehr.

NÄRRIN *zeigt auf den Satz, den Till geschrieben hat:* Da steht was, leider kann ich keine Schrift lesen.

SCHMIED *liest:* „Ich war hier"? *Schaut sich in der Werkstatt um.* Was soll das? Nein! Was ist hier los! Wo ist meine Zange? Mein Hammer!

NÄRRIN: Wenn die Zange erst einmal mit einem Hammer zusammen ist, ist sie keine Zange mehr. Jedoch ist sie noch kein Hammer.

SCHMIED: Verbrenn deine Ohren im Ofen, steck die Füße in die heiße Asche, du Hammerkopf, du Zangensohn, ich möchte sehen, wie du unter Folterschmerzen leidest … Komm noch einmal zurück zu mir, dann … nein, lieber nicht. Wer weiß,

was dir dann einfällt. Komm nie wieder zurück, lass dich nie wieder blicken, ich schmiede dich an eine ewige Abwesenheit!
Greift den Touristen, der da gerade steht, an.

13 いのんど：（マイスターが急につかみかかってきたので、驚いて事故防衛しながら）悪かったな、あんたに意味の分からない作品つくって、わるかったね。でも、これは、言葉通りに作ったんだよ。泳げない友達の肖像画として、金槌を金魚鉢に沈めてみた。二枚の鉄板で鶏の心臓をはさんでサンドイッチ作って、ギリとニンジョの板ばさみの心境を表現した。二匹のラクダの写真で、水いらずの友情をあらわしてみた。

通訳：いわゆる自己表現ってやつですね。

いのんど：それは、違うだろう。

通訳：困るんですよね、普段は蚊の鳴くような声出して、お辞儀ばっかりしているサラリーマンが、海外の有名な遺跡なんか見て急に興奮して、自分の名前と日付をナイフでばかでかく石に刻み付けたりすることがあるでしょう。何なんでしょうね、ああいうのは。

薬局の女主人：化学変化ってやつでしょう。異質な物質と出会って、かあっと赤く燃える。

通訳：欲求不満っていう言葉もありますけれどね。あの人たち、「現地採用の日本人」っていう言葉、差別語として使っているんですよ。

薬局の女主人：それは、現地という外国にいるような奴は、落ちこぼれだと思っているんでしょう。

通訳：だから、あたしたちも、仕返しするつもりで、サラリーマンっていう言葉、差別語として、使っているんです。

薬局の女主人：仕事を指す言葉は差別語が多いね。秘書とか勧誘員とか主婦とか部長とか先生とかさ、聞いてて笑い出したくなるね。まあ、カンポーのクスリヤよりはましかもしれないけれど。でも、あたしの職業は、今週は観光客だからね、クスリヤじゃない。

いのんど：（壁にしきりと、何か書きながら）あれが、おれだ。ついに発見したよ。これが、おれだ。

14 薬局の女主人：何が？

いのんど：いやあ、「おれ」って書いたつもりが、「これ」に、なってる。実際いいアイデアが生まれた時には、「おれだ！」じゃなくて、「これだ！」って叫ぶよなあ。

SCHMIED: Den Knecht würde ich am liebsten durch und durch kneten und in den Ofen stecken!

3

（人間は腸詰めのようなものだと、ティルは思っていた。骨もないし、魂もない、それが人間。皮膚を大きく切り裂くと、血のソーセージの中味のようなものが外へ溢れ出てしまう。心臓はくらげのような生き物で、勝手に膨れたり縮んだりしている。胃袋とか腸とかいうものはなく、物を食べれば、腹の中でそれが徐々に腐って、排泄される。胎児は、食物と排泄物にまみれて、九ヵ月もの間、外へ出られる日をまだかまだかと待ちわびる。）

Menschen sind wie Wurst, so die Ansicht von Till, in Naturdarm eingestopfte Fleischmasse ohne Knochen, ohne Seele, das ist der Mensch. Das Fleisch würde wie der Inhalt einer Blutwurst herausquellen, wenn man die Haut zu weit aufschneiden würde. Das Herz ist eine schwebende Luftblase dazwischen. Es gibt weder Magen noch Darm in dieser Fleischmasse. Was man gegessen hat, verfault nach und nach und wird ausgeschieden. Ein Embryo muss in dieser Masse von Gegessenem und Auszuscheidendem neun Monate lang bleiben und wartet gierig auf den Tag der Geburt.

15 戸外の大きなテーブルについて、みんないっしょに食事している

薬局の女主人：なるほど。

いのんど：なるほど。

通訳：なるほど。

HÄNDLER: Was für ein Stück Unsinn isst du, du kranker Mann?

TILL: Das Bauchweh kommt meist von den Kernen, die man versehentlich verschluckt. Keime im Bauch, Sämlinge im Bauch und anschließend riesige Bäume im Bauch, dann ist alles schon zu spät. Ihre Äste stechen mich von innen. Ah, der Tag des Bauchwehs, da isst man kein Fleisch. Gemüse esse ich sowieso nicht, es ist giftig. An solchen Tagen schmecken mir nur Eier. Ein Ei, ein weich gekochtes Ei, in seiner Finsternis wohnt ein Embryo.

HÄNDLER *nimmt aus Tills Hand ein halbgekochtes Ei und wirft es auf den Boden:* Da springt aber keine Finsternis heraus. *Lacht.*

TILL: Ich bedanke mich für Ihre Verachtung.

16 いのんど：（詰め物のたくさん入った焼きりんごを食べながら）袋、ふくろう、破って、ほい、ふくろう、真っ暗、ほうほうのてい。

通訳：ふくろうはパン屋の娘だったんですって。

薬局の女主人：（通訳に）ちょっと、疲れたんじゃないの？

通訳：いいえ、いのんどさんに、つられただけです。

いのんど：袋を破ってしまえば、中味が流れ出てしまうし、破らなければ、閉じ込められたままだ。

TILL: *verkleidet als Wirt.* Und hier ist Ihr Bratapfel, bitte schön.

HÄNDLER: *beginnt sofort zu essen.* Und was ist da drin?

TILL: Gewürze aus fernen Ländern, die feinste Füllung dieser Gegend.

HÄNDLER: Es schmeckt unbeschreiblich.

TILL: Ja, unbeschreiblich ist das Werk mir gelungen. Nicht einmal der beste Dichter in ganz Niedersachsen könnte für diesen raffinierten Geschmack einen treffenden Ausdruck finden, jedoch kann ich Ihnen ohne Mühe mitteilen, was da drin ist: Apfelbraten, geknetet mit der Erde aus meinem eigenen Bauch, gefüllt mit Fliegen und Mücken aus dem eigenen Haus, frisch gequetscht und fein geschnitten, die Flügel sind sorgfältig abgerissen, denn sie bringen Alpträume.

HÄNDLER: *Wut, Ekel, Drohungen, Gewalt.*

TILL: *fliehend.* Womit bist du gefüllt? Hast du was Besseres in deinem Bauch? Ich bin auch nur ein Sack wie jeder andere Mensch.

17 いのんど：袋の鼠とはおれのことだな。誰とも話したくないから、言葉の分からない国へ旅したくなった。自分で自分を袋に入れるつもりで。

薬局の女主人：袋を破らないでも中味を出す方法はね、袋をひっくりかえすこと。

いのんど：え？おふくろを繰り返すこと？

通訳：ふくろう、ご苦労。みなさま、ごゆっくり、おめしあがりください。みなさまは、お幸せでいらっしゃいますねえ。観光客はお客様だから、人種がない、社会的身分不明、男女平等。だから、一番、民主的ですよねえ。

いのんど：おれは、何しろ、頭陀袋みたいな服着ているから、階級は低いよ。発言権もないし、行きたいところへ行かせてもらえるとも限らない。

NÄRRIN *zu Till:* Gib mir auch einen Bratapfel.

BETTELWEIB: Mir auch bitte.

TILL: Habt ihr nicht gehört, womit er gefüllt ist?

BETTELWEIB: Ich habe keine Angst vor Insekten, und der Hunger ist mein Kapital.

DREIÄUGIGE: Gib mir einen Bratapfel, gefüllt mit deinem Saft, aber nicht aus der Nase, nicht aus dem Mund, sondern aus den Augen.

TILL: Ich weine nicht.

BETTELWEIB: Mit deinen Tränen gefüllte Äpfel können Frauen zum Wahnsinn treiben.

TILL: Geht weg, ich habe keine Zeit für euch.

NÄRRIN: Du verbrauchst zu viel Zeit, weil du alles doppelt sagst.

18 いのんど：「お客さん、申し訳ありませんが、入場はご遠慮していただけますか」なんて言われたこともあったなあ。「おれのどこが気に入らない？」

通訳：「服装が当文化会館のモットーにそぐわない場合は、誠に申し訳ありませんが、入場をお断わりすることもございます」

薬局の女主人：モットーだってさ、ははは。

いのんど：「服装？おれは服なんか着ていないぞ。これは、袋だ。おれは袋を被っているんだ。」

薬局の女主人：人間なんて、袋の中に内臓を入れたような物だから、中味の内臓は入れ替えることもできるけれど、外側の袋を入れ替えたら自分じゃなくなってしまう、という風にも考えられないかね。

いのんど：「なんでおれが入場できないんだ？」

通訳：「浮浪者の方のご入場は、本日は三名様までとなっております。」

いのんど：「でも、今日やるのは、おれが演出した芝居なんだぞ。」

薬局の女主人：チケットが高すぎるから、ブランドものの服着た客ばかり来るんじゃないの？

いのんど：中に入れろ、入れない気か、なんて喚き散らしているうちに、なんだか、ばかばかしくなってきた。みんな、余裕のある中流になりたがっている。おれは、貧乏人らしくしていたい。

通訳：失礼ですけれど、貧乏人っていうのは、観光客ではなくて、あたしみたいに働きどおしの人間のことを指して言うのではないでしょうか。

HÄNDLER: Wenn ich mit einem Wanderkünstler an einem Tisch sitze und esse, schmeckt alles nach Maden.

TILL: Es tut mir leid, aber ich weiß leider nicht, wie Maden schmecken.

PFARRER: Maden sind diejenigen, die weder ihren Beruf noch ihr Weib beherrschen.

TILL: Mein Beruf ist Lügen, mein Weib ist mein eigener Mund.

SCHMIED: Für einen Wanderkünstler koche ich eine Suppe mit Schuhfett und Hausmüll.

TILL: Ich bedanke mich für Ihre Einladung.

19 薬局の女主人：（いきなりティルに近づいて、その肩を抱いて）がんばるんだよ。

（ぼろぼろの衣を着た貧しい者たちは、それをもっと、みじめに見せるために、わざと引き裂いたり、袖をもぎとったりしている。乞食は、石で自分の足の甲を叩き割ったり、拾った錆びたナイフでお互いに脚を腿から切り落とそうとしたりしている。残酷でもあり、滑稽でもある。痛みに耐えかねて上げる叫びは、痛みに耐えるために、わざと誇張され、ふるえ、宙に踊り、くねくねとまわりながら、勝手に遊び始める。逆に、富んだ者たちは、身体を色とりどりの布、金属、石できらびやかに飾りたて、爪を金色に塗り上げ、顔を塗りたくっているのに、まだ物足りないのか、更に、瞳に色を塗ろうとしたり、鼻の穴の中におしろいをはたいたり、耳の中に香水を吹き付けたり、眉毛にミニチュアの花を結びつけたりしている。ためらうことなくグロテスクなまで大げさ。ここには、中流階級は存在しないし、誰もそんなもの欲しいとも思っていない。）

Arme Menschen zerreißen ihre alte Kleidung, um ihre Armut deutlicher zu zeigen. Bettler zerschlagen ihre eigenen Füße mit Steinen oder versuchen, sich mit einem gerösteten Messer gegenseitig die Beine abzuschneiden. Brutal und komisch zugleich. Sie übertreiben den Ausdruck ihrer Schmerzen, um sie überhaupt aushalten zu können. Ihr Geschrei vibriert, tanzt in der Luft und hört nicht auf. Im Gegensatz dazu schmücken sich die reichen Leute mit leuchtenden Stoffen, mit Metall und Edelstein, sie malen die Fingernägel golden, schminken sich bunt und dick, aber das reicht ihnen immer noch nicht. Sie versuchen, ihre Pupillen zu schminken, die Nasenlöcher zu pudern, und spritzen Duft ins Ohr oder binden Miniaturblumen an die Augenbrauen. Grotesk übertrieben ohne Hemmung. Es gibt keine Mittelklasse hier, keiner sehnt sich danach.

4

（ティルは、また町を抜け出して、荷物も持たずに逃げていく。森に沿って走る一本の道。ティルは目的もなく歩いていく、方向を定めるのは道。灰色の馬に乗った騎士が後ろから近づいてくる。普通の騎士は、職人や、まして大道芸人になど、声もかけず言葉もかけず通り過ぎていってしまう。別の階級の人間には、人間の影ほどの意味もない。それが道徳礼儀から言えば、彼らにふさわしいのだろうけれどしかし、美徳よりも退屈に病みつかれた騎士もいる。剣をちょっと抜いて、ティルの尻をつついてみるくらいのことはしなければ、気がすまない。普段は馬の尻が一番美しいと思っている騎士も、ティルの歩きぶりを背後から見ていると、馬の尻の美しささえ忘れて、興味をかきたてられる。ふりながら、ふるふる、ふられて、ふること。それでもティルの歩調はひどく早く、息が切れることもなく、汗もかかなかった。騎士はもう追い付くだろうと思ってもなかなか追い付かないので、次第にいらだってくる。後ろからひずめの音が近づいてくるのがティルには聞こえている。なんだか、自分が狩りの獲物にでもなったような気がしてくる。危険は迫っている。足だけになりきって、歩いていく。それでも、鼓動が乱れ始める。次の町に入れば、また言葉で人をたぶらかし、はぐらかし、もぎとり、ずらかることができるだろう。しかし、言葉の効果の弱い町の外というのはどうも苦手。ここでは、馬に乗っていない者の声など、雑草のざわめきに呑まれて消えてしまう。風はいつも強く、ティルの声を飲み込んでしまうのだ。そんな時、ティルの肛門から、うなるように汚い言葉がひねり出された。ティルは、肛門から言葉を捻り出すことができる。しかも、尻の出した言葉には責任を取る必要がない。騎士は名誉を汚されても、尻から出た言葉に名誉を汚されたことを人に知られる方がずっと不名誉なことなので、聞こえなかったふりをして、あわてて逃げていってしまうしかないのである。）

Till flieht aus der Stadt, ohne Gepäck, ohne Geld, ein staubiger Weg führt an einem Wald entlang. Till geht ohne Ziel, nur der Weg bestimmt seine Richtung. Hinter Till ein Ritter auf einem grauen Pferd. Normalerweise achtet kein Ritter auf Handwerker, Straßenkünstler oder etwas Vergleichbares, denn sie sind für ihn noch weniger wert als sein eigener Schatten. Es wäre also korrekt, sie nicht zu grüßen, sie nicht einmal anzuschauen, jedoch kann dieser Ritter Till nicht ignorieren, denn die lange, einsame Reise langweilt ihn. Wie wäre es, wenn ich einmal das Schwert aus der Scheide herausziehen und leicht in den Hintern des Mannes stechen würde? Der Ritter spielt mit dem Gedanken. Tills Gesäß schaukelt bei jedem Schritt, das kann man von Weitem sehen. Till läuft rasch, gerät dennoch nie außer Atem, schwitzt nicht. Der Ritter wird nervös, denn er erreicht seine schwankende Beute nicht, wie kann einer so schnell zu Fuß gehen. Till hört die Schritte des Pferdes, läuft immer schneller, ohne es zu merken. Ihn treibt das Gefühl, ein Hase zu sein, gejagt zu werden, gefangen zu werden. Till, der Hase, kann nur noch laufen, sonst hat er keine Fähigkeit mehr. Wenn ich bloß die nächste Stadtmauer erreichen könnte! Denn in einer Stadt kann er mit der Sprache arbeiten, er kann die Menschen betrügen, berauben, anlügen und verlassen. Aber außerhalb der Stadt arbeitet die Sprache nicht. Die Stimme eines Menschen, der nicht auf einem Pferd sitzt, kriecht auf der Wiese und verschwindet zwischen den rauschenden Gräsern. In dem Moment aber quetscht er aus seinem zweiten Mund schmutzige Wörter heraus. Er kann mit dem zweiten Mund sprechen, denn mit dem ersten spricht man nicht mit einem Ritter. Für die Wörter, die aus dem zweiten Mund kommen, ist Till nicht verantwortlich. Vor allem muss der Ritter sie ignorieren, denn es wäre eine Schande für ihn, zuzugeben, dass er sie wahrgenommen habe. Der Ritter flieht vor den schmutzigen Worten, und jetzt gehört der Weg Till allein.

20 そこは、博物館の内部でもあり、中世の町中でもある。

薬局の女主人：へえ、このカブトムシのお化けみたいなのが、鎧兜？

通訳：旅をすれば教養が身につく、という諺がこの土地にはあります。

薬局の女主人：あたしは、でも、正直言って、博物館なんて好きになれないよ。何だか、昔なつかしい見世物小屋の中の化け物や動物が、みんな死んで、剥製になったみたいじゃないか、博物館って。中を見てまわっているうちに、「ああ、もう、みんな死んじゃったんだねえ、あたしも、もうすぐ死んで博物館入りか」ていう気持ちになってくる。

通訳：この土地の幽霊はみんな、騎士の鎧兜を身に付けているそうです。真夜中の十二時になると、こつっこつっと金属の足音が遠くから近づいてきて・・・

いのんど：おれは、どうせ幽霊になるんだったら、柔らかい幽霊がいいね。鎧兜なんて、まっぴらごめんだ。女物のパジャマかなんか着て、ふわあっと現われたいね。

通訳：あ。パジャマと言えば、ひとつ言い忘れておりましたが、こちらのホテルには、お寝間着がございませんので、御持参なさらなかった方は、申し出てください。（鎧兜だけで肉のない騎士に、ユカタを着せる）

TILL: Habt ihr nicht meine Geldbörse gesehen?

DREIÄUGIGE: Ja, ich habe sie gesehen.

TILL: Wo hast du sie gesehen?

DREIÄUGIGE: Wenn du meine Frage richtig beantwortest, sage ich dir wo: Was ist das, was es in einem weiblichen Ohr gibt aber in einem männlichen nicht?

TILL: Ein Stöpsel.

DREIÄUGIGE: Falsch.

NÄRRIN: Ich kann dir deine Börse geben, wenn du meine Frage richtig beantwortest: Was ist das, was eine Frau im Herzen hat?

TILL: Senf und Pfeffer.

NÄRRIN: Falsch.

BETTELWEIB: Du hast bei mir noch eine Chance, denn ich habe auch eine Frage: Wer in der Welt kann sogar den stärksten Ritter töten?

TILL: Etwas Flüssiges, vielleicht ein Wort aus Milch oder eine …

Die Frauen werfen mit Geldbörsen nach Till, die so aussehen wie ausgetrocknete Gebärmütter.

21 いのんど：博物館って、俳優が氷りついて動かなくなった、芝居小屋みたいなものかもしれない。

薬局の女主人：気分でも悪くなったの？

いのんど：いや、ちょっと。

通訳：なんだか、冷えてきましたね。

薬局の女主人：博物館に入ると、だまされたような気がするよ。だって、当時あったものが、どうして今、ここにあるんだい。「当時」という時間は今だって、どこかにあるわけだろう？そこから物を取ってきてしまったら、あっちの「当時」の方が、からっぽになってしまう。

青い空を背景に、風車がひとつ逆回転していて。正直言って、あんたの話を聞いている方が、酔った気分になるよりも、もっと快適だな。

薬局の女主人：やっと話の通じる人に出会えて、ついおしゃべりになってしまって。

いのんど：来てよかった。

通訳：中世の食器は普通、木でできたお碗などでしたが、特別の儀式の時には、金属の食器を使いました。これが中世の食事に使われたスプーンとナイフです。当時、まだ、フォークというものはありませんでした。

いのんど：彼ら、コウノトリのくちばし眺めてても、箸というものを考え付かなかったんだからなあ。不思議だなあ。

薬局の女主人：いのんどさん、それは、クチから生えたハシ、クチバシって言う名前だから箸のように見えるだけで、もしもシュナーベルとかいう名前だったら箸には見えないだろうと思うよ。

いのんど：コウノトリがキスしてるとこ、見たことあるよ。

薬局の女主人：あたしもあるよ。

いのんど：ははは。

ふたりは、戯れるように、踊り始める。

TILL: Die Taschen, die mir Frauen geben, sind immer leer. Bei der Kälte leer ausgehen? Lieber ein Knecht sein als ein Eiszapfen?

BÄCKER: Was bist du?

TILL: Ich bin ein Bäckerknecht. Durch und durch gebacken, bis es keine Frage mehr gibt.

BÄCKER: Fein. Ich brauche nämlich einen Knecht, weil ich keine Zeit habe, obwohl mein Ofen heiß ist. Ich bin nämlich eingeladen zu einer Hochzeit und kann erst morgen Mittag zurückkommen.

TILL: Der abwesende Meister ist der beste Meister.

BÄCKER: Ich brauche sowieso einen Knecht, denn ohne Knecht müsste ich immer arbeiten, und das kann nicht der Sinn der Meisterschaft sein.

TILL: Meister und Touristen sind nicht zum Arbeiten da.

BÄCKER: Du sollst also alles fertig gebacken haben, bis ich wieder komme.

TILL: Was soll ich backen?

BÄCKER: *zornig.* Bist du ein Bäckerknecht und fragst erst, was du backen sollst? Was backt man denn so? Gorillas? Pelikane? Schlangen? Papageien? Schildkröten?

Als der Bäcker wütend das Haus verlässt, knetet Till verschiedene Formen aus Teig, die an Tiere erinnern, aber keine sind, und backt sie.

TILL: Meine Damen und Herren, sehr geehrte Touristen, dies sind einheimische Spezialitäten. Als der hochgeborene Fürst von Braunschweig auf dem Weg zur Jagd plötzlich einen brennenden Hunger verspürte, verwandelten sich alle Vogelarten, die sich an diesem Platz befanden, in Brot und wünschten sich, von ihm gegessen zu werden.

22 通訳：みなさま、このパンは、ブラウンシュヴァイク公が、狩りの帰りに、空腹をおぼえられ、その日は獲物のなかったことをお嘆きになった瞬間、鳥たちが、どうぞわたしの身体を食べてください、と言って、パンに変身し、空から、ばらばら落ちてきたという伝説に基づいて、作られているものです。

（観光客たちは狂ったようにティルのパンにとびついて、買いまくる。お金が洪水のようにあふれる。）

Die Touristen stürzen sich auf Tills Brote und kaufen sie. Eine Flut von Geld.

23 いのんど：ごはんをやめてパンを食べましょう、それが文明生活です、なんて言う記事が、おれが子供の頃には、雑誌に載っていたよ。
薬局の女主人：一度、包丁で切ってしまった傷口を、真っ白なパンをちぎって、拭ったことがあるよ。

TILL: Liebe Gäste, Sie haben Glück gehabt, denn heute ist der Tag der Kannibalen, also der grüne Karneval, der schönste Feiertag in Niedersachsen. Alles, was aus Fleisch besteht, wird nachgeformt und gegessen, damit wir für immer lebendig bleiben.

24 通訳：みなさまは、年に一度のこのパンのお祭の日にこの町にいらしたのですから、幸運という他ありません。どうぞ、歯の抜けそうになるくらい深みのあるこの味を充分味わってください。二十一世紀には人類は歯がなくなるだろうという科学的な予想に基づいてアメリカで発明された綿菓子のように柔らかいパンに馴れてしまった方々には、残念ながら、黒パンの魅力は分からないでしょうが。
薬局の女主人：そんなことはないよ。おいしいよ。いのんどさん、このパンをふたつに割って、いっしょに食べよう。
いのんど：なんだか食ってはいけないものを食ってる気分だなあ。
薬局の女主人：山姥にでもなったよう。
二人はパンを狂ったようにむさぼり食い、相手の指まで食ってしまう。

FÜRST: Was gibt es?

BÄCKER: Gnädiger Herr, der Knecht soll mir Geld für mein Mehl bezahlen, denn er hat mein Mehl zu Nichts gemacht.

FÜRST: Was meinen Sie mit Nichts?

BÄCKER: Tiere.

FÜRST: Du meinst, ich jage nach Nichts?

BÄCKER: Nein, Gnädiger Herr, was Sie jagen, das sind echte Tiere, aber mein Knecht hat falsche Tiere aus echtem Teig gemacht. Bitte bestrafen Sie ihn.

DREIÄUGIGE: Für Diebstahl, Notzucht, Raub, Ketzerei und Zauberei gibt es die Todesstrafe.

NÄRRIN: Ohne Geständnisse keine Verurteilung.

BÄCKER: Die Folterwerkzeuge sind die besten Zeugen.

BETTELWEIB: Was soll er gestehen? Dass er aus Teig Tiere gemacht hat? Das hat Gott auch getan.

25 いのんど：親方は、きっと、あいつが、こういうめちゃくちゃな形をしたパンを作っただけでなくて、それが売れているんで、あんなに怒っているのさ。（親方のところへ行って、舌を出したり、変な表情を作ったりして、からかう）おれも、みんなが怒って追いかけてくるような新しいものを作りたいなあ。なんだか、元気が出てきた。

薬局の女主人：このパン、食べてると、身体の中が、むくむくしてくるね。肉の中に、小さな動物が育ってくるみたいで、ほら、肘にも、みぞおちにも、すねにも。

いのんど：うん、身体がなんだか変だ。

薬局の女主人:池の鯉も、銀色のコインも、みんな来い来い、腫れた傷口は、ほれた炎であぶって、もっともっと赤く、もっともっと熱く。

いのんど：このパンもふたつに割って食べようか。

通訳：観光客のみなさまのおかげで、世界各地に、名所が生まれました。伝統も生まれました。これは、すばらしいことではないでしょうか。

いのんど：つまり、土地の言い伝えなんかも、おれたち観光客のために、新しく作られたものなんだな。

通訳：昔話という作り話に耳をすます心の余裕があるのは、観光客の皆様だけであります。だからわたしは、観光客という言葉を差別語として使用するのをやめたのです。

いのんど：ぐうっと酔わせてくれるのは、どうやら言葉だけらしい。

薬局の女主人：小麦粉こねて、理屈こねて、パン焼いて、やきもち焼いて、嘘の話を考え出せば出すほど、言葉がぼろぼろこぼれてくる、退屈なことはもう一生やりたくない。

いのんど：大丈夫か？熱があるんじゃないのか？

薬局の女主人：あるかもしれないけれどね、いいんだよ、そんなことはどうでも。いのんどさん、無駄なことがしたい、訳の分からないところへどんどん入り込んでいきたい。ああ、こうなってくると、熱が上がって、脈が早まって、滅法、元気が出てくる。

BÄCKER: Der Knecht soll unter den Hammer kommen! Seine Finger soll man abhacken und einem Hund geben! Wie kann er mit seinem Nichts auch noch Geld machen! So viel Geld habe ich nicht einmal in einem Jahr mit meinem gesetzlichen Brot gemacht.

NÄRRIN: Das ist Marktwirtschaft.

DREIÄUGIGE: Das hast du gut ausgedrückt.

BETTELWEIB: Schau, er läuft wieder weg. Aus der Stadt. Wo geht er diesmal hin?

（ティルはまた町を出て行く。右を左を騎士が通りすぎるが、ティルには注意を払わない。まるで、ティルがそこにいないかのように。）

Till läuft aus der Stadt, läuft zu Fuß den langen Weg, links und rechts an ihm reiten Ritter vorbei. Sie achten gar nicht auf Till, als wäre er nicht da.

5

（恐ろしいまでに陽気な、密度の濃い音楽が鳴り響き、人はすべて歌っているのだが、それがひとつの音楽になっているように聞こえることもあるし、またばらばらのこともある。ティルは、狼が普通に立った姿勢で凍りついたものを脇の下に抱えている。狼の恐ろしい形相。氷が溶ければ、生き返るかもしれない。腹にたっぷり脂肪のついた商人が宿の庭の木のテーブルにすわって、ビールを飲んで、ひとり戯言を喚き散らしている。その隣に商人の妻がむせかえりそうなほど香水をつけてすわっていて、純血種の巨大なプードルにビールを飲ませている。ティルはこっそりとそのプードルをおびきよせて連れ去り、代わりに凍った狼を置く。商人がたるんだ頬をふるわせながら、自分がいかにして喧嘩に巻き込まれ勇敢に戦い、荒い心の男たちを何人もなぎ倒したか、自慢話しているが、ふと、凍った狼を見ると、気を失ってしまう。女房の方は大声で叫び始める。旅行ガイドは携帯している巨大な救急箱の中からたくさんの薬を出して、商人の看病をする。ティルはプードルの毛皮を剥いで、その毛皮の中に猫を二匹入れて、縫合せる。身体に全く合わない跳躍をする化け物袋のようなプードル。観光客たちは、その関節のはずれた踊りを真似する。それを見て、壷をたくさん担いで売りに来た女は目を裂けるほど見開き、叫ぼうとするが声が出ないので、自分の壷を全部、棒で叩き割ってしまう。それを見た農夫は、女が悪魔に憑かれたかと思って、その手足を抑えつけ縄で縛る。子供たちは割れた壷のかけらを集めて、肌に接着し、鎧を着た騎士の真似をして遊ぶ。ティルはそこらじゅうにチョークで、自分はこの場にいた、というような意味のことを書きつける。四方から、瓶にしぼりたてのまだ湯気のたっている牛乳を抱えた農婦たちが次々現われ、それを立ちすくんでいるティルの頭にかける。ティルは一回ずつ農婦に丁寧に感謝して、しかしお金のないことを証明するために、背丈よりも大きい財布を貝のように開いて見せる。女たちは面白そうに、財布の中を覗き込んだり、その皮をくすぐったり、舐めてみたり、笑ったりしている。ティルはよろめき、踊り、または夢でも見ているのか、突然走り出し、窓ガラスを破って、そこにあるたった一軒の家の中へ飛び込む。）（終）

Eine dichte Musik, die an manchen Stellen so fröhlich klingt, dass sie fast bedrohlich wirkt, erfüllt den Raum. Alle Anwesenden und Abwesenden singen gleichzeitig, manchmal bilden die Stimmen zusammen eine Melodie, dann gehen sie aber sofort wieder auseinander, so dass jeder für sich singt. Till hat einen tiefgefrorenen Wolf unter dem Arm. Durch einen Schleier aus Eis sieht man den erschreckenden Ausdruck des Wolfes. Wenn er schmelzen würde, würde er sofort wieder lebendig werden. Ein Kaufmann mit fettem Bauch sitzt an einem langen Holztisch, trinkt Bier und erzählt von seinen Abenteuern. Neben ihm sitzt seine Frau, sie hat sich so stark parfümiert, dass die anderen an ihrem Duft fast ersticken. Sie hat einen riesigen Pudel neben sich sitzen, der aus ihrem Krug Bier trinkt. Während die Frau sich mit ihrem Mann unterhält, entführt Till den Pudel und stellt heimlich an seine Stelle den gefrorenen Wolf. Der Kaufmann erzählt, wie tapfer er seine Feinde zusammenschlug. Als er den Wolf sieht, fällt er in Ohnmacht. Seine Frau sieht ebenfalls den Wolf und beginnt zu schreien. Die Reiseleiterin sieht das, holt aus ihrem Notfallkasten zahllose Medikamente heraus und kümmert sich um den bewusstlosen Kaufmann und seine in Panik geratene Frau. Till häutet den Pudel, steckt zwei Katzen in das Fell und näht sie ein. Der Pudelsack springt und tanzt wie ein vom Teufel besessenes Lebewesen. Die Touristen ahmen diesen Tanz nach. Es wird ein kirchlicher Versuch unternommen, den Tanz zu stoppen, aber es gelingt nicht. Eine Frau, die kommt, um ihre Töpfe zu verkaufen, bleibt stehen, starrt auf dieses Wesen und wird sprachlos. Sie schlägt ihre Töpfe mit einer Eisenstange kaputt, anstatt zu schreien. Ein Bauer, der gerade vorbeigeht, sieht die Frau, denkt, sie wäre vom Teufel besessen, und fesselt sie. Kinder sammeln die Scherben der zerschlagenen Töpfe, kleben sie auf die eigene Haut und spielen Ritter in Ritterrüstung. Till schreibt mit Kreide überall hin: Ich war hier. Aus allen Richtungen kommen Bäuerinnen mit Milchkannen und begießen Till mit Milch. Till bedankt sich bei jedem Guss höflich, zeigt den Frauen aber seine riesige, leere Börse, um klar zu machen, dass er ihnen kein Geld dafür geben kann. Die Bäuerinnen betrachten die Börse von allen Seiten mit Genuss, kitzeln sie, lecken sie und lachen sich tot. Eine akustische Veränderung findet im Hintergrund statt. Till taumelt oder tanzt oder träumt. Er rennt plötzlich zum einzigen Haus, das noch dort steht, und springt gegen das Fenster. Das Fensterglas zerbricht, und Till verschwindet ins Innere des Gebäudes.

Übersetzung der japanischen Teile von Andreas Regelsberger

Teil 1

1 DOLMETSCHERIN: In dieser Gegend wird die Legende überliefert, dass hier im Mittelalter ein rebellisches Kind mit grünen Haaren geboren wurde.

INONDO: Dieser Kerl, das bin doch ich! Ich! Das! Irgendwann war ich er, sein Jetzt ist mein Jetzt, früher einmal.

APOTHEKENBESITZERIN: Ich kann das nicht mehr hören: jedes Mal, wenn ihm irgend etwas gefällt, sagt er gleich: Dieser, das bin doch ich; jener, das bin doch ich! Wenn er auch nur einen Film sieht, so sagt er gleich: Er, das bin doch ich! Wenn er ein Buch liest: Er, das bin doch ich! Er macht sich sofort zur Hauptperson und vergisst dabei vollkommen, wer er überhaupt ist. Aber wer meint, dass es sich hierbei um Altersstarrsinn handele, der irrt. Denn es ist das Sich-Hinwegträumen, das Geld-Sparen, es ist ein Piepser!

INONDO: Fändest du es nicht toll, beim nächsten Mal als ein rebellisches Kind mit grünen Haaren wiedergeboren zu werden?[2]

APOTHEKENBESITZERIN: Wenn ich wiedergeboren werden Wenn ich wiedergeboren werde, dann komme ich am Ende vielleicht wieder neben einem so komischen Kauz wie dir auf die Welt?! Aber ich würde dich trotzdem wieder zu einer Reise einlaen!

INONDO: Es heißt doch, dass man siebenmal wiedergeboren wird oder dass man achtmal scheitert. Aber wenn man sich auf eine Reise macht, dann ist das ja schon fast so etwas wie wiedergeboren zu werden.

APOTHEKENBESITZERIN: Wo kämen wir denn da hin, wenn Wiedergeburt und Tourismus etwas miteinander zu tun hätten?! Ich hätte keine Lust mehr, auf Reisen zu gehen, wenn ich dann jedes Mal meine vorigen Leben sehen würde. Davon will ich gar nichts wissen, von meinen vorigen Leben. Da vorne kommt jemand …

2 DOLMETSCHERIN: Meine Damen und Herren! Hier sehen Sie den Weingarten, der in dieser Region sehr berühmt ist. Es heißt, dass der Fürst von Braunschweig einst bei der Rückkehr von einer Jagd hier einkehrte, Wein trank, und zu Gott gebetet haben soll: „Möge der Himmel, der sich vor den Augen unserer Enkel

ausbreitet, immer seine schöne Traubenfarbe beibehalten!" *Sie zeigt auf die Beschriftungen und Illustrationen der verschiedenen Etikette von Weinflaschen.* Wer die verschiedenen Namen der Weinsorten kennt, gilt als kultivierter Mensch. Lernen Sie sie gut auswendig!

INONDO: *auf Till zeigend:* Der da versucht uns zu beschwindeln. Ich weiß wovon ich spreche. Wie glücklich war ich, wenn ich jemanden auf den Arm genommen habe! Aber das Schwindeln ist mir zu anstrengend geworden. Jetzt will ich nur noch ausspannen

DOLMETSCHERIN: Erholen Sie sich nur. Wohl dem, der sich keine Sorgen ums Geld macht!

3 DOLMETSCHERIN: Meine Damen und Herren! Nach den Ausführungen dieses Herren *zeigt auf Till* ist dies ein Wein, der nur für gebildete Menschen sichtbar sein soll.

APOTHEKENBESITZERIN: Bildung? Ich kann Alkohol nicht ausstehen! Auch wenn ich nicht gebildet bin und man sich über meine Persönlichkeit streiten kann: Was ich nicht mag, das mag ich eben nicht!

DOLMETSCHERIN: Aber es heißt doch, dass der Alkohol der Begleiter einer jeden Reise sei und auch gegen alle Krankheiten helfe.

APOTHEKENBESITZERIN: Ich kann dieses Geschwätz auch nicht mehr hören, dass man Alkohol zur Medizin erklärt. Soll man doch trinken, soviel man will! Soll man doch trinken, wie man will, wenn man sich damit auch zugrunderichtet! Ich mag es nicht, wenn man so feige ist, dabei gleich von Medizin zu sprechen. Eigentlich ist mir das ja völlig egal, aber wenn mit Alkohol wirklich jede Krankheit zu heilen wäre, dann würde meine Apotheke pleite gehen!

INONDO: Betrügen und betrogen werden – bezahlen und bezahlt werden. Aber die Medizin an sich betrügt doch die Kranken sowieso schon und kann deshalb überhaupt erst wirken. Wenn auf der Packung mit den Bauchschmerztabletten nichts geschrieben stünde, so würde diese Medizin auch nicht gegen Bauchschmerzen helfen. Deshalb ist es ja auch so wichtig, die Menschen zu betrügen!

APOTHEKENBESITZERIN: Medizin nimmt man nicht mit vielen Freunden auf einer Party zu sich!

INONDO: Partys mag ich aber auch nicht. So wenig, dass ich mit der Arbeitssuche aufgehört habe, als ich jung war.

DOLMETSCHERIN: Apropos! Das Besondere am Wein dieser Region …

APOTHEKENBESITZERIN: Ach, die Menschen reden doch nur über ihre Trinkgewohnheiten, weil sie sich damit näherkommen, aber wenn ich nur höre: „Dieser trinkt so und so“ oder: „Jener hat neulich im Suff das und das gemacht“, dann wird mir so langweilig, dass mein Mund vor lauter Gähn-Salven schon einzureißen droht. Ich kann es nicht ausstehen, sich auf diese Art und Weise völlig gezwungen näherzukommen. Aber du wirst wahrscheinlich sowieso kein Wort von dem verstehen, was ich erzähle.

INONDO: Ich verstehe dich gut.

APOTHEKENBESITZERIN: Verstehst du mich wirklich?

DOLMETSCHERIN: Das Besondere am Wein dieser Region …

APOTHEKENBESITZERIN: Aber trotzdem macht es Spaß, seinem Groll über die Welt freien Lauf zu lassen.

INONDO: Aber sicher doch! Und zu diesem Zweck muss man ja auch ständig an der Sprache herumpolieren.

APOTHEKENBESITZERIN: Inondo, verstehst du wirklich, wovon ich hier rede?

DOLMETSCHERIN: „Inondo“ ist schon ein merkwürdiger Name. Aber ich habe diesen Namen irgendwo schon einmal gesehen. Wo war das nur …

4 *Inondo schwenkt genüsslich ein leeres Weinglas in der Hand, tut so, als probierte er von dem nicht existierenden Wein, weiß aber natürlich genau, dass überhaupt kein Wein im Glas ist und lacht. Die Apothekenbesitzerin schaut gelegentlich verwundert auf das leere Weinglas. Die Dolmetscherin beginnt, hektisch mit ihrem Taschenrechner zu rechnen.*

5 INONDO: Was ist denn nun los, merkwürdig, ich bin auf einmal ganz betrunken. Schimpfe, Strümpfe, Sümpfe und Trümpfe.

6 DOLMETSCHERIN: Meine Damen und Herren! Es handelt sich hierbei nicht um die Frage, ob man den Wein trinken kann oder nicht, sondern es geht vielmehr darum, ob man den Wein sehen kann oder nicht. Mit anderen Worten gibt es Dinge,

die Menschen, die gut darüber Bescheid wissen, sehen können, und Menschen, die nichts davon verstehen, nicht sehen können. Deshalb gibt es also Wein, den nur Menschen sehen können, die etwas von Literatur, Kunst oder Musik verstehen …

APOTHEKENBESITZERIN: Was haben denn nun der Wein und die Kunst miteinander zu schaffen? Heißt das, dass irgend so ein dahergelaufener Pseudopoet ohne Alkohol etwa keine Gedichte schreiben kann, ist das damit gemeint?

7 INONDO: Worüber debattieren die nur so laut? Sollen sie mir doch einfach etwas zu trinken geben – Mensch, ich bin schon ganz aufgeregt, und ehrlich gesagt finde ich das Erfundene doch viel besser. Ich hab jetzt einfach Lust, mich zu betrinken. Ich trinke trotzdem, egal, wie hier darüber hergezogen wird.

APOTHEKENBESITZERIN: Was für fantasielose Menschen sind das doch, die meinen, dass allein der Alkohol sie trunken mache.

INONDO: Das weiß ich auch!

APOTHEKENBESITZERIN: *zeigt auf den Fürsten.* Aber trotzdem, was gibt der nur so an? Ich kann Beamte einfach nicht ertragen. Sie meinen immer, dass sie sonst wer wären, und vergessen dabei vollkommen, dass sie auch nur im Dienstleistungsbetrieb arbeiten.

DOLMETSCHERIN: Kunst ist und bleibt nun einmal notwendig. Denn wenn es keine Kunst gäbe, dann würde auch der gesamte Tourismus zugrunde gehen.

8 DOLMETSCHERIN: Was ist denn mit denen auf einmal los?

Teil 2

In einer Schmiede.

9 INONDO: Wie komme ich auf einmal nur an einen so seltsamen Ort?

APOTHEKENBESITZERIN: Gehört das jetzt auch zum Tourismus?

DOLMETSCHERIN: Das weiß ich auch nicht so genau.

10 APOTHEKENBESITZERIN: *während sie die beim Schmied herumliegenden Gegenstände wahllos in die Hand nimmt und mit ihnen herumspielt.* Immer wenn ich besonders angestrengt arbeite, dann werden die verschiedenen Notizblätter, Flaschen, Taschenrechner und Kugelschreiber eins mit meinen Armen und Beinen, und es scheint, dass sie eine für sich abgeschlossene Welt bilden, aber wenn ich dann von einer Reise zurückkomme, liegen sie verstreut herum. Allein schon dadurch, dass solche Gegenstände mit so seltsamen Formen massenhaft zu Hause und im Geschäft herumliegen, gibt es keinen Zusammenhang und keine Einheit mehr. Und ich weiß dann gar nicht mehr, was eigentlich los ist.

INONDO: Und du hast trotzdem den Mut, auf Reisen zu gehen?

APOTHEKENBESITZERIN: Ehrlich gesagt ist es genau das, was mir daran solchen Spaß macht, und deshalb mache ich mich auch auf die Reise.

INONDO: Seltsame Gegenstände, die einfach nur so herumliegen? Das ist ja genauso, wie wenn man zufällig Requisiten eines alten Theaters im Fundus aufstöbert.

APOTHEKENBESITZERIN: Wenn so viele seltsame Gegenstände herumliegen, dann werde ich immer ganz benommen und muss an eine Geschichte denken, die in einem Buch stand, das ich als Kind einmal gelesen habe. In der Geschichte wird erzählt, dass alle Teller und Lampen verwandelte Menschen sind, die von einer Hexe verzaubert wurden. Wenn man sich das so überlegt, während man die einzelnen Gegenstände betrachtet, wird einem irgendwie ganz unheimlich zumute, nicht wahr?

INONDO: Nach einer Reise wieder zurück zu Hause, und alles ist verhext …

DOLMETSCHERIN: Der Sinn des Lebens ist eben doch der Tourismus!

INONDO: Ich will, dass mich irgendjemand total betrunken macht!

APOTHEKENBESITZERIN: Statt mich betrunken machen zu lassen, würde ich lieber zuschauen, wie jemand etwas Aufregendes für mich anstellt. Will mir nicht irgendjemand ein Schaustück vorführen? Eins, was so gut tut, als würde man unsichtbare Fuß- und Handschellen zertrümmern.

INONDO: Mich brauchst Du gar nicht erst fragen. Ich will ganz schwelgen, will ganz benommen sein, will wegdämmern, will vor mich hin dösen.

DOLMETSCHERIN: Das wird aber mit Arbeit allein nicht zu erreichen sein. Da kommt man um das Reisen nicht herum. Das Reisen ist die Pflicht der Menschen von heute.

INONDO: Hahaha.

APOTHEKENBESITZERIN: Es ist doch am bequemsten, sich für jemand anders aufzuopfern und für ihn alles zu tun. Sich dann in Dankbarkeit wiegen. Nun ja, vielleicht macht es ja doch mehr Spaß, auf Reisen sinnlos Geld auszugeben und die anderen in Verlegenheit zu bringen. Inondo, warum bekamst du plötzlich Lust, auf Reisen zu gehen?

INONDO: Ich wollte eigentlich nur in ein Land gehen, dessen Sprache ich nicht verstehe. Ich hatte dabei nicht im Sinn, alte Kultstätten zu besuchen.

APOTHEKENBESITZERIN: Ich denke auch manchmal, dass ich gerne jemanden kennenlernen möchte, den ich noch nicht kenne. Irgendwie ein ziemlich schülermäßiger Text, den ich hier spreche.

INONDO: Ich dachte, dass ich vielleicht eine andere Sicht für die Welt bekomme, wenn ich die Sprache nicht mehr verstehe.

APOTHEKENBESITZERIN: Ich möchte gerne mit jemandem die ganze Nacht hindurch plaudern.

DOLMETSCHERIN: Für unsere Kunden, die gleich alles auf einmal wollen, bieten wir besonders günstige Pauschalreisen an.

Wie in einem bunten Prospekt eines Reisebüros

11 INONDO: *geht zu Till und klopft ihm auf die Schulter.* Viel Glück!

APOTHEKENBESITZERIN: *zeigt auf den Meister.* Ich weiß zwar nicht, was so ein Meister überhaupt ist, aber ich kann die Art, wie er sich aufbläst, nicht ertragen. Warum widerspricht ihm niemand?

INONDO: So einfach ist das nun auch wieder nicht. Wenn er ihm die Meinung sagt, wird er bloß gefeuert.

APOTHEKENBESITZERIN: Angestellte haben es nicht leicht.

INONDO: Es ist genau dasselbe, auch wenn man nicht angestellt ist.

APOTHEKENBESITZERIN: Meine kleine Schwester ist Comiczeichnerin. Früher habe ich sie zwar oft um ihre Freiberuflichkeit beneidet, aber mit der Freiberuflichkeit ist es doch auch nicht so toll. Wenn man darüber redet, benutzt man die üblichen Ausdrücke, ob sie sich Mühe gibt oder ob sie viel verkauft, da läuft es bei ihr auch nicht anders als bei Angestellten.

DOLMETSCHERIN: Meine Damen und Herren! Sie langweilen sich doch alle bloß deshalb, weil Sie zu viel Geld übrig haben. Wenn es für den Unterhalt von meinem Sohn und mir ausreichen würde, dann wäre mir sowohl die Freiberuflichkeit als auch die Arbeit als Angestellte nur recht. Ich beneide Sie!

INONDO: Ich wurde schon so oft nach meinem Beruf gefragt. Denn wenn man eine anständige Arbeit hat, dann hat die auch einen anständigen Namen. „Da hat man nicht herumzuhängen oder zu faulenzen! Nenn mir doch mal eine ordentliche Arbeit!" So sagen sie dann, und ich antworte: „Ich bin Schmied." Und weil ich im Haushalt mithelfe, bin ich ein kajiya, und weil ich damals als Kind unbedingt ein Feuer sehen wollte und die Scheune von nebenan angesteckt habe, bin ich ein kajiya, und weil ich das Steuer eines beinahe untergehenden Schiffes herumgerissen habe, bin ich ein kajiya. Wie ihr seht, bin ich ein ordentlicher kajiya, oder? Genau wie du. *Tut so, als wollte er dem Schmied auf die Schulter klopfen und stößt ihn weg.*

12 *Till fügt die einzelnen Worte so zusammen, dass die Silbe am Ende eines Wortes zur Anfangssilbe des folgenden Wortes wird. Obwohl er eigentlich mit Hammer und Amboss die einzelnen Worte nacheinander zusammenschmieden muss, klumpt er sie alle bloß zu einem Stück zusammen. Die große Schere, die mit dem Schürhaken zusammengeschmiedet wurde, kann keine Gegenstände mehr festhalten und zerschneiden, sondern hält, während sie die eigene, sonderbare Gestalt betrachtet, einen Ersatz für die Träume vom Hervorstehen und Sich-Kreuzen in ihrer Erinnerung fest. Und wenn dann noch der Hammer daran geschmiedet wird, so kann er auch nicht mehr auf die Gegenstände einschlagen, weil sich die gewaltige Abwärtsbewegung des Hammers mit der in der Glut rührenden Bewegung des Schürhakens und der sich kreuzenden Schneidebewegung der Schere vermischt, drüber und drunter geht und in eine Gestalt hineinwächst, die wie eine groteske, gigantische, zeitgenössische Skulptur aussieht.*

INONDO: Na, das versuch ich doch auch mal! *Er beginnt damit, die herumliegenden Gegenstände zusammenzufügen*

DOLMETSCHERIN: Ich hasse die zeitgenössische Kunst. Weil sie ein dummer Streich ist, eine Lügnerin, angeberisch, weil sie vorgibt, ach so schlau zu sein, weil sie krumm ist, verschroben, weil sie verbogen ist, pervers, weil sie zu erotisch ist, unanständig, abstrakt, weil man nicht versteht, worum es überhaupt geht, weil sie idiotisch ist, kindisch, reine Zeitverschwendung, reine

Geldverschwendung – ihre bloße Existenz gibt mir das Gefühl, dass man sich über mich als ehrliche Arbeiterin lustig macht.

13 INONDO: *in Abwehrhaltung, weil der Meister plötzlich auf ihn losgeht.* Es tut mir leid. Tut mir leid, Ihnen etwas so Sinnloses hergestellt zu haben. Aber ich habe es ausgeführt, wie Sie es mir aufgetragen haben. Ich habe versucht, den Hammer als Portrait eines Freundes, der nicht schwimmen kann, im Goldfischglas zu versenken. Ich habe ein Hühnerherz zwischen zwei Bleche gepresst und ein Sandwich daraus gemacht und so das Gefühl vom Dilemma zwischen Müssen und Wollen zum Ausdruck gebracht. Ich habe versucht, in einem Foto, auf dem zwei Kamele abgebildet sind, die Busenfreundschaft auszudrücken.

DOLMETSCHERIN: Da haben wir also einen Selbstdarsteller!

INONDO: Das ist ja unerhört!

DOLMETSCHERIN: Das ist doch wirklich peinlich: Da sind diese Angestellten, die normalerweise keinen Mucks von sich geben und sich immer brav verbeugen, die sofort in helle Aufregung geraten, sobald sie im Ausland an einen geschichtsträchtigen Ort kommen und dann mit einem Messer ihren Namen und das Datum in jeden einzelnen Stein einritzen müssen. Was soll man dazu noch sagen, zu solchen Leuten!

APOTHEKENBESITZERIN: Das sind Leute wie eine chemische Reaktion: Sobald sie mit einem fremden Element in Berührung kommen, brennen sie lichterloh.

DOLMETSCHERIN: Aber es gibt da ja noch den Ausdruck von den unerfüllten Bedürfnissen. Diese Leute benutzen den Ausdruck „ortsansässige Japaner" als Schimpfwort.

APOTHEKENBESITZERIN: Und sie denken, dass diejenigen, die im Ausland vor Ort und Stelle leben, in der Gosse gelandet sind.

DOLMETSCHERIN: Und gerade deshalb benutzen wir den Ausdruck „Angestellter" im Gegenzug als Schimpfwort.

APOTHEKENBESITZERIN: Es gibt schon viele Schimpfworte, die sich auf die verschiedenen Berufe beziehen. Wenn ich nur Sekretär oder Vertreter oder Hausfrau oder Abteilungsleiter oder Lehrer höre, möchte ich gleich loslachen. Aber vielleicht ist das ja noch besser als so eine Apothekerin für chinesische Medizin. Wie dem auch sei, mein Beruf ist in dieser Woche Touristin und nicht Apothekerin!

INONDO: *schreibt immer wieder etwas auf eine Wand.* Das dort drüben bin ich! Endlich habe ich es entdeckt! Das hier bin ich!

14 APOTHEKENBESITZERIN: Was denn?

INONDO: Mist, eigentlich wollte ich „Ich" schreiben und nun ist „dieses" daraus geworden. Wenn einem eine wirklich gute Idee kommt, dann schreit man ja auch nicht „Ich!" sondern „Das ist es!".

Teil 3

Alle sitzen an einem großen Tisch vor der Tür und essen gemeinsam.

15 APOTHEKENBESITZERIN: Aha.

INONDO: Aha.

DOLMETSCHERIN: Aha.

16 INONDO: *während er einen Bratapfel mit reichlich Füllung isst.* Beutel, Eule, aufgerissen, hopp, Eule, Beutel, Hals über Kopp!

DOLMETSCHERIN: Es heißt, dass die Eule die Tochter des Bäckers sei.

APOTHEKENBESITZERIN *zur Dolmetscherin:* Bist du nicht total erschöpft?

DOLMETSCHERIN: Nein, ich bin nur ganz hingerissen von Inondo.

INONDO: Wenn man den Beutel aufreißt, so kommt das Innere hervorgequollen, und wenn man ihn nicht aufreißt, so bleibt es drinnen.

INONDO: Ich sitze in der Falle wie die Ratte im Sack, die nicht entkommen kann. Und weil ich keine Lust habe, mit irgendjemandem zu sprechen, wollte ich in ein Land reisen, dessen Sprache ich nicht verstehe. Ich wollte mich selbst in einen Sack stecken.

17 APOTHEKENBESITZERIN: Es gibt eine Methode, den Inhalt eines Beutels herauszuholen, ohne ihn zu beschädigen, und zwar indem man ihn einfach umkrempelt!

INONDO: Was? Die Mutter wiederholen?

DOLMETSCHERIN: Gut verstanden, Eule! Meine Damen und Herren, hetzen Sie sich nicht und lassen Sie es sich gut schmecken! Ja, meine Damen und Herren, Sie können sich glücklich schätzen! Weil Sie Touristen sind, sind Sie Kundschaft und haben somit keine Rasse und einen ungeklärten gesellschaftlichen Status, Männer und Frauen gleichberechtigt. Und aus diesem Grunde ist der Tourismus auch das Demokratischste, was es gibt. Nicht wahr?

INONDO: Weil ich Kleidung trage, die aussieht wie ein Kartoffelsack, ist mein Status aber doch wohl eher niedrig. Ich habe nicht einmal das Recht auf freie Meinungsäußerung und man lässt mich auch nicht unbedingt überall hingehen, wo ich gerne hingehen will.

18 INONDO: Mir wurden auch schon so Sätze an den Kopf geworfen wie: „Sehr geehrter Herr, könnten Sie bitte davon absehen, unser Haus zu betreten?" „Was passt euch denn nicht an mir?"

DOLMETSCHERIN: „Wir behalten uns vor, Gäste, deren Kleidung dem Motto der Veranstaltung nicht entspricht, nicht einzulassen."

APOTHEKENBESITZERIN: Ach, Motto?! Hahaha.

INONDO: „Kleidung? Ich trage keine Kleidung! Das hier ist ein Sack! Ich habe einen Sack an."

APOTHEKENBESITZERIN: Man kann das Ganze aber doch auch so sehen: Menschen sind wie Säcke, in die man Organe hineingestopft hat, und deshalb kann man zwar die Organe im Inneren austauschen, aber tauscht man den Sack drumherum aus, dann ist man nicht mehr man selbst.

INONDO: „Und warum darf ich nicht rein?"

DOLMETSCHERIN: „Der Einlass für Obdachlose ist am heutigen Tage auf drei Personen beschränkt."

INONDO: „Aber es ist doch meine eigene Inszenierung, die ihr heute zeigt!"

APOTHEKENBESITZERIN: Kommen denn dann nicht nur Leute mit Markenkleidung, wenn die Eintrittskarten so teuer sind?

INONDO: Lass mich endlich rein! Du wagst es, mich nicht reinzulassen? Mir wird das langsam zu bunt, wie du hier herumbrüllst! Alle anderen Leute wollen zwar immer mehr zur Mittelklasse gehören, die sich etwas leisten kann, aber ich will ärmlich leben!

DOLMETSCHERIN: Verzeihung, aber wenn Sie von „arm" reden, dann meinen Sie doch wohl kaum Touristen, sondern Menschen aus der werktätigen Bevölkerung wie mich, oder?

19 APOTHEKENBESITZERIN: *nähert sich plötzlich Till und klopft ihm auf die Schulter.* Viel Glück!

Teil 4

Ein Ort, der gleichzeitig ein Museum und eine mittelalterliche Stadt ist.

20 APOTHEKENBESITZERIN: Schaut mal! Ist das dort drüben, was da so aussieht wie ein verzauberter Hirschkäfer, der Helm einer Rüstung?

DOLMETSCHERIN: Es gibt hier in dieser Gegend das Sprichwort „Reisen bildet".

APOTHEKENBESITZERIN: Ich kann mich mit Museen nicht anfreunden. Irgendwie ist so ein Museum doch wie eine Schaubude, in der die ausgestellten Gespenster und Tiere alle schon tot und ausgestopft sind. Wenn ich dort herumgehe und mich umschaue, bekomme ich immer das Gefühl: Die sind schon alle tot, ich werde auch bald sterben und dann vielleicht genauso ins Museum kommen!

DOLMETSCHERIN: Es heißt, dass die Gespenster dieser Gegend alle Helme von Ritterrüstungen tragen. Und um 12 Uhr mitternachts hört man dann, wie die blechern klappernden Schritte von Weitem immer näherkommen …

INONDO: Wenn ich sowieso schon ein Gespenst werde, dann aber bitte ein ganz flauschiges. So ein Ritterhelm – nee, danke! Ich würd gern so'ne Art Frauennachthemd tragen und nur so dahergehaucht kommen!

DOLMETSCHERIN: Ach ja, richtig! Wo du gerade Nachthemd sagst, fällt mir ein, dass ich vergessen habe, etwas zu sagen. Weil es in diesem Hotel keine Schlafanzüge gibt, möchten sich bitte all jene bei mir melden, die keinen mitgebracht haben. *Sie zieht einem fleischlosen, mit Rüstungshelm bekleideten Ritter einen Yukata[8] an.*

21 INONDO: So ein Museum wirkt doch immer ein bisschen wie ein kleines Theater, in dem die Schauspieler eingefroren sind und sich nicht bewegen können.

APOTHEKENBESITZERIN: Ist dir irgendwie übel geworden?

INONDO: Nein, ach was.

DOLMETSCHERIN: Es ist ein bisschen frisch geworden.

APOTHEKENBESITZERIN: Jedes Mal, wenn ich in ein Museum gehe, habe ich das Gefühl, betrogen zu werden. Denn wie können die Sachen, die es damals gegeben hat, jetzt hier sein? Das „Damals" müsste doch auch jetzt noch irgendwo zu finden sein. Und wenn man einfach die Sachen daraus wegnimmt, wird doch dieses andere „Damals" ganz leer!

INONDO: Hahaha. Wenn ich dir so zuhöre, wird mir im Kopf ganz herbstlich zumute. Wie vor einem Hintergrund mit blauem Himmel dreht sich ein Windrad verkehrt herum. Und ehrlich gesagt, ist es noch schöner, dir zuzuhören, als betrunken zu sein.

APOTHEKENBESITZERIN: Wo ich endlich jemanden getroffen habe, mit dem ich reden kann, bin ich doch noch ins Schwätzen gekommen.

INONDO: Ein Glück, dass ich mitgekommen bin!

DOLMETSCHERIN: Das Geschirr im Mittelalter bestand für gewöhnlich aus Schalen, die aus Holz angefertigt wurden, doch benutzte man zu besonderen Anlässen auch Geschirr aus Metall. Mit diesen Löffeln und Messern hat man im Mittelalter gegessen. Damals gab es noch keine Gabeln.

INONDO: Komisch, dass Ihnen nicht die Idee von Essstäbchen in den Sinn kam, als Sie einen Storchenschnabel sahen!

APOTHEKENBESITZERIN: Aber Inondo! Das sieht für dich doch nur so aus, weil das Wort Schnabel auf Japanisch mit Essstäbchen übersetzt wird. Stell dir mal vor, das ganze hieße „Schnabel, dann würdest du doch wohl auch kaum an Essstäbchen denken!

INONDO: Ich habe einmal gesehen, wie sich zwei Störche geküsst haben!

APOTHEKENBESITZERIN: Das hab ich auch mal gesehen.

INONDO: Hahaha.

Beide beginnen wie zum Spaß zu tanzen.

22 DOLMETSCHERIN: Meine Damen und Herren! Dieses Brot hier wird nach einer Überlieferung hergestellt. Sie besagt, dass der Fürst von Braunschweig einst hungrig von der Jagd zurückkam und in dem Moment, als er darüber klagte, dass er an jenem Tag nichts geschossen hatte, sollen die Vögel zu ihm gesagt haben: „Bitte, esst doch uns!", sich in Brot verwandelt haben und wie die Steine vom Himmel gefallen sein.

23 INONDO: Brot statt Reis, das ist das zivilisierte Leben! So ein Artikel stand in einer Zeitschrift, die ich als Kind gelesen habe.

APOTHEKENBESITZERIN: Ich hab mir mal, als ich mich mit einem Messer geschnitten hatte, die Wunde mit einzelnen Brotstückchen abgewischt, die ich aus einem schneeweißen Brot herausgerissen habe.

24 DOLMETSCHERIN: Meine Damen und Herren! Man muss schon sagen, dass wir ausgesprochenes Glück haben, gerade heute in dieser Stadt zu sein, die einmal im Jahr das Fest dieses Brotes feiert! Nur zu, genießen Sie nach Herzenslust diesen tiefen Geschmack, der einem schier die Zähne zieht. Auf der Grundlage der wissenschaftlichen Prognose, die besagt, dass im 21. Jahrhundert der Menschheit die Zähne ausgehen werden, wurde in Amerika ein Brot erfunden, das weich wie Zuckerwatte ist. Diejenigen, die sich an dieses Brot bereits gewöhnt haben, werden bedauerlicherweise wohl nie den Reiz von Schwarzbrot verstehen.

APOTHEKENBESITZERIN: Aber keineswegs! Das Brot schmeckt ausgezeichnet! Inondo, teil das Brot in zwei Stücke und lass es uns zusammen essen!

INONDO: Irgendwie hab ich das Gefühl, hier was zu essen, was man eigentlich nicht essen sollte.

APOTHEKENBESITZERIN: Ich bin schon wie eine Berghexe.

Beide schlingen wie wild das Brot herunter und essen sich beinahe gegenseitig die Finger auf.

25 INONDO: Der Meister regt sich ganz bestimmt nicht nur deshalb so auf, weil Till so verrückt geformtes Brot gemacht hat, sondern weil er es auch noch verkauft hat. *Er geht zum Meister, streckt ihm die Zunge heraus, schneidet Grimassen und neckt ihn.* Ich will auch

etwas Neues machen, dass die Leute sich aufregen und hinter mir herjagen. Ich fühle mich auf einmal so frisch und voller Tatendrang!

APOTHEKENBESITZERIN: Wenn ich so dieses Brot esse, ballt sich in mir alles zusammen und es ist, als würde ich in meinem ganzen Körper kleine Tiere heranziehen. Hoppla! Auch in meinem Ellenbogen, in der Magengrube und auch im Schienbein!

INONDO: Stimmt, fühlt sich wirklich ganz komisch an.

APOTHEKENBESITZERIN: Die reife Pfeife ergreife die Schleife, die runde Wunde wundert die Kunde, immer weißer, immer heißer!

INONDO: Wollen wir auch noch dieses Brot halbieren und zusammen essen?

DOLMETSCHERIN: Dank der Touristen sind überall auf der ganzen Welt Sehenswürdigkeiten entstanden. Auch die Tradition wurde somit geboren. Das ist doch etwas Wundervolles!

INONDO: Und auch die Überlieferungen der Region wurden extra für uns Touristen neu gemacht.

DOLMETSCHERIN: Es sind nur Sie, meine Damen und Herren, die Touristen, die die Muße haben, den erfundenen Legenden von einst zu lauschen. Aus diesem Grunde habe ich auch aufgehört, das Wort „Tourist" als Schimpfwort zu gebrauchen.

INONDO: Es scheint nur die Sprache zu sein, die einen derart trunken macht.

APOTHEKENBESITZERIN: Brotbäcker, Pottbäcker, Tortenbäcker, Pfister, Magister, Philister – je mehr Lügengeschichten ich mir ausdenke, desto mehr schwappen die Worte nur so über und ich habe keine Lust mehr, in meinem ganzen Leben noch einmal irgendetwas Langweiliges zu tun!

INONDO: Alles in Ordnung bei dir? Bist du sicher, dass du kein Fieber hast?

APOTHEKENBESITZERIN: Kann schon sein, aber das ist mir vollkommen egal. Und wenn schon! Inondo, ich will etwas Überflüssiges tun, ich will vordringen in Orte, von denen ich nichts verstehe! Hach! Mein Fieber steigt und der Puls wird schneller – ich fühl mich kolossal fit!

SANCHO PANSA

Personen:

Sancho Pansa: ein Esel, zugleich eine Frau

Don Quixote: ein Pferd, zugleich eine Frau

Sonstige Wesen wie Tiere, Pflanzen, Dinge, Gespenster, Menschen und Stimmen

Erstes Bild

Hierarchie zwischen Tieren und Menschen.
Die Geburt Christi.

Sancho Pansa und Don Quixote sind Menschenfrauen, in der ersten Szene erscheinen sie aber als Esel und Pferd. Sie befinden sich in einem Gemälde, das die Geburt Christi darstellt. Es ist in Europa üblich, dass man bei der Darstellung von dessen Geburtsszene ei- nen Esel (oder einen Ochsen) und ein Pferd hinzufügt. In diesem Fall sind sie gleichzeitig das Pferd von Don Quixote, Rosinante, und der Esel von Sancho Pansa.

SANCHO PANSA: Geboren, vollbracht, wenn sich zwei Frauen zusammentun, gibt es nichts, was sie nicht auf die Beine stellen können, die Frage lautet nur: Auf wie viele Beine sollte man etwas stellen? Die Menschen sagen vier, die Tiere sagen zwei. Und der Fisch? Schau, das ist unser Kind.

DON QUIXOTE: Unser Kind? Dieses dürftig behaarte Wesen?

SANCHO PANSA: Es ist heutzutage Mode, wenig Körperhaar zu haben. Es gibt sogar Ärzte, die ein behaartes Baby kahl rasieren, bevor sie es seiner Mutter zeigen. Scheren, schleifen und schmieren, damit das Kind glatt wird.

DON QUIXOTE: Das Kind kann immer noch nicht laufen, obwohl schon vierundzwanzig Stunden seit der Geburt vergangen sind. Leidet das Kind an einer Knochenkrankheit?

SANCHO PANSA: Kinder werden heutzutage langsam erwachsen. Es dauert zwanzig, dreißig Jahre, bis sie selbstständig werden.

DON QUIXOTE: Wie abscheulich. Willst du dreißig Jahre lang das Kind pflegen? Etwa als die Vertreterin der guten Bürger?

SANCHO PANSA: Nein, auf keinen Fall. Vergiss nicht unseren Plan, wir wollen noch eine Weltreise machen.

DON QUIXOTE: Aber wir haben das Kind, wir können nicht auf eine Weltreise gehen, wir müssen auf die Reise verzichten. Ah, wie erleichtert bin ich darüber, dass wir doch nicht fahren können. Abreisen macht viel Arbeit, ich will lieber in meinem Bett liegen bleiben.

SANCHO PANSA: Halt, leg dich nicht hin! Hast du schon vergessen, dass wir das Kind Maria zur Adoption geben wollten? Du tust so, als wüsstest du nichts mehr davon. Du willst es nicht mehr, weil dein Gefühl sich in dem Kind niedergelassen hat.

DON QUIXOTE: Ich habe kein Gefühl, im Allgemeinen nicht, nein, überhaupt nicht, du spinnst, das Gefühl, ich lache mich tot. Ich mache mir nur Sorgen, da ich gehört habe, dass diese Frau eine Jungfrau ist. Kann eine Jungfrau ein Kind großziehen?

SANCHO PANSA: Es ist politisch daneben, so etwas zu sagen. Wenn wir ihr eine Gebrauchsanweisung für das Kind geben, schafft sie es schon. Ich habe gehört, dass die Menschen sowieso alles durch Lesen lernen. Es gibt angeblich auch Bücher, die heißen: Wie kann ich einen Salat genießen? Wie kann ich gut schlafen? Oder: Wie kann ich mit dem anderen Geschlecht verkehren? Witzig, wirklich witzig.

DON QUIXOTE: Ich fürchte, die Menschen sind so wie sie sind und nicht besser. Können wir unser Kind einem Menschen anvertrauen?

SANCHO PANSA: Sei nicht so besorgt. Dieses Kind wird bald Maria hassen. Er wird seine Familie im Stich lassen und eine Gemeinschaft gründen, die nur aus Männern besteht. Dann wird er verstehen, warum wir beide auch unsere Familie verlassen mussten.

DON QUIXOTE: Wovon redest du?

SANCHO PANSA: Meine einzige Sorge ist: Was, wenn man herauskriegt, dass dieses Kind von uns gezeugt wurde? Das Kind wird dann wahrscheinlich als das Kind von Sodomisten aus der Kirche ausgeschlossen werden.

DON QUIXOTE: Ist es auch Sodomie, wenn ein Tier mit einem anderen schläft?

SANCHO PANSA: Tscha …

DON QUIXOTE: Ich lebe peinlich nackt, ich schäme mich für so viele Dinge. Meinst du, dass unsere Gesichter in der Kunstgeschichte verewigt werden? Werden wir in Museen auf der ganzen Welt ausgestellt und von Millionen Menschen betrachtet?

SANCHO PANSA: Nein, nein, Tiere sind Tiere. Kein Mensch wird auf uns achten, selbst wenn Millionen von Menschen das Bild sehen würden. Sie würden in solch einem Bild Fräulein Maria und ihr Kind betrachten und Aha sagen. Aber uns sehen sie nicht. Nun, gehen wir los, zu dem Kaufhaus, um uns Reisekoffer zu kaufen.

DON QUIXOTE: Man darf bis zu zwanzig Kilo Gepäck mitnehmen, ich war Don Quixote.

SANCHO PANSA: Du bist in die Vergangenheit hineingelaufen, die in Anführungszeichen stand.

DON QUIXOTE: Aber ich konnte sie nicht erreichen. Die Vergangenheit war schon längst weg, sie war schon in der fernen Zukunft angekommen.

SANCHO PANSA: Du warst früher Sancho Pansa.

DON QUIXOTE: Von wem redest du?

SANCHO PANSA: Ein Glück, dass ich zu einem Tier geworden bin.

DON QUIXOTE: Wir sind nicht zu Tieren geworden, wir waren schon immer Tiere, auch jetzt in diesem Augenblick sind wir Tiere, ich sage „wir alle", ich sage „jetzt", aber die anderen sagen, alles sei schon vergangen.

SANCHO PANSA: Weil sie gläubig sind. Sie sehnen sich nach dem Vergangenen, sie klagen, dass sogar die Gegenwart schon vergangen ist.

DON QUIXOTE: Vergangen? Nein, nichts ist vergangen. Das Hier ist jetzt.

SANCHO PANSA: Lauf los! Und leb die Vergangenheit jetzt in diesem Moment! Dann wirst du in diesem Augenblick eine Drehung hineinbringen und die Geschichte zum Stolpern bringen.

Zweites Bild

Eine altgriechische Ruine, die gerade ausgegraben wird.
Das Motiv der Herrin und der Dienerin.

SANCHO PANSA: Ab heute sind Sie meine Herrin.

DON QUIXOTE: Was?!

SANCHO PANSA: Da ich Ihre Dienerin bin, stehe ich Ihnen zu Diensten.

DON QUIXOTE: Unsinn. Dafür gibt es keinen Grund. In unserem demokratischen Zeitalter kennt nur noch der Körper eine klare Hierarchie, nämlich: Der Kopf sitzt oben und der Hintern unten. Wenn du jemandem die Hand schütteln willst, streckst du ihm nicht dein Bein hin. Dein Mund bleibt immer unbedeckt, manchmal bleibt er sogar offen, aber deinen After zeigst du keinem.

SANCHO PANSA: Nein, nein. Wenn sich zwei Gesichter treffen, gibt es immer eine Rollenverteilung. A lehrt und B lernt; oder B lehrt und A lernt. Die Rollen können zwar im nächsten Monat getauscht werden, aber sie verschwinden nicht. Wie kann es Erotik geben, wenn es weder Lehrerin noch Schülerin gibt?

DON QUIXOTE: Aber was ist mit dem Prinzip der Demokratie?

SANCHO PANSA: Man kann jede Demokratie in den Kühlschrank tun. Man holt sie heraus, wenn man sie wieder gebrauchen kann. Achte auf das Verfallsdatum!

DON QUIXOTE: Ich bezweifle es.

SANCHO PANSA: Bitte keine Gegenstimme. Wir sitzen hier nicht in einem Kongress.

DON QUIXOTE: Nun gut, heute bin ich die Herrin, morgen bist du die Herrin.

SANCHO PANSA: Nein, auch morgen sind Sie die Herrin.

DON QUIXOTE: Das ist aber ungerecht.

SANCHO PANSA: Das ist eine künstliche Ungerechtigkeit, wir haben sie freiwillig gewählt.

DON QUIXOTE: Etwas stimmt hier nicht. Warum willst du nicht die Herrin sein? Warum willst du mir dienen?

SANCHO PANSA: Leider kann ich dir den Grund nicht verraten.

DON QUIXOTE: Willst du wirklich Dienerin sein?

SANCHO PANSA: Eigentlich möchte ich keine Dienerin sein, sondern deine Sklavin. Nein, ich werde dich nicht mehr duzen wollen.

DON QUIXOTE: Du würdest also alles tun, was ich dir befehle?

SANCHO PANSA: Ja. An einem Mittag in der glühenden Hitze schleppen Sie sich weiter, zu Pferd, erschöpft, mit leerem Bauch, ich hinterher, ohne zu klagen.

DON QUIXOTE: Muss ich in der Hitze losreiten? Kann ich nicht eine Weile warten, bis es kühler wird?

SANCHO PANSA: Nein, Sie reiten unter den schlimmsten Bedingungen. Und jedes Mal, wenn ich verschwitzt und halb verhungert in Ohnmacht falle, ermuntern Sie mich oder schimpfen Sie mich aus. „Du hältst nur deshalb nicht durch, weil du kein Ideal hast! Bist du nichts mehr als ein Magen? Wo bleibt dein Geist?“ Dann geben Sie mir ein getrocknetes Stück

Fleisch und Brot, ohne selber etwas davon zu essen. Ich fresse alles auf, wie ein Schwein, und Sie schauen mir ruhig zu.

DON QUIXOTE: Warum sollte ich nicht die Hälfte davon essen?

SANCHO PANSA: Ein Ritter bleibt stolz, selbst wenn sein Magen leer ist. Sie essen nichts. Ich, Esel, fresse allein, und das Publikum lacht mich aus.

DON QUIXOTE: Kein Ritter kann mit leerem Magen kämpfen.

SANCHO PANSA: Einer, der kämpft, ohne zu essen, ist ein wahrer Ritter. Einer, der nur dann arbeitet, wenn er Essen kriegt, ist ein Arbeiter. Ihm geht es um das Arbeiterrecht, und die Gewerkschaft kämpft für ihn.

DON QUIXOTE: Was?

SANCHO PANSA: Sie sagen zu mir: „Oh, ich habe eine gefährliche Bande entdeckt! Das sind unsere Feinde!" Und ich folge Ihnen sofort, ohne zu zögern. Sie liegen blutverschmiert und mit zerschlagenem Kiefer da, und ich bleibe bei Ihnen, bis Sie wieder aufstehen können.

DON QUIXOTE: Von welcher Bande redest du?

SANCHO PANSA: Eine Bande, die eine Rasse zu vernichten versucht. Diese Rasse hat keine Fähigkeit, glücklich zu sein.

DON QUIXOTE: Muss man glücklich sein?

SANCHO PANSA: Nein. Deswegen kämpfen Sie gegen die Bande. Dabei werden Sie totgeschlagen.

DON QUIXOTE: Muss ich das? Wäre es nicht besser, rechtzeitig wegzulaufen? Der Sieger ist immer derjenige, der am schnellsten flüchten kann.

SANCHO PANSA: Sie sind einer, der niemals flüchtet. Ihre Haare sind schon halb ausgerissen, die Augen ausgehöhlt, die Eingeweide zerquetscht, sämtliche Knochen der Beine zerschlagen.

DON QUIXOTE: Hör auf. Mir ist übel.

SANCHO PANSA: Und ich bin die Treue. Selbst wenn Sie Unsinn erzählen und behaupten würden, dass der Trecker ein Drache sei und die Schaufensterpuppe eine Prinzessin, würde ich es Ihnen glauben.

DON QUIXOTE: Warum sollte ich so einen Unsinn erzählen?

SANCHO PANSA: Es wäre nichts Besonderes, etwas Wahrhaftes zu sagen und sich glaubwürdig zu machen. Das kann jeder Politiker, jeder Guru. Aber die Poesie kann durch einen Unsinn das Menschenherz bewegen. Und ich bin Ihnen so treu ergeben, dass ich Ihnen jeden Unsinn glaube.

„Dio luego don Quijote orden en buscar dineros; y, vendiendo una cosa, y empeñando otra, y malbaratándolas todas, llegó una razonable cantidad. Acomodóse asimesmo de una rodela, que pidió prestada a un su amigo, y, pertrechando su rota celada lo mejor que pudo, avisó a su escudero Sancho del día y la hora que pensaba ponerse en camino para que él se acomodase de lo que viese que más le era menester. Sobre todo le encargó que llevase alforjas; e dijo que sí llevaría, y que ansimesmo pensaba llevar un asno que tenía muy bueno, porque él no estaba duecho a andar mucho a pie. En lo del asno reparó un poco don Quijote, imaginando si se le acordaba si algún caballero andante había traído escudero caballero asnalmente; pero nunca le vino alguno a la memoria; mas con todo esto determinó que le llevase, con presupuesto de acomodarle de más honrada caballería en habiendo ocasión para ello, quitándole el caballo al primer descortés caballero que topase. Proveyóse de camisas y de las demás cosas que él pudo, conforme al consejo que el ventero le había dado; todo lo cual hecho y cumplido, sin despedirse Panza de sus hijos y mujer, ni don Quijote de su ama y sobrina, una noche se salieron del lugar sin que persona los viese; en la cual caminaron tanto, que al amanecer se tuvieron por seguros de que no los hallarían aunque los buscasen."

Cervantes Saavedra, Miguel de, Don Quijote de la Mancha, Edición de Martín de Riquer, de la editorial Planeta, 1994, pp. 86f.

Drittes Bild

Das Schiff des Abenteurers und die Insel der Sesshaftigkeit gehören beide zu einer Wasserwelt.

Mitten auf der Straße steht eine Badewanne, umringt von Publikum. Don Quixote steigt aus der Wanne

DON QUIXOTE: Meine Badewanne ist ein wundersames Schiff. Es wurde mitten auf eine trockeneinsame Wüste hingestellt. Das heißt: Das Wasser gibt es nur in dem Schiff, außerhalb des Schiffes ist kein Wasser.

SANCHO PANSA: Sie träumen nur. Eine Schifffahrt? Hier ist eine Wüste.

DON QUIXOTE: Mein Schiff ist eine Insel in der Wüste. Deshalb ist es kein Abenteuer. Ich werde weiter den Kleingeist der Inselbewohner behalten.

SANCHO PANSA: Fahren Sie trotzdem los!

DON QUIXOTE: Ach, wenn ich für immer auf der Innenseite des Wassers bleiben könnte!

SANCHO PANSA: Du meinst das Wasser der Schafe, der fruchtbaren.

DON QUIXOTE: Die radikalen Schafe des Pazifik, die des Atlantik!

SANCHO PANSA: Aus einem weiblichen Körper, der mit dem Wasser der Schafe gefüllt ist, wurde eine Frau geboren.

DON QUIXOTE: Die Haut einer Frau ist die härteste Rüstung. Wenn man eine weibliche Haut angezogen hat, muss man sich vor nichts mehr fürchten.

SANCHO PANSA: Gut. Dann fahr in dieser Ausrüstung los.

DON QUIXOTE: Warte. Es wäre besser, wenn ich meine Brust verdecken würde. Es gibt Leute, die sich angegriffen fühlen, wenn sie den nackten Busen sehen.

SANCHO PANSA: Seltsam.

DON QUIXOTE: Es gab einmal einen Jungen, der nach seiner Geburt auf einem Berg ausgesetzt wurde. Er wurde von den Tieren gestillt, wuchs ohne Hilfe der Menschen auf und wurde später zu einem starken Ritter. Er besiegte einen Feind nach dem anderen und später gründete er ein großes Reich. Aber er schämte sich lebenslang, dass er von den Tieren gestillt worden war und befahl seinen Kriegern, allen Tieren die Brüste abzuschneiden.

SANCHO PANSA: Eine Schaudergeschichte. Nimm dieses Tuch mit und fahr jetzt los.

DON QUIXOTE: Warte! Ich sollte lieber meine Haare bedecken.

SANCHO PANSA: Warum denn das?

DON QUIXOTE: Schau dieses Schlangenbündel an. Die Leute

bekommen Angst vor mir. Ich will kein Monster sein. Wie soll ich als Monster ein Abenteuer bestehen?

SANCHO PANSA: OK, ich werde Ihre Haare einpacken. ... So, jetzt bin ich fertig. Los! Was zögern Sie so, meine Herrin?

DON QUIXOTE: Jetzt ist mir klar, dass ich mich nicht mehr friedlich ins eigene Bett legen kann. Auf Wiedersehen, Familienleben.

SANCHO PANSA: Zögern Sie nicht! Schnell!

DON QUIXOTE: Ich wollte für mich immer in meinem lauwarmen Elternhaus bleiben. Als ich Kind war, aß ich das, was auf den Tisch kam. Ich zog die Klamotten an, die mir auf den Leib gedrückt wurden, und ich lernte das, was mein Lehrer mir sagte. Du hast es gut, du hast keine Sorgen, sagten sie, aber einmal in der Woche, meistens am Montagabend um neun Uhr dreißig, wollte ich mich umbringen.

SANCHO PANSA: Ein sogenannter Selbstmord?

DON QUIXOTE: Ich wollte mir mit meinem Schweizer Messer einen Stich in mein Handgelenk geben, tat es aber nicht, weil ich dachte, es könnte weh tun. Stattdessen beschloss ich, mit einem Schiff ins Ausland zu fahren, um dort einen Sprachkurs zu belegen.

SANCHO PANSA: Mein Lehrer sagte, es hat keinen Sinn, bloß eine Fremdsprache zu lernen.

DON QUIXOTE: Aber wenn ich einfach so eine Arbeitsstelle annehmen und eine Familie gründen würde, wäre es für mich genauso unsinnig. Und wenn mein Leben sowieso einen Unsinn erzeugen soll, möchte ich lieber eine sinnlose Sprache sprechen lernen.

SANCHO PANSA: Losfahren, und dann? Wie geht die Geschichte weiter?

DON QUIXOTE: Ich weiß nicht.

SANCHO PANSA: Hast du ausreichend in der Bibliothek recherchiert?

DON QUIXOTE: Dort fand ich kein Buch, das von meinem Leben erzählt. Deshalb muss ich selber eine Geschichte schreiben. Ich will eine Abenteuergeschichte, keine Liebesgeschichte, die mit Windelnwaschen endet.

SANCHO PANSA: Nun, schnell, gehen wir los.

DON QUIXOTE: Du kommst mit, oder?

SANCHO PANSA: Ja, natürlich. Wer soll Sie forttreiben, wenn ich nicht dabei wäre? Also, los!

„Estando yo un día en el Alcaná de Toledo, llegó un muchacho a vender unos cartapacios y papeles viejos a un sedero; y como yo soy aficionado a leer, aunque sean los papeles rotos de las calles, llevado desta mi natural inclinación, tomé un cartapacio de los que el muchacho vendía, y vile con carácteres que conocí ser arábigos. Y puesto que aunque los conocía no los sabía leer, anduve mirando si parecía por allí algún morisco aljamiado que los leyese, y no fue muy dificultoso hallar intérprete semejante, pues aunque le buscara de otra mejor y más antigua lengua, le hallara. En fin, la suerte me deparó uno, que, diciéndole mi deseo y poniéndole el libro en las manos, le abrió por medio, y leyendo un poco en él, se comenzó a reír.
Preguntéle yo que de qué se reía, y respondióme que de una cosa que tenía aquel libro escrita en el margen por anotación. Díjele que me la dijese, y él, sin dejar la risa, dijo:
– Está, como he dicho, aquí en el margen escrito esto: „Esta Dulcinea del Toboso, tantas veces en esta historia referida, dicen que tuvo la mejor mano para salar puercos que otra mujer de toda la Mancha."
Cuando yo oí decir „Dulcinea del Toboso", quedé atónito y suspenso, porque luego se me representó que aquellos cartapacios contenían la historia de don Quijote. Con esta imaginación, le di priesa que leyese el principio, y, haciéndolo ansí, volviendo de improviso el arábigo en castellano, dijo que decía: Historia de don Quijote de la Mancha, escrita por Cide Hamete Benengeli, historiador arábigo. Mucha discreción fue menester para disimular el contento que recebí cuando llegó a mis oídos el título del libro; y, salteándosele al sedero, compré al muchacho todos los papeles y cartapacios por medio real; que si él tuviera discreción y supiera lo que yo los deseaba, bien se pudiera prometer y llevar más de seis reales de la compra. Apartéme luego con el morisco por el claustro de la iglesia mayor, y roguéle me volviese aquellos cartapacios, todos los que trataban de don Quijote, en lengua castellana, sin quitarles ni añadirles nada, ofreciéndole la paga que él quisiese. Contentóse con dos arrobas de pasas y dos fanegas de trigo, y prometió de traducirlos bien y fielmente y con mucha brevedad. Pero yo, por facilitar más el negocio y por no dejar de la mano tan buen hallazgo, le truje

a mi casa, donde en poco más de mes y medio la tradujo toda, del mesmo modo que aquí se refiere."

Cervantes Saavedra, Miguel de, Don Quijote de la Mancha, pp. 101f.

Viertes Bild

Der Windkraftturm sieht aus wie ein Drache, erregt aber bei keinem Menschen Angst. Ein unsichtbares Monster namens Radioaktivität. *Zwei Frauen in einem alten japanischen Gemälde. Der Ort: Hiroshima.*

SANCHO PANSA: Wo sind wir angekommen?

DON QUIXOTE: In einem fremden Land blickte ich auf den Mond. Als ich ihn berührte, merkte ich, dass es ein Lampion war. Warum zünden sie schon am Tag einen Lampion an? Sie sind hier in einem Land, in dem es Tag und Nacht dunkel ist. Wir lassen das Licht brennen, um der Depression vorzubeugen. Warum scheint hier keine Sonne? Weil die Sonne gestohlen worden ist. Was für ein Monster hat die Sonne gestohlen? Wir werden den Täter finden, um die Sonne zurückzugewinnen. Oh, schau den Zwerg an, der da steht! Er hält eine Sonne in der Hand. Ist er der Dieb, der die Sonne gestohlen hat?

SANCHO PANSA: Nein, nein, das ist ein Kind, das gerade von einem Fest zurückkommt. Siehst du, das Kind hält einen Lampion in der Hand.

DON QUIXOTE: Oh, entschuldige. Ich werde den Dieb noch finden und ihn bestrafen. Du musst mir dabei helfen.

SANCHO PANSA: Was würde ich als Belohnung dafür bekommen?

DON QUIXOTE: Ich schenke dir dann eine Insel, die größte aller Inseln: Amerika. Jetzt machen wir uns auf den Weg! Jagen wir den Dieb, der die Sonne gestohlen hat.

SANCHO PANSA: Der Name der Sonne lautet Amaterasu-o-mi-kami, sie ist nicht gestohlen worden, sondern sie hat sich versteckt.

DON QUIXOTE: Warum?

SANCHO PANSA: Weil ein noch hellerer Kerl erschien. Sie wurde krank und hütete das Bett.

DON QUIXOTE: Ist das nicht zufällig jene Sonne, die über der Wüste Kaliforniens leuchtete, um die weisen alten Indianerinnen zu erschrecken? Ist das nicht die Sonne, die in Hiroshima herabstürzte oder die plötzlich über dem Pazifik aufstieg? Sie versuchte überall und immer hochzukommen, sie wollte sogar aus einem kleinen Plastikeimer hervorkriechen.

SANCHO PANSA: Ja, jene Sonne, die jeden Menschen tötet, der auf sie blickt.

DON QUIXOTE: Du meinst, dass man diese Sonne besiegen muss?

SANCHO PANSA: Ja.

DON QUIXOTE: Und ich schwöre im Namen des Ritters.

SANCHO PANSA: Wie weiter?

DON QUIXOTE: ... dass es für mich auf keinen Fall möglich ist, sie zu besiegen. Ich steige aus. Du darfst auch aufgeben.

SANCHO PANSA: Seit wann bist du so feige? So passiv, knochenlos, kopfarm und kindisch.

DON QUIXOTE: Ich habe „Don Quixote" auf Japanisch gelesen, den Hauptteil und auch den Fortsetzungsband, eine sechsbändige Ausgabe vom Iwanami-Verlag. Cervantes' Japanisch war wirklich gut, aber ich bin so erschöpft von dieser Lektüre. Jetzt habe ich keine Kraft mehr, um zu kämpfen.

SANCHO PANSA: Aber ...

DON QUIXOTE: Kriege sind Naturkatastrophen. Zum Glück passieren sie immer im Ausland und nicht bei uns. Aber ich muss kein schlechtes Gewissen haben. Die Sonne scheint auch woanders zu scheinen, und das scheint alles in Ordnung zu sein.

SANCHO PANSA: Das geht doch nicht. Ich habe eine gute Idee: Wir kämpfen mit Hilfe des Windes.

DON QUIXOTE: Zu viel Arbeit.

SANCHO PANSA: Wenn diese Erde verdorben wird, sterben die Tiere. Das geht nicht. Menschen können von mir aus aussterben.

SANCHO PANSA: Warum redest du von den Tieren?

DON QUIXOTE: Hast du vergessen, dass wir Tiere sind? Im Moment spielen wir die Rolle des Menschen, aber früher spielten wir eine andere. Die Erinnerungen reiten auf dem Rücken eines Windpferdes und kommen auf uns zu.

DON QUIXOTE: Ich bin müde. Gehen wir nach Hause.

SANCHO PANSA: Verzichten wir auf den Kampf um die Sonne? Was ist mit der Insel, die ich als Belohnung bekommen sollte?

DON QUIXOTE: Die Insel?

SANCHO PANSA: Die Insel namens Amerika. Wenn du dein Versprechen nicht sofort erfüllst, musst du Zinsen zahlen.

DON QUIXOTE: Zinsen?

SANCHO PANSA: Tu nicht so. Du weißt doch genau, was Zinsen sind.

DON QUIXOTE: Du, Lehrling des Kapitalismus, denkst nur ans Geld.

SANCHO PANSA: Klar. Du, Spinner am Spinnrad. Wenn du kein Geld hast, kannst du dir kein Futter kaufen.

DON QUIXOTE: Du bist ein Esel.

SANCHO PANSA: Ich bin zufrieden mit meinem Esel-Sein.

Während sie sich streiten, gehen sie ins Spanische über.

„Asno eres, y asno has de ser, y en asno has de parar cuando se te acabe el curso de la vida; que para mí tengo que antes llegará ella a su último término que tú caigas y des en la cuenta de que eres bestia.
Señor mío, yo confieso que para ser del todo asno no me falta más de la cola; si vuestra merced quiere ponérmela, yo la daré por bien puesta, y le serviré como jumento todos los días que me quedan de mi vida. Vuestra merced me perdone, y se duela de mi mocedad, y advierta que sé poco, y que si hablo mucho, más procede de enfermedad que de malicia; mas quien yerra y se enmienda, a Dios se encomienda.
Maravillárame yo, Sancho, si no mezclaras algún refrancico en tu coloquio. Ahora bien, yo te perdono, con que te enmiendes, y con que no te muestres de aquí adelante tan amigo de tu interés, sino que procures ensanchar el corazón, y te alientes y animes a esperar el cumplimiento de mis promesas, que, aunque se tarda, no se imposibilita."

*Cervantes Saavedra, Miguel de, Don Quijote de la Mancha, p. 774.

Fünftes Bild

Die beiden Frauen umarmen sich zärtlich

DON QUIXOTE: In Wirklichkeit wurde ich ausgetrieben.

SANCHO PANSA: Von wem?

DON QUIXOTE: Von acht Zehnteln der Dorfbewohner. Von der normalen Bevölkerung des Landes.

SANCHO PANSA: Warum denn das?

DON QUIXOTE: Weil ich das Opferblut nicht getrunken habe. Alle jungen Burschen im Dorf haben das getan.

SANCHO PANSA: *spricht als junger Mann aus dem Dorf.* Weißt du etwa nicht, was für ein Tag heute ist?

DON QUIXOTE: Heute ist der Tag des Erwachsen-Werdens. Ich komme nicht mit, wenn ihr die Nationalflagge hissen wollt.

SANCHO PANSA: Was hat die Nationalflagge damit zu tun? Heute ist der Tag, an dem wir Männer werden. Warum versteckst du dich?

DON QUIXOTE: Ich habe jeden Tag in der Bücherei gesessen, so sitze ich heute auch in der Bücherei. Selbst wenn ein Krieg ausbrechen sollte, würde ich weiter jeden Tag lesen. Wozu sollte ich eine Ausnahme machen?

SANCHO PANSA: Heute ist der Tag, an dem wir gemeinsam das Opferblut trinken. Du willst doch nicht sagen, dass du nicht mittrinkst?

DON QUIXOTE: Die jungen Männer versammeln sich, der Schweißgeruch dampft, blutige Aufregung, ah, da habt ihr das Blut der ermordeten Frau mit Campari-Soda verdünnt.

SANCHO PANSA: Willst du wirklich nicht trinken? Du bist aber ein hartnäckiger Feigling.

DON QUIXOTE: Ich trinke nur Whisky und Weizentee.

SANCHO PANSA: Wer nicht trinkt, ist kein Mensch.

DON QUIXOTE: Gerne ein Tier.

SANCHO PANSA: Wir haben beschlossen, alle freilaufenden Hunde zu kastrieren. Bist du darauf gefasst?

DON QUIXOTE: Ich werde flüchten, bevor ihr mich lyncht.

SANCHO PANSA: Was?

DON QUIXOTE: Die Männer stürmen in mein Haus. Du Verräter, wir zeigen dir, wie es geht. Wenn du davon nichts sehen willst, verlass unser Dorf auf der Stelle, nackt, ohne Gepäck. Als sie mir das sagten, hatte ich schon längst meinen Koffer gepackt und ihn vom Flughafenservice abholen lassen.

SANCHO PANSA: Lass deine Klamotten hier.

DON QUIXOTE: Gerne. Ich trenne mich gerne von solcher Dorfuniform.

SANCHO PANSA: Lass dein Mittagskästchen auch hier.

DON QUIXOTE: Ja, OK. Ich brauche es nicht. Im Flugzeug bekommt man Essen auf viereckigem Geschirr. Außerdem verhungert man nicht auf einer Reise, die man freiwillig angetreten hat. Da ich aus eigenem Willen meinen Geburtsort verlasse, könnte ich monatelang ohne Nahrung überleben. Dagegen verhungern diejenigen bald, die aus dem Haus vertrieben worden sind.

SANCHO PANSA: Was murmelst du? Ich höre dir nicht zu. Geh!

DON QUIXOTE: Ich wurde vertrieben, aber ich kann nachträglich behaupten, dass ich freiwillig gegangen bin. Eine Abreise ist immer eine nachträglich erfundene Ausrede.

SANCHO PANSA: Warten Sie, Sie armer Mensch, wir sind die Hilfsorganisation für die Wurzellosen. Sie sind bemitleidenswert. Ich weiß, Sie sind hinausgeschmissen worden und heimatlos geworden. Keine Angst, wir schützen dich. Gehen Sie hinein, das ist unser Rettungskäfig.

DON QUIXOTE: Ich habe kein Mitleid verdient.

SANCHO PANSA: Gequält, vertrieben, verletzt, verwirrt. Nun, bitte, hierher, ins Gefängnis der Heilung.

DON QUIXOTE: Lass mich allein.

SANCHO PANSA: Wer unter Magenbeschwerden oder Identitätsverlust leidet, bitte hinein!

DON QUIXOTE: Ich habe nichts verloren. Ich bin der Wanderritter, ich habe meinen Stil selbst bestimmt. Nicht wie du, der Mikro-König im eigenen Dorf! Ich kämpfe gegen das Böse in einem fremden Land.

Sechstes Bild

Eine Studentin, die gegen den Wind, der aus der Vergangenheit weht, studiert
Die Musik von Cecilie.

Liebe Lehrerin, wie geht es Ihnen? Sie werden es sicher komisch finden, dass ein alter Mensch wie ich einen Brief wie diesen schreibt, der eher von einer jungen Studentin stammen könnte. Auch ich benutze gelegentlich das Wort „alt", um mich der Gesellschaft gegenüber verständlich zu machen, aber in Wirklichkeit weiß ich nicht mehr genau, was die Jugend oder das Alter bedeuten. Die Zeit vergeht nicht, man bildet sich nur eins ein, nämlich, dass es einen Fluss der Zeit gäbe. In Wirklichkeit gibt es nur die Gegenwart. Immer nur ein Jetzt, das heißt: Egal was für ein Jetzt das ist, in dem Moment, in dem man Jetzt denkt, ist es Jetzt. Dann denkt man, „nun muss aber das Jetzt schon vorbei sein", aber dann gibt es noch ein Jetzt. Oder umgekehrt, auch wenn man fest davon überzeugt ist, dass das Jetzt noch nicht gekommen ist, ist es schon ein Jetzt. Ich wollte eine Vergangenheit besitzen, es ging aber nicht. Angenommen, alles Sichtbare gehöre zur Vergangenheit, und alles andere zur Gegenwart. Was ist aber das Sichtbare? Ich öffne jeden Morgen das einzige Fenster meiner Wohnung und sehe, wie sich Berge von kaputten Waschmaschinen und Autos bis zum Horizont aneinanderreihen. Weil die Miete gering ist, wohne ich seit einer Woche in der Nähe der Insel, die wegen der Sperrmüll-verarbeitungsanlage berühmt geworden ist. Wer hier wohnt, kann sich nicht begeistern lassen von einer Redensart wie: „Die Wirtschaft des Landes wieder auf die Beine stellen!" oder „Arbeiten und die Familie ernähren!" Je mehr Schweiß ich in einer Fabrik verliere, und je mehr Waren ich verkaufe, desto mehr Müll produziere ich. Der Müll vermehrt sich, die Menschen sterben, mehr passiert nicht im Leben. Die Leichen und die Kadaver wären besser als dieser Müll. Sie werden wenigstens zu Dünger. Es gelingt einer Leiche, die verschwinden kann, sich in einen Teil der Gegenwart zu verwandeln. Aber diese Müllprodukte gestalten die Vergangenheit, schon bevor sie weggeworfen werden oder bevor sie überhaupt produziert werden.

Alles Sichtbare ist unerträglich. Um mit dem Sichtbaren zusammenleben zu können, muss ich studieren. Ja, ich muss damit zusammenleben, ich kann es nicht wegwerfen, denn es ist Müll, es ist schon weggeworfen worden. Sie wundern sich jetzt wahrscheinlich, weil ausgerechnet ich, die eine schlechte Schülerin war, so etwas sage. Ich lerne, um nicht zu ersticken. Um mehr lernen zu können, schlafe ich weniger. Ehrlich gesagt, ist es für mich nicht mehr möglich, lange zu schlafen, selbst wenn ich schlafen will. Nicht weil ich keine Zeit zum Schlafen hätte. Nicht weil ich krank wäre. Sondern weil ich durch das Lesen in ein Windrad hineingesogen wurde. Es gibt den Ausdruck: So fleißig lernen, dass man am liebsten nicht mehr schlafen will. Es geht gar nicht um die Verteilung der Zeit, sondern der Mechanismus des Lernens und der des Schlafes schließen sich gegenseitig aus. Vielleicht finden die beiden Tätigkeiten genau an derselben Stelle im Kopf statt. Ich gehöre zu den Menschen, die bis zum Tode lernen und beim Sterben – wenn sie nach dem letzten Wunsch gefragt werden – antworten: Ich will schlafen. Dieses Leben ähnelt einer Reise, bei der ich weiß, ich werde zu spät ankommen. Ich werde weder eine Unterkunft noch eine Heimat haben. Meine Herberge ist die Buchseite, die ich in einer Bibliothek aufgeschlagen habe. Unter den Sternen auf dem Balkon studieren – es mag romantisch klingen, aber das bedeutet bloß, dass ich nicht in einer Wohnung sitzen kann. Ich habe mich nicht mit diesem Wohnen versöhnt, obwohl ich eine Wohnung habe. Ich bin überflüssig. Aus irgend einem Grund entwickelt sich jeder Brief von mir zu einem Testament, aber glauben Sie mir, ich habe gar keine Absicht zu sterben. Dieser Brief ist ein Manifest, in dem ich einfach sage, ich werde lernen, ich werde lesen, und das Lesen ist das Gegenteil vom Sterben.

Siebtes Bild

Durch das Reden den Tod aufschieben?
Eine Frau hilft einer anderen beim Sich-Zurecht-Machen.
Die Vorbereitung für einen Tanz

DON QUIXOTE: Der Feind sah mich an und schrie „Losschießen!“, sie spannten den Bogen, es regnete Pfeile, ich kroch ruhig, kroch unter den umherfliegenden Pfeilen durch, sprang über die hochfliegenden Pfeile, und wenn ein Pfeil von vorne kam, schlug ich ihn mit meinem Schwert entzwei.

SANCHO PANSA: *lacht.*

DON QUIXOTE: Die Feinde zählten Millionen, ich war allein. Ich erledigte einen nach dem anderen, sie starben einer nach dem anderen und so weiter.

SANCHO PANSA: *lacht.*

DON QUIXOTE: Ah, meine Leistungen waren enorm. Ich war mutig, großartig, ich tötete und tötete.

SANCHO PANSA: Ich habe Nase und Ohren voll von deinen Kriegsgeschichten.

DON QUIXOTE: Bitte lass mich weitererzählen, sonst kann ich nicht atmen.

SANCHO PANSA: Das ist alles Belästigung für meine Ohren.

DON QUIXOTE: Entschuldige, dass ich geboren bin.

SANCHO PANSA: Wer von der Geburt betroffen ist, sollte von der Unfallversicherung Geld bekommen.

DON QUIXOTE: Ein Abenteuer ohne Belästigung ist kein Abenteuer. Mein Publikum war sofort von mir entsetzt, einige von ihnen haben bereits angefangen, sich zu erbrechen, um so munterer erzähle ich weiter.

SANCHO PANSA: Wann bist du mit deiner Angeberei endlich fertig!

DON QUIXOTE: Ich kann nicht erzählen, wenn ich ans Ende denke.

SANCHO PANSA: Es ist unökonomisch, zu lang zu erzählen. Es wurde mir bei der Prüfung gesagt: Der Text sollte nicht mehr als 120 Zeichen enthalten.

DON QUIXOTE: Für wen ökonomisch sein? Ich lasse mir nicht von jemandem die Anzahl der Buchstaben vorschreiben, da ich bald sterben muss.

SANCHO PANSA: Was?

DON QUIXOTE: Eine lange Geschichte braucht viel Zeit. Man stirbt nicht, bis man sie fertig erzählt hat. Also werde ich nie aufhören, zu erzählen.

SANCHO PANSA: Was!?

DON QUIXOTE: An dem Tag ging ich einen Freund besuchen, der gerade umgezogen war. Es war mein erster Besuch in dieser Stadt. Es gibt dort nichts Besonderes außer einem Atomkraftwerk. Daher ist ein Grundstück dort billig. Ich ging zum ersten Mal im Leben dorthin. Warum an diesem Tag? Es war ein Zufall. In dem Augenblick spürte ich nichts, später erfuhr ich aus dem Fernsehen, was passiert war. Der Bildschirm des Fernsehers flimmerte, mein Kopf wurde leer, meine Knie zitterten. Ich rief das nächste Krankenhaus an, da sagte man mir, man wüsste von nichts.

SANCHO PANSA: Warum du und nicht jemand anders?

DON QUIXOTE: Nicht ich, sondern du könntest genauso gut das Los gezogen haben. Es ist nicht wichtig, wer jetzt stirbt, denn jeder stirbt mindestens einmal im Leben.

SANCHO PANSA: Um wieviel Uhr ist der Unfall passiert?

DON QUIXOTE: *plötzlich heiter.* Ach, das war aber nicht die Geschichte, die ich dir erzählen wollte. Entschuldige die Verwirrung in meiner Stromleitung! Ich wollte doch von Don Quixote erzählen, von seinen Abenteuern.

SANCHO PANSA: Wie?

DON QUIXOTE: Auf jeden Fall wollte ich eine Reise machen und den eigenen Herzschlag hören.

SANCHO PANSA: Losfahren …

DON QUIXOTE: Über den Ozean …

SANCHO PANSA: Mit Schwung dein Indien entdecken, berauscht vom Opium, das ist der Spruch eines Reisebüros.

DON QUIXOTE: Die Reise verlief aber nicht so, wie ich es mir vorgestellt hatte. Ich wollte nach Indien fahren, dabei entdeckte ich aber versehentlich Amerika.

SANCHO PANSA: Das war dein persönlicher Fehler. Warum bist du nicht andersherum gefahren?

DON QUIXOTE: Eine Schifffahrt nimmt keine Reue mit.

SANCHO PANSA: Was sollen wir tun?

DON QUIXOTE: Was ich entdeckte, wurde mir zur Last.

SANCHO PANSA: Verbesserung der Natur, Kürzung der Rassen, Erektion der Fabriken, Zucht des Militärs, Rationalisierung der angestellten Persönlichkeit, Kreuzung der Konzerne; all diese Begriffe kommen haufig in Prüfungen vor.

DON QUIXOTE: Schon als junger Mensch habe ich geträumt und bin losgefahren. Diese neuen Prüfungen im Heimatland sind zu fremd für mich, ich kann sie nicht begreifen. Ich war zu früh reif …

SANCHO PANSA: Deshalb bist du altmodisch geblieben.

DON QUIXOTE: Ich hatte nicht einmal ein Feld.

SANCHO PANSA: Das entdeckte Land entwickelt sich schneller als der Entdecker.

DON QUIXOTE: Das Traumland hätte ein Traum bleiben sollen, aber es entwickelte sich zu einem Büroangestellten.

SANCHO PANSA: Es stinkt ein bisschen.

DON QUIXOTE: Das ist die Trauminsel. Man muss den Geruch aushalten.

SANCHO PANSA: Das Versprechen, dass ich als Belohnung eine Insel bekomme, war scheinbar ernst gemeint.

DON QUIXOTE: Ach, jene Insel. Die kriegst du. Ich kann nichts mit Inseln anfangen.

SANCHO PANSA: Wie abscheulich ist es, dass man Inseln hin- und herschenkt! Ist eine Insel etwas, das man jemandem schenkt oder von jemandem zurückerobert?

DON QUIXOTE: Das Leben auf dieser Insel ist für mich zu modern, ich komme nicht mit. Ich habe Sehnsucht nach alten Freunden. Als ich aus dem Krankenhaus entlassen wurde und in mein Dorf zurückkam, erkannte ich dort keinen Menschen mehr. Ich ähnelte jener Märchenfigur, die hundert Jahre lang im Meerespalast lebte und dann nach Hause zurückkehrte. Ich verstehe die jungen Menschen von heute nicht, zu meinem Klassentreffen lade ich lieber alte Freunde ein wie zum Beispiel die Drachen oder die Saurier.

SANCHO PANSA: Halt! Willst du wirklich ein Klassentreffen organisieren anstatt eine Weltreise zu machen?

DON QUIXOTE: Ich bin müde. Nicht etwa weil ich viel gearbeitet hätte, nein. Meine Fleischzellen wurden zufällig von den Aktivitäten verstrahlt. Ich werde müde, selbst wenn ich gar nicht arbeite.

SANCHO PANSA: Ich werde nie müde.

DON QUIXOTE: Das nützt dir nichts. Auch dir wird eines Tages das Leben zufällig von einem Taschendieb gestohlen werden, in einer S-Bahn vielleicht. Du ziehst das große Los, das Los namens Krebs. Das musst nicht du sein, aber zufällig bist du es, mit Sicherheit bist du es.

SANCHO PANSA: Mir macht das nichts aus, denn ich bin ich.

DON QUIXOTE: Du bist du in deiner Austauschbarkeit. Es ist ein Zufall, dass du stirbst, genauso ist es ein Zufall, dass jemand anders stirbt. Man kann nicht wissen, wo etwas explodiert, vergiftet oder verstrahlt wird.

Als die Toilette zu Ende ist, sieht die Dienerin genauso aus wie die Herrin.

Achtes Bild

Zwei Mal Sancho Pansa.
Frauen aus Tahiti. Ein Ort, der nicht hier ist

SANCHO PANSA: Meine Füße …

DON QUIXOTE: Wie bitte?

SANCHO PANSA: Meine Füße sind groß.

DON QUIXOTE: Wie?

SANCHO PANSA: Frauenfüße sind groß.

DON QUIXOTE: Selbst wenn sie mit den Füßen fest auf dem Boden stehen sollten …

SANCHO PANSA … werden sie manchmal krank.

DON QUIXOTE: Weil die Erde auch verstrahlt ist.

SANCHO PANSA: Ich bin eigentlich gut zu Fuß.

DON QUIXOTE: Du kannst nicht zu Fuß fliehen.

SANCHO PANSA: Es gibt keinen Fluchtort.

DON QUIXOTE: Dort, wo ich hingehe, wird es mein Zuhause.

SANCHO PANSA: Ich war früher Sancho Pansa.

DON QUIXOTE: Ich war früher auch Sancho Pansa.

SANCHO PANSA: Die Ehefrau verlässt ihre Tochter und geht auf Reisen.

DON QUIXOTE: Ich bin die Ehefrau, ich bin die Tochter. Wen soll ich verlassen?

SANCHO PANSA: Schau, auch hier siehst du einen Sonnenfleck.

DON QUIXOTE: Durch das Gift der verflüssigten Sonne …

SANCHO PANSA: … werden wir getötet.

DON QUIXOTE: Es sickert langsam in meinen Körper ein.

SANCHO PANSA: Auch idyllisch aussehende Dinge sind verfault.

DON QUIXOTE: Klebrig.

SANCHO PANSA: Verschmutzt.

DON QUIXOTE: Die Verschmutzung heißt nicht, dass es schmutzig ist, sondern dass man Giftpulver verstreut, um das Schmutzige zu vernichten.

SANCHO PANSA: Eine hygienische Diskriminierung. Was schmutzig ist, darf man töten.

DON QUIXOTE: Desinfektionslösung gegen Fliegen, gegen Zecken.

SANCHO PANSA: Ich bin eine Fliege, ich bin eine Zecke.

DON QUIXOTE: Weil ich viel Konservierungsmittel gegessen habe, wird mein Fleisch nie verfaulen, ich werde nie sterben.

SANCHO PANSA: Wir werden in Formalin verewigt sein wie siamesische Zwillinge.

DON QUIXOTE: Ich kann nicht mehr aufstehen.

SANCHO PANSA: Ich kann nicht mehr sterben.

DON QUIXOTE: Ich will auf die andere Seite fliehen.

SANCHO PANSA: Über die Pyrenäen.

DON QUIXOTE: Nach Spanien.

SANCHO PANSA: Wenn der Tod schon geraubt ist, gibt es kein Jenseits mehr.

DON QUIXOTE: *verwandelt sich plötzlich in einen Soldaten der Grenzschutztruppe.* Sie müssen sterben.

SANCHO PANSA: Was? Ich? Warum ich?

DON QUIXOTE: Es müssen nicht Sie sein, aber Sie sind im Moment der Einzige, der über die Grenze zu gehen versucht. Deshalb müssen Sie sterben.

SANCHO PANSA: Mein Name ist …

DON QUIXOTE: Ihr Name ist der Tote von heute.

SANCHO PANSA: Aber meine Freunde sind gestern über die Grenze gegangen und befinden sich jetzt in Spanien.

DON QUIXOTE: Gestern ist gestern.

SANCHO PANSA: Was ist mit morgen?

DON QUIXOTE: Morgen ist morgen. Ein Mensch, der sich sinnlos in den Tag namens Heute hineinverirrt, muss sterben.

SANCHO PANSA: Warum ich? Ich bin eines Todes nicht wert, denn ich bin kein Held, sondern ein Diener, der nie stirbt.

DON QUIXOTE: Diener oder Adel, das spielt hier keine Rolle mehr. Ausländer sind Ausländer.

SANCHO PANSA: Das kann man nicht sagen. Hören Sie zu, was ich Ihnen sage.

DON QUIXOTE: Ich will nicht hören, was sich jemand in seinem Kopf ausgedacht hat. Mit dem Mord ist alles erledigt.

SANCHO PANSA: Aber warum?

DON QUIXOTE: Alle Ausländer, die über die Grenze gehen wollen, werden getötet.

SANCHO PANSA: Ich bin kein Ausländer.

DON QUIXOTE: Das kann nicht sein. Jeder Mensch ist im Ausland Ausländer. Daher kann sich keiner wundern, wenn er umgebracht wird. Die Stunde des Mordes, das ist die Bedeutung des Wortes „Heute".

Neuntes Bild

Die Nacht der Tanzenden, die den Ozean nicht überqueren und am Strand bleiben.

Die beiden tanzen, in ihrem Rücken der Atlantik

Es ist nicht möglich, sich auf eine große Reise zu begeben oder unterwegs Feinde zu besiegen, um Verdienste zu erwerben. So bleiben sie am Ort und tanzen. In einer Bibliothek herumlaufen und nachdenken. Lesender Tanz wehrt sich gegen den Schatten des Mörders. In einem Tanz verwandeln sich die Buchstaben in Körper, und die Körper wecken die Lust am Lesen, als wären sie selber Buchstaben.

Ende

SCHWARZEIS

Ein Monolog.

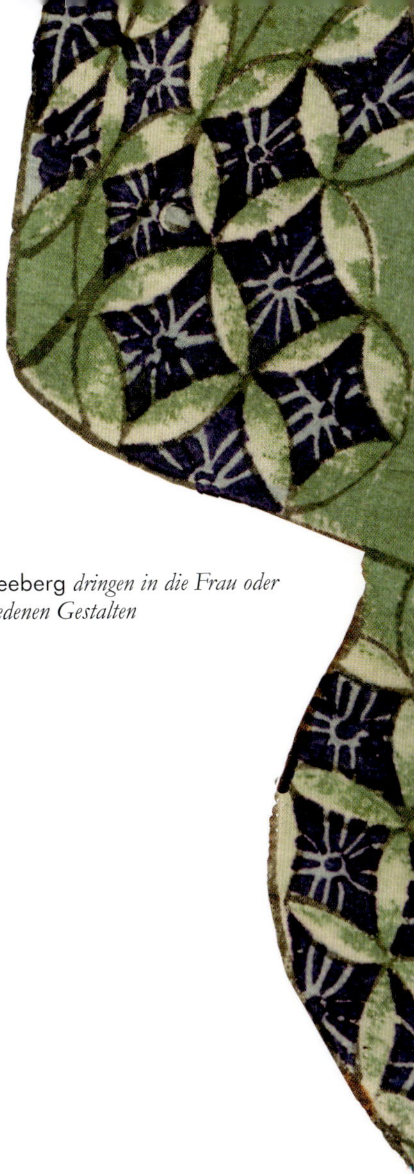

Vier Stimmen in einer Frau:

1 Reisende Augen
2 Terminkalender
3 Biografie
4 Geisterstimmen aus dem Schneeberg *dringen in die Frau oder erscheinen in ihrer Umwelt mit verschiedenen Gestalten*

1: Schwellen, Schwellen, sie huschen vorbei; ab und zu eine Schranke mit einem Andreaskreuz; eine weiß beleuchtete Tankstelle und ein Stück Straße davor; dumpfe Konturen der Fabriken und Wohnhäuser …

3: Ich habe Durst. Wo ist der Speisewagen?

2: Sicher noch einige Wagen weiter.

1: Eine Schaltstelle zwischen zwei Wagen.

3: Dort wird es mir immer schwindlig.

1: Der Boden besteht aus zwei Metallplatten, die aufeinandergelegt sind. Sie verschieben sich ständig und reiben aneinander, daher dieses schmerzhafte Knirschen bei jeder Kurve.

3: Mein linkes Bein steht auf der einen Platte und das rechte Bein auf der anderen.

4: Das rechte Bein dreht sich nach innen, während das linke zuerst in derselben Stellung bleibt. Dann wird auch das linke Bein langsam nach innen gedreht, das rechte aber sofort in die alte Stellung zurückgebracht. Und dann wird das linke noch weiter nach innen gedreht.

3: Geh weiter, der nächste Wagen sieht heller aus.

2: Der nächste Wagen sieht immer heller aus. Das ist eine optische Täuschung.

3: Warum gehe ich eigentlich nicht weiter?

4: Ich stehe gerne auf einer Schaltstelle. Diese Lücken, …

1: … durch die ich den vereisten Boden sehe.

3: Warum bleibe ich immer an der Kupplung stehen?

4: Erinnert mich das Wort „Kupplung" an etwas Wichtiges?

3: Nein.

2: Da ist schon die Bar des Speisewagens.

3: Ich bestellte mir dort ein Glas Rotwein.

1: Ein Ehepaar mit silbernen Haaren, zwei schweigsame Jungen mit Hiphop-T-Shirts, drei Frauen in der Plauderflamme, ein einsamer Raucher.

3: Als ich das zweite Glas bestellte, betrat ein Mann mit einem roten Hemd die Bar. Er stellte sich neben mich und fragte, wo ich hinfahre. Ich erzählte ihm, dass ich ins Alpenland fahre.

4 (MANN): Skiurlaub?

3: Nein, ich habe in einem Kurort etwas zu tun.

4 (MANN): Willst du in einem Hotel arbeiten?

3: Nein. Ich bin sozusagen die Botin einer Marquise. Ich muss in einem Antiquitätengeschäft etwas für sie besorgen. Dafür bezahlt sie mir die Reise.

4 (MANN): Eine Marquise? Gibt es so etwas heute noch?

3: Ja, die Familie väterlicherseits, die aus Frankreich stammt, trug diesen Titel. Ihre Großeltern lebten noch in Indochina, ihre Eltern kamen kurz vor dem zweiten Weltkrieg zurück nach Europa, und sie ist in Marseille geboren. Aber nicht deshalb nennen wir sie Marquise, sondern weil sie immer ein Computerspiel spielt, das „Marquise" heißt.

4 (MANN): Ein Computerspiel?

3: Man sieht es ihr nicht an, dass sie so etwas liebt. Aber tatsächlich spielt sie immer, wenn sie Zeit hat.

4 (MANN): Wie alt ist sie?

3: Ich weiß es nicht. Ihr Sohn soll älter sein als ich.

4 (MANN): Nimmst du oft solche Aufträge an?

3: Nein, eigentlich nur für die Marquise. So bin ich in den letzten Jahren überhaupt dazu gekommen, Urlaub zu machen. Ich studiere nämlich noch an der Uni und habe kein Geld, um zu verreisen.

4 (MANN): Machst du's gerne? Ich meine, die Reise für deine Marquise?

3: Ich war gerne in Paris, sehr gerne in Mailand oder auch in London. Aber dieses Mal bin ich nicht sicher, ob ich gerne fahre.

4 (MANN): Warum nicht?

3: Ich mag keine schattigen Täler.

4 (MANN): Und warum fährst du trotzdem? Kannst du nicht zu der Marquise „nein" sagen?

3: Doch.

4 (MANN): Kennst du das Computerspiel „Täler der Feen"?

3: Nein.

4 (MANN): Das solltest du aber.

3: Und wie geht dieses Spiel?

4 (MANN): Wenn du eine Fee bist, legst du deine Körperteile in viele kleine Kästchen hinein und handelst mit einer Hexe.

3: Ein Tauschgeschäft?

4 (MANN): Ja. Aber du tauschst blind. Du kannst nicht sehen, was du zum Tausch anbietest. Wenn du Glück hast, gibst du ihr etwas, was du selbst für das Abenteuer nicht brauchst - zum Beispiel die Haare oder die Vagina oder so etwas - und bekommst dafür eine Landkarte oder ein Messer.

3: Und wenn ich versehentlich meine Fersen hergegeben habe?

4 (MANN): Dann kannst du nicht vor einem Biest weglaufen.

3: Was soll ich dann machen?

4 (MANN): Zum Beispiel das Biest erschießen. Wenn du ein Maschinengewehr hast. Oder wegfliegen. Mit einem Hubschrauber.

3: Ich würde mich wahrscheinlich einfach auffressen lassen.

4 (MANN): Dann brauchst du das Spiel gar nicht erst zu spielen.

3: Bekommt man irgendwann alle Körperteile wieder zurück?

4 (MANN): Wenn du eine Beute hast, gehst du zu dem Hexenschalter und gibst sie ab. Dafür bekommst du deine Sachen Stück für Stück wieder.

3: Es ist ein dummes Spiel. Ich muss jetzt bezahlen und schlafen gehen.

1: Ich schaute auf die Uhr.

2: Es war zwölf Uhr.

3: Der junge Mann sagte, er fahre in dieselbe Richtung wie ich. Er wisse aber noch nicht genau, welche Orte er besuchen werde. Es sei nicht seine Art, im voraus ein genaues Reiseziel festzulegen. Gute Nacht, sagte ich kurz …

4: … und sehr trocken.

3: Ich ging zurück in mein Abteil.

1: Das Licht an der Decke war schon ausgeschaltet. Ich sah drei schlafende Damenschatten. Ich stieg auf das Hochbett und schloss die Augen.

3: Ich bin sofort eingeschlafen.

4: Ein Gefühl, als würde der Körper immer höher steigen …

3: … und doch wachte ich bald wieder auf. Es klopfte an die Wand.

4: Der Rabe der Nacht, der Rabe des Todes.

3: Ich dachte nicht, dass es ein Rabe sei, sondern ein Reisekoffer. Neben unserem Abteil gab es einen Gepäckraum. Ich stand auf, zog mir mühsam wieder die schweren Schneestiefel an und ging zum Schaffner.

2: Entschuldigen Sie, könnten Sie bitte die Koffer im Gepäckraum wieder richtig hinstellen? Einer wackelt hin und her und klopft an die Wand neben meinem Bett.

1: Ich sah den Schaffner lächelnd von seinem Stuhl aufstehen. Seine Uniform war glatt gebügelt, seine Haare waren ordentlich gekämmt, und seine junge Wangen waren aus Porzellan.

2: Er raucht nicht, er trinkt nicht, er schläft nicht. Die Nacht ist seine Dienstzeit.

1: In seinem Gesicht schimmerte kurz Neugierde, Lust …

4 (SCHAFFNER): So, jetzt wird es in Ihrem Abteil ruhig sein.

3: Ich bedankte mich nicht. Stattdessen nahm ich seine linke Hand und streichelte sie.

4 (SCHAFFNER): Lassen Sie!

3: Sie spielen Cello. Ich sehe es an Ihren Fingern.

4 (SCHAFFNER): Das ist eine Unterstellung. Ich spiele kein Musikinstrument. Ich bin unmusikalisch.

3: Sie spielen kein Instrument? Warum begehrt die Marquise Sie dann mehr als mich?

4 (SCHAFFNER): Wer ist die Marquise? Ich glaube, Sie träumen noch.

3: Ich werde mich in eurem Schlafzimmer aufhängen.

4 (SCHAFFNER): Nun reicht es aber. Alle mondsüchtigen Fahrgäste werden höflich gebeten, sofort ins Bett zu gehen!

3: Ich mache, was ich will.

4 (SCHAFFNER): Ja, das sollten Sie unbedingt.

3: Ich öffnete die Zugtür nach draußen. Der sandige Schneesturm wehte herein.

4 (SCHAFFNER): Was machen Sie da!?

3: Ich springe hinaus.

4 (SCHAFFNER): Machen Sie's nicht!

3: Er stürzte sich auf mich, um mich aufzuhalten. In diesem Moment drehte ich mich um und stieß meine unsichtbaren Geweihe gegen seine Knie. Das hatte ich in einem Selbstverteidigungskurs gelernt. Er rollte über meinem Rücken durch die offene Tür in die Nacht hinaus.

2: Dann schloss ich die Tür zu, ging zurück in mein Schlafabteil und blickte auf meine Armbanduhr. Es war erst zwei Uhr.

1: Diese dreiste Decke des Schlafwagens! Sie nimmt mir den Sternenhimmel weg.

3: Ich wollte ihn eigentlich nicht umbringen, ich wollte nur seine Cellistenfinger abschneiden, um sie in ein Kästchen hineinzulegen und der Marquise zu schenken.

4: Aber nachträglich fand ich doch viel hübscher, was ich getan habe.

1: Die Gardinen am Fenster sehen etwas verwaschen und knittrig aus.

3: Anstelle einer nächtlichen Landschaft habe ich immer diesen Lappen vor der Nase.

4: Jede Gardine ist eine Zumutung.

2: Es ist drei Uhr.

3: Warum schickt mich die Marquise in die Täler? Sie weiß doch, dass ich Täler hasse. Will sie ausprobieren, wie weit ihre Macht reicht?

2: Es ist vier Uhr.

3: Ich habe keine Lust, noch länger in diesem Kasten zu liegen. Wann kommt endlich die Morgenstunde?

2: Um sechs Uhr dreißig.

3: Ich habe ein Verlangen nach Erdbeermarmelade. Seltsam. Zu Hause frühstücke ich nie. Warum bekomme ich ausgerechnet auf diesen rollenden Rädern Heißhunger?

2: Eine Stunde vor der Ankunft wird das Frühstück vom Schaffner serviert.

4 (SCHAFFNER): Guten Morgen.

1: Der Schaffner steht vor dem Abteil. Sein Gesicht sieht ein bisschen anders aus als gestern. Als wäre er tatsächlich einmal gestorben.

3: Guten Morgen.

4 (SCHAFFNER): Hier sind Ihr Reisepass und die Fahrkarte.

2: Wenn man den Reisepass zurückbekommt, ist man wieder ein legaler Mensch.

4: Aber nur im weitesten Sinne.

2: Irgendwas stimmt nicht mit meinem Pass. Mein Passfoto!

1: Das ist nicht das Foto vom gestern.

3: Also so was! Mein Passfoto ist umgetauscht worden.

1: Das bin aber auch ich, es ist bloß ein anderes Foto von mir.

2: Das macht nichts. Das ist auch mein Gesicht. Ich komme mit diesem Pass überall durch.

3: Wie ist das aber passiert? Vielleicht brauche ich tatsächlich eine Brille.

2: Und jetzt umsteigen. In fünfundzwanzig Minuten fährt der Zug ab, den ich nehmen muss.

3: Es gibt hier sicher ein Bahnhofscáfe. Es duftet nach frischen Croissants und Kaffeebohnen.

1: Eine Dame mit einer gefälschten Krokodilledertasche frühstückt, ein Dienstreisender frühstückt, ein Skiläufer frühstückt, ein erkälteter Bankangestellter frühstückt hustend, ein langhaariges Mädchen frühstückt mit ihrem Vater, ein Krimileser frühstückt. Nur einer trinkt Bier und raucht: mein Schaffner. Er hat jetzt Feierabend.

2: Irgendwie passt das nicht zu seinem braven Gesicht, dass er morgens mit einem riesigen Bierglas dasitzt.

3: Ich lächle ihn an, aber anscheinend erkennt er mich nicht wieder. Er sagt:

4 (SCHAFFNER): Glotz mich nicht so an!

1: Seine Uniform sieht jetzt schmutzig aus. Sein unrasiertes Gesicht wirkt grob. Seine Lippen sind weiß vom Bierschaum, sie ziehen schweigend den Rauch nach innen.

4: Die Moral ist eine Frage der Zeit. Warum soll man nicht morgens trinken?

2: Die Moral ist eine Vorform der Wirtschaft.

3: Man darf auch etwas stehlen, wenn es zur richtigen Zeit passiert. Diesen Teelöffel zum Beispiel.

2: Er ist aus falscher Silber.

4: Man kann auch jemanden umbringen, wenn ...

3: Warum bist du immer noch hier?

4: Töte mich noch einmal. Das wäre ein großes Vergnügen für mich.

3: Wie war dein Name?

4: Wahrscheinlich kannst du dich nicht daran erinnern. Dafür fährst du jetzt aber in mein Gebiet: in den Schneeberg.

3: Aber du redest aus meinem Mund. Also du bist nicht irgendwer.

4: Fahr einfach weiter.

3: Ich habe wirklich keine große Lust weiterzufahren.

2: Und jetzt zum Bahnsteig elf.

1: Aus dem Zugfenster sehe ich Plakate und Graffiti. Am Ende der Stadt beginnt das Wasser. Da geht einer spazieren.

3: Seltsam, dass ein Spaziergänger nie daran denkt, wie er von einem Zug aus beobachtet wird.

4: Ich werde auch spazierengehen.

3: Spazierengehen und dabei die Marquise verfluchen? Wie erholsam. Das wird meine Beschäftigung in dieser Woche sein.

1: Ich sehe durch das Zugfenster ein einsames Springbrett.

4: Ein Schwimmer ist hier im vorigen Sommer ertrunken. Im nächsten Sommer wird er wieder von derselben Stelle ins Wasser springen.

1: Die schwarzen Wasservögel sind wie Noten zwischen die Wellen verteilt.

3: Ich kann mir nicht mehr vorstellen, dass ich mich gestern ganz woanders befand. Wie kann ich hier sein, wenn ich dort war?

2: Wie bitte? Was kann ich mir nicht vorstellen?

4: Ich kann mir nicht vorstellen, dass das ein Zufall war. Ich betrat das Wohnzimmer der Marquise, pünktlich zur verabredeten Zeit, da saß der Cellist allein auf dem Sofa.

2: Er wollte bloß kurz was abholen.

4: Was wollte er abholen? Er saß da nackt.

3: Die Marquise war früher eine Hobbyfotografin.

2: Sie stand in der Küche und kochte. Sie kocht sonst nie, sie weiß nicht einmal, wie man ein Spiegelei macht.

4: Ein Hauskonzert: Sie trug ein Abendkleid aus Samt und saß im Rollstuhl. Davor saß der junge Cellist, unbekleidet, und spielte.

3: Alles, was ich nicht gesehen habe, sitzt tiefer in meiner Erinnerung.

4: Ich habe das aber alles mit eigenen Augen gesehen. Die Marquise wollte mir zeigen, dass …

2: Ach, bei ihr ist alles möglich. Selbst wenn ihre Teekanne schwanger wäre, würde mich das nicht wundern.

4: Die Marquise hat mich manchmal wegen Kleinigkeiten ausgelacht. Sie meinte einmal, meine Handschrift sei unmöglich groß, nur kleine Kinder würden so groß schreiben. Dann hat sie dem Cellisten den Brief gezeigt, den ich ihr zum Geburtstag geschrieben hatte, und beide haben zusammen über meine Schrift gelacht.

3: Das glaube ich nicht.

2: Genau, das kann gar nicht sein. Es ist eine narzisstische Zeitverschwendung, über eine eingebildete Wunde nachzudenken.

4: Nachts im Bett, aber auch am hellen Tag auf einem Bahnhof kann ich Böses über die Marquise denken. Diese Gedanken sind meine Schätze, sie gehören mir allein.

2: Leider habe ich aber keine Zeit für solche Gedanken. Der Fahrplan ist meine Ästhetik.

4: Ach, sei nicht so. Hast du etwa Angst vor einer Überschwemmung?

2: Und jetzt schnell umsteigen. Zum Gleis zehn.

4: Da geht der Mann, den ich gestern in der Bar kennengelernt habe.

3: Er scheint auch zum Gleis zehn zu gehen. Ich möchte nicht mit ihm fahren.

4: Warum nicht?

3: Er sieht aus wie mein Cellist.

4: Genau, er sieht genauso aus wie der Cellist. Deshalb muss er gelöscht werden. Ignorieren reicht nicht.

2: Und jetzt schnell einsteigen, egal in welchen Wagen, denn es gibt nur gemischte Abteilungen.

3: Frauen und Männer gemischt?

2: Nein, Raucher und Nichtraucher.

4: Ach, ja.

1: Zacken der Berge wachsen in die Höhe, ihre Gesteine sind stufenweise koloriert.

2: Und jetzt noch einmal umsteigen. Gleis neun. Leider muss man vor der Sperre eine neue Fahrkarte lösen.

4: Eine Fahrt auf dem Berg muss man teuer bezahlen.

2: So teuer ist es nun auch wieder nicht. Außerdem habe ich von der Marquise genug Fahrgeld bekommen.

1: Auf der schneeweißen Haut der Gebirge sehe ich eine nackte Stelle, rötliche Felsen entblößen sich, wie eine Wunde mit ausgetrocknetem Blut.

3: Es prickelt bei mir.

4: Abkratzen mit langen Fingernägeln.

3: Sonst ist alles friedlich hier. Solange die Sonne scheint, sieht die Landschaft aus wie eine Postkarte. Das macht alles etwas erträglicher.

4: Du täuschst dich.

3: Eine Postkartenlandschaft strahlt freundliche Grüße aus. An meinen Onkel schreibe ich immer Postkarten aus jedem Urlaub, weil ich ihm nichts zu sagen habe.

2: Wegen der Erbschaft wird die Verbindung warmgehalten, lauwarm.

1: Da kommt ein Getränkeverkäufer, er hat auch Postkarten dabei.

4: Ich werde eine Postkarte kaufen und der Marquise schreiben, dass ich am liebsten mit dem Schatzkästchen in das tiefste Tal stürzen möchte.

3: Oh, das wäre eine typische Grußkarte aus einem Urlaub.

4: Oder ich werde der Marquise schreiben, dass sie in dem Kästchen drei Finger des Cellisten finden wird.

3: Was für ein Unsinn.

1: Die wirklichen Berge sehen viel fotografierter aus als die Fotos auf den Postkarten.

3: Die Marquise besitzt viele vergilbte Fotos von ihren Eltern. Einige hat sie mir schon gezeigt. Möbel und Kleidung aus Indochina -

die sahen auf den Fotos so unwirklich aus. Nur die veränderten Farben des Fotos und das bröcklige Papier, nur das Altern der Fotos kam mir real vor.

4: Im nächsten Sommer fahren wir zusammen auf dem Pazifik, sagt die Marquise manchmal zu mir – mit dem Luxuspassagierschiff „Penelope". Ich freue mich jedes Mal über dieses Wort, als wäre es eine Liebeserklärung. Dabei will ich gar nicht mit der Marquise verreisen. Es wäre sicher auch keine lustige Reise, denn sie sagt mir manchmal, sie will nirgendwo anders sterben als auf dem Pazifik.

3: Es gibt kein größeres Zeichen von Vertrauen, als jemand auf die Sterbereise mitnehmen zu wollen.

4: Sie soll mit ihrem Cellisten fahren. Ich glaube nicht, dass sie das ernst meint. Sie will mir eine Hoffnung machen, die ich gar nicht haben will, damit sie mich später enttäuschen kann.

3: Nur der Pazifik kann die Vorstellung der Ferne vermitteln, sagt sie. Und sie will beim Sterben in die Ferne fahren anstatt in der Erde begraben zu werden. Ein horizontaler Tod.

4: Will sie mich wirklich mitnehmen?

3: Nein, das kann nicht sein. Sie sagt das nur. Es gibt für mich nichts schrecklicheres als ihre Pazifiklüge.

4: Manchmal wünsche ich mir, dass sie …

2: Das wäre zu viel Investition, jemandem den Tod zu wünschen. Und eine sinnlose Investition ist ein Zeichen für faulen Narzissmus.

4: Warum wollte sie mir nicht verraten, wem sie das Kästchen schenken will? Ich besorge ihr immer wieder neue Geschenke, aber sie sind weder von mir für sie noch von ihr für mich. Ich bekomme von ihr immer nur Geld.

2: Ich wollte natürlich Geld haben.

3: Genau. Insofern ist alles in Ordnung.

4: Ich weiß nicht, was sie von mir will.

2: Sicher nichts besonders. Jeder Mensch ist ein Legostein im Leben eines anderen. Mehr nicht.

4: Sie wartet zitternd auf meine Rückkehr.

3: Denkt sie etwa, dass ich nie wieder zurückkomme?

4: Vielleicht denkt sie, dass mir ein Unglück zustoßen könnte. Sie hat Angst davor und hofft gleichzeitig, dass es passiert.

3: Aber warum?

4: Vielleicht will sie am liebsten selber in ein Tal stürzen, aber sie kann das nicht mit ihrem Rollstuhl.

2: Und jetzt schnell aussteigen, zum Hotel fahren, einchecken und Hände waschen.

4: Wozu?

1: Ich sah am Eingang des Hotels eine graue Katze sitzen, ich sah sie dann aus dem Fenster meines Zimmers.

3: Ich war schnell wieder draußen, um spazierenzugehen.

2: Es dauerte fünf Minuten bis zum See.

1: Vertikal und fern der Schneeberg, horizontal und nah die Wasseroberfläche.

3: Ich hörte ein leises Zwitschern. War ein Vogel in der Nähe? Wenn ich stehenblieb, hörte er auf zu singen.

1: Kein Vogel in Sicht.

3: Nein, es war kein Vogel. Der Stoff meiner Jacke raschelte, während ich ging. Das war's.

4: Ein Singvogel in der Landschaft wäre ein Vogel zuviel.

1: Auf der Wasseroberfläche sehe ich Falten. Die Wellen kommen und gehen, dabei werden sie nicht weniger.

3: Eisscheiben quietschen.

1: Die Ränder des Sees sind schon schwarz eingefroren. Ja, schwarz. In der Mitte fließt noch das glitzernde Wasser, und im Wasserspiegel sehen die Bergspitzen aus wie eine nordafrikanische Hafenstadt mit ihren kalkweißen, labyrinthischen Häuserreihen. Jetzt kommt ein kleiner Wasservogel mit frecher Punkfrisur. Er taucht ein, und das Spiegelbild der Hafenstadt zerbricht.

3: Es ist kalt geworden, ich will zurück.

1: Der kleine Vogel kann lange unter dem Wasser bleiben, sehr lange. Endlich kommt er wieder hoch, ich kann aber nicht sehen, ob er einen Fisch im Schnabel hat oder nicht.

2: Ein Fernglas wäre jetzt nicht verkehrt.

3: Hier ist zum Glück etwas Sonne.

1: Durch die schwarze Eisschicht sehe ich eine eingefrorene Landschaft: Dunkelgrüne See-Krawatten, Schatten vom unsichtbaren Messer-Fisch ...

3: Ich warf einen Stein gegen die Eisscheibe. Es knarrte.

1: Weiße Rissen durchzogen.

3: Aber die Enten blieben ruhig.

4: Wie schön es wäre, wenn ich nie wieder Menschen sehen müsste. Denn alles andere in der Landschaft stört mich eigentlich nie.

3: Wer zwingt mich, so etwas zu denken? Ich habe früher viele Freunde gehabt.

4: Du kannst jetzt den Wanderweg nach rechts nehmen. Oben ist die Luft frei vom Menschenatem.

2: Es ist schon fünf Uhr, zu spät, um den Wanderweg zu betreten. Um sechs Uhr ist es hier stockdunkel.

1: Ich sehe an einem Ast eine Handvoll Vogelbeeren faul schaukeln. Sonst gibt es nichts Rotes in der winterlichen Landschaft, oder doch, einen Mann in einer roten Jacke. Er steht am See und schaut ins Wasser, als hätte er etwas hineinfallen lassen.

3: Ist es nicht der Mann, den ich gestern Abend in der Bar kennengelernt habe?

1: Er beugt sich weit über das Wasser, fast zu weit.

3: Er sieht aus wie der Cellist, der mich betrogen hat.

2: Inwiefern?

3: Er hatte mir versprochen, mich bei der Arbeit zu unterstützen. Er hat aber nichts anderes getan, als das Vertrauen der Marquise zu mir zu zerstören.

2: Alles Einbildung.

3: Nein, ich weiß es. Er erzählte der Marquise, dass ich hinter ihrem Rücken schlecht über sie geredet und ihr manchmal sogar eine gefälschte Rechnung zum Abrechnen gegeben hätte.

4: Wenn du diesen Mann nie wieder sehen willst, kannst du ihn ins Wasser schubsen.

3: Er hat nichts getan.

4: Aber du hast doch eben gesagt, dass du ...

2: Alles Einbildung.

4: Aber du kannst nicht ertragen, dass er dort herumsteht, so gelassen und rot angezogen.

3: Er steht einfach da, er kann nichts dafür.

4: Er steht dir im Weg.

3: Einen Schubs geben …

4: Nachher bei der Polizei kannst du erzählen, dass er sich ungeschickt umgedreht hat. Wer rutscht nicht auf diesem Glatteis? Jeder Mensch könnte theoretisch an so einem Abend in den See hineinfallen.

3: Jetzt sehe ich's erst. Das ist nicht der Mann, den ich in der Bar kennengelernt habe. Es ist wirklich schlimm mit meiner Kurzsichtigkeit.

2: Ich muss zurück zum Hotel.

3: Wenn ich heute vermisst werden sollte, würde die Marquise der einzige Mensch sein, der weiß, wo ungefähr ich zu finden wäre. In der letzten zwei Jahren haben sich meine Bekanntschaften rapide abgebaut. Keiner weiß, wo ich hinfahre und was ich vorhabe.

4: Es lohnt sich nicht, mit Menschen zu reden.

2: Oder doch?

3: Ich will nicht mehr mit Zweibeinigen reden.

2: Was hat das mit der Anzahl der Beine zu tun?

4: Das ist eine kluge Entscheidung, nicht mehr mit Menschen zu reden. Es ist schön, sich jeden Tag einen Schritt tiefer in die Gebirge zurückzuziehen.

3: Dann muss ich nicht mehr so tun, als hätte ich vor, zu Ende zu studieren, einem Beruf nachzugehen, eine Familie zu gründen und so weiter.

4: Genau. Die Liste der Lebensverpflichtungen kommt mir vor wie eine Preisliste für Maschinenteile, die ich gar nicht kaufen möchte.

3: Das Wort „Marquise" steht nicht auf dieser Liste, sondern woanders.

2: Wenn ich Einsiedlerin werde, kann ich die Marquise nicht mehr sehen.

4: Ihre Lippen bleiben geschlossen wie ein Reißverschluss, sie sind trocken – oder sie sind feucht und leicht geöffnet. Ihre Haare duften nach Sandelholz.

3: Sie wird bald aus meiner Sicht verschwinden. Dann bleibt mir nichts mehr.

4: Nur noch schweigender Schnee.

3: Und schmelzender Schnee.

1: Und namenloser Schnee.

2: Wozu aber so viel Schnee?

1: Ich sehe eine Straße, die vom Seewanderweg abzweigt. Eine alte Frau winkt mir zu.

4 (ALTE FRAU): Haben Sie Zeit für mich?

1 Ich sehe ihre Augen leuchten.

3: Sie wollte, dass ich ihre Schuhbänder binde. Ich kann mich nicht mehr bücken, sagte sie. Ich kniete mich vor sie hin, sie hielt sich fest an meiner Schulter, die magere Frau war schwer wie ein Betonblock, ich sank tiefer, meine Knie brannten im Schnee.

1: Als die Frau sich von mir verabschiedete, sah ich vor mir einen Laden.

3: „Pandora" stand auf dem Ladenschild. Es war das Antiquitätengeschäft, zu dem ich gehen sollte.

1: Ein Holzhocker mit drei dünnen Beinchen, ein Esstisch – seine Haut ist rau –, Pferdeschmuck, Talglicht, etwas, das so aussieht wie eine Foltermaschine, eine Galgenbank, eine Holzschale, ein Milchkübel, eine Salzmühle, eine Truhe.

3: Und hier ist ein bemaltes Holzkästchen, genau so eins sollte ich der Marquise mitbringen.

1: Die Farben sind schon verblichen, nur noch einige Pinselspuren, die ein Edelweiß andeuten.

2: Eine lange, zackige Zahl auf dem Preisschild. Jetzt verstehe ich, warum die Marquise mir so viel Geld mitgegeben hat.

3: Die Verkäuferin beobachtete mich skeptisch, wahrscheinlich weil meine Jacke schon so abgenutzt aussah.

2: Wie gut, dass ich das Kästchen schon gefunden habe.

4: Die Marquise will das Kästchen dem jungen, hübschen Cellisten schenken.

3: Edelweiß für einen Mann?

4: Ja. Die Marquise liebt solche Kombinationen: eine weiße Lilie liegt auf dem behaarten Oberschenkel. Du hast das schon mal gesehen.

3: Ah, ja, das Foto an der Wand.

4: Und ich habe gesehen, dass auch er wie eine Lilie aussehen kann.

3: Welches ich hat das gesehen? Ich habe es nicht gesehen. Gibt es noch jemanden hier außer mir?

4: Es gibt nur dich. Wann kapierst du das endlich?

3: Und wer bist du?

2: Ich muss jetzt aufhören nachzudenken und die Geldscheine aus meiner Geheimtasche holen. Es sieht zwar etwas kriminell aus, dass ich keine Kreditkarte besitze und mit so viel Bargeld bezahle. Aber das ist kein Falschgeld, und ich habe es auch nicht gestohlen. Bleib ganz ruhig.

3: Seltsam. Als ich das Bargeld aus dem Rucksack holte, lächelte die Verkäuferin wie erleichtert, anstatt die Miene zu verziehen. Als hätte sie gerade daran erkannt, wer ich bin.

1: Die Verkäuferin zählte die Scheine, die ich ihr gegeben hatte. Dann packte sie das Kästchen in einen Karton.

2: Pack das lieber in den Rucksack. Du darfst es niemals fallenlassen.

4: Obwohl es schön ist, etwas fallen zu lassen.

2: Halt den Mund!

3: Jetzt aber aus dem Laden heraus. Die brennenden Wangen sollten in der frischen Luft abgekühlt werden.

2: Mir ist kalt.

3: Mir ist heiß.

4: Geh in die Gebirge, zerschlage das Kästchen und leg dich nackt in den Schnee. Nicht vergessen, vorher etwas Vogelbeerschnaps zu trinken.

2: Ach, wie interessant! Jetzt will er uns den Winterschlussverkauf der Seele anbieten.

3: Wer?

4: Du rufst vorher noch die Marquise an und sagst, du steigst jetzt hoch ins Dunkle und kommst nicht mehr zurück.

2: Wie in einem Groschenroman.

4: Aber nur so gewinnst du ihre Aufmerksamkeit. Sonst bleibst du für immer eine Nebenerscheinung.

2: Es gibt keine Nebenfigur.

4: Hast du Angst?

2: Nein, ich habe keine Zeit dafür.

4: Du bist geizig, du willst nichts verlieren.

2: Ich kann nichts verlieren. Die Marquise hat mir schon alles bezahlt.

4: Erinnerst du dich, dass die Marquise dich einmal nachts auf die Straße setzte und allein mit dem Taxi nach Hause fuhr? Es wäre kein großer Umweg gewesen, wenn ihr Taxi zuerst zu dir und dann zu ihr gefahren wäre. Aber sie fragte dich noch nicht einmal, wie du nach Hause kommst.

2: Wahrscheinlich musste sie dringend Wasser herauslassen und konnte an nichts anderes mehr denken.

4: Und das war nicht das einzige Mal.

2: Das ist mir gleichgültig. Sie gibt mir einen Auftrag und bezahlt mir den Urlaub.

4: Weißt du noch? Einmal nahm sie dich sogar auf einen vornehmen Ball mit, aber als ihr dort ankamt, sprach sie kein Wort mehr mit dir. Wahrscheinlich schämte sie sich plötzlich darüber, dass ihre Begleitung kein Mann, sondern eine unscheinbare Studentin war.

3: Ich bin wertlos, das weiß ich. Ich habe ja auch nie versucht, anders zu sein.

2: Ich habe keinen Tauschwert, mich kann sie gegen nichts umtauschen, daher bin ich unersetzbar.

3: Ich will zurück nach Hause. Ich muss sie nochmal mit eigenen Augen sehen. Sonst werde ich in meinen eigenen Gedanken ertrinken.

2: Ja, das ist vielleicht keine schlechte Idee, nach Hause zu fahren. Denn ich habe das Ziel schon erreicht.

4: Dann würde sich alles noch einmal wiederholen. Du gibst ihr das Antiquitätenstück und gehst sofort nach Hause, weil sie angeblich allein mit dem Computer spielen möchte. In Wirklichkeit hat sie denjenigen zu sich bestellt, der das Geschenk bekommen soll.

3: Manchmal bin ich heulend nach Hause gegangen.

4: Du kannst in das Kästchen eine Bratwurst hineinlegen, bevor du es ihr gibst.

3: Lass mich in Ruhe!

4: Wer soll wen in Ruhe lassen? Es gibt keine Ruhe, wenn du nicht aufhörst zu schreien.

3: Ist es nicht seltsam, dass das Wort „Marquise" so fest in meinem Kopf sitzt?

2: Sie ist nichts weiter als eine alte Frau, die du pflegen musst, um dein Studium zu finanzieren.

3: Als ich sie zum ersten Mal sah, wirkte sie ganz hilflos auf mich. Sie konnte nicht einmal ihren Löffel in den Mund führen.

4: Mein Onkel hat mich an sie vermittelt. Er hätte mir lieber gleich einen Teil des Erbes gebe sollen.

3: Woher kannte er eigentlich die Marquise?

2: Es ist jedenfalls nichts Schlimmes, einer hilflosen Person zu helfen. Wenn man das umsonst machen würde, wäre es scheinheilig. Aber du warst anständig, du hast Geld dafür genommen, also bist du ein anständiger Mensch.

3: Sie ist mit ihrer Hilflosigkeit Tag für Tag mächtiger geworden.

4: Wenn ihr der Tee zu dünn war, ließ sie die Tasse herunterfallen.

3: Einmal habe ich mich tatsächlich verbrannt.

4: Und sie lachte leise.

3: Das störte mich aber weniger als ihr unhörbarer Vorwurf. Ihr Blick, ihr Stöhnen.

1: Ihre Augen leuchteten zwischen den Falten.

3: Es war nicht einfach, sie morgens aus dem Bett zu holen.

4: Sie griff mit beiden Händen an meinen Busen, als gäbe es dort einen Handgriff.

2: Sie hatte ihren Körper nicht mehr unter Kontrolle. Das war der Grund.

4: Oder sie war frei von jeder Hemmung. Sie klammerte sich an mir fest. Dann war ihr Gesicht ganz nah.

3: Zuerst war ich erschrocken.

4: Weil sie mich anlächelte.

3: Wie eine Liebende.

4: Sie verlangte von mir eine übertriebene Reinigung des Körpers. Keine Erhebung, kein Tal durfte ich übersehen.

1: So viele versteckte Winkel.

2: Sie bezahlte gut. Es gab keinen Grund zu klagen.

3: Warum ist sie mir so wichtig geworden?

4: Das ist ein Spiel, das dir geschenkt worden ist.

3: Ist der Cellist auch ein Teil des Spiels?

4: Nein, mit seinem Erscheinen hatte sie nicht gerechnet. Und er wurde Tag für Tag wichtiger für sie. Deshalb hat sie gesagt, dass sie das Kästchen einer Person schenken möchte, die für sie wirklich die wichtigste ist.

3: Ich denke manchmal, ich müsste mir einen neuen Job suchen. Seitdem ich die Marquise pflege, komme ich nicht weiter mit meinem Studium.

4: Klingt nicht das Wort „Studium" wie Sanatorium?

3: Ich will nicht mehr zwischen der Marquise und einem sinnlosen Studium eingeklammert sein.

4: Ich muss aber nicht bei ihr kündigen.

3: Der Hausarzt sagt, es geht ihr nicht gut. Man sieht ihr das aber nicht an.

4: Und die Marquise sagte, sie habe Tabletten im Schrank. Falls ihre Schmerzen stärker werden sollten, wolle sie lieber von sich aus gehen.

3: Ich vergesse immer, dass sie Schmerzen hat.

4: Schlag sie tot, bevor sie die Tabletten nimmt. Sonst bleibst du weiter unbedeutend.

1: Zwischen kahlen Bäumen steht schon wieder ein Baum, in dem knallrote Vogelbeeren hängen.

2: Die Vogelbeeren sind giftig.

4: Ich könnte die Vogelbeeren ins Kästchen packen. Es würde schön aussehen.

1: Kein Mensch in der Nähe.

2: Es wird dunkel. Ich muss zurück.

1: Ein einsamer Wasservogel, schwarz mit weißem Schnabel, schwimmt auf dem Wasser.

4: Vielleicht finde ich einen erfrorenen Vogel auf dem Boden. Den könnte ich ins Kästchen legen. Was würde die Marquise sagen, wenn sie den toten Flieger auf den blutigen Vogelbeeren liegen sehen würde?

3: Weißt du, ich bringe das Kästchen ein letztes Mal zu der Marquise und gehe danach nie wieder hin.

1: In der Abenddämmerung sehe ich sechs kleine Gestalten. Vielleicht sieben oder acht Jahre alt. Fünf Kinder jagen nach einem Kind, es ist ein dünnes Kind mit einem Blumenkohlkopf, es taumelt. Die anderen packen es immer wieder und ziehen es an den Haaren.

3: Die Kinder geben Töne von sich, es klingt nicht wie Menschenstimmen, sondern wie das Knirschen des zugefrorenen Sees. Ich muss das Kind retten.

2: Lass sie. Das ist nur ein Kinderspiel. Ich muss nach Hause.

3: Aber das geht doch nicht. Warum quälen die fünf Kinder das sechste Kind? Deshalb hasse ich die Menschen. Schneehasen würden so etwas niemals tun.

2: Sie machen keine überflüssige Dinge, sie verhalten sich ökonomisch, deshalb sind sie schön.

3: Es gibt keinen Hasen zuviel auf dieser Erde.

4: Aber ein Kind zu viel. Töte es. Das ist ein Spiel.

3: Halt! Was macht ihr? Halt!

1: Ich sehe, wie die fünf Kinder das eine Kind ins Wasser schubsen. Ich sehe das Kind in den See fallen, mit hoch erhobenen Händen, seitwärts.

3: Kein Geschrei, aber dafür ein dumpfes Knallen aus dem See. Die schwarze Eisscheibe bricht am Rand durch, und eine Spalte verschluckt das Kind.

1: In der Mitte des Sees entstehen verspätet unruhige Wellen. Sie laufen in alle Richtungen als blinde Boten.

3: Warte!

1: Die fünf Kinder laufen wie kleine Spinnen auf der Flucht.

3: Und ich hinterher. Sie sind viel schneller als ich.

1: Sie kommen an der anderen Seite des Wassers an, wo eine kleine Stadt liegt. Sie springen die Treppen hoch und schlüpfen in eine Gasse hinein.

3: Ich laufe hinterher, außer Atem, verschwitzt, Haare kleben an meiner Stirn.

1: Auf einmal sind sie verschwunden. Mitten auf der Kreuzung. Ich schaue in alle vier Richtungen: die Schaufenster der Souvenirläden, Boutiquen, durch die Glastür einer Konditorei – zwischen dem Weihnachtsmann aus Pappe und dem Rentier aus Schokolade – sehe ich die Kinder. Sie stehen zwischen den kräftigen Hüften der Mütter, die sich mit der Verkäuferin über die Torten unterhalten.

3: Da sind sie! schreie ich, aber in Wirklichkeit bin ich mir nicht sicher, denn ich konnte am See die Gesichter der Kinder nicht richtig sehen. Aber von der Größe und den Farben der Jacken her müssten sie die Mörder sein. Ich gehe hinein, um zu sehen, ob sie auch außer Atem sind wie ich. Ja, sind sie. Ich schreie: Ein Kind ist in den See gefallen, ein Kind, das zusammen mit diesen Kindern unterwegs war.

1: Die Mütter schauen mich ängstlich an und verstecken ihre Kinder hinter ihrem Rücken.

4 (MÜTTER): Was wollen Sie von uns?

3: Ein Kind ertrinkt gerade, helfen Sie ihm!

4 (MÜTTER): Welches Kind? Hier fehlt kein Kind.

1: Ich habe es aber mit eigenen Augen gesehen.

4 (LADENBESITZERIN): Was ist denn los? Bitte verlassen Sie den Laden, wenn Sie nichts kaufen wollen.

3: Wo ist die Polizei?

4 (MÜTTER): Es gibt hier keine Polizei. Wir haben keine Kriminellen in unserer Stadt.

3: Ich laufe aus dem Laden. Was könnte ich sonst tun.

1: Ich sehe das Schild eines Postamtes. Ein großes Eisentor befindet sich vor den Betontreppen, die zur Post im Untergeschoss führen. Das Tor ist noch offen, obwohl dort steht: „Geöffnet bis sechs Uhr".

3: Es ist schon zehn nach sechs. Wahrscheinlich ist der Hausmeister noch nicht dazu gekommen, das Tor abzuschließen.

1: Ich ging die Treppen hinunter, neben der Tür des Postamtes steht eine Telefonzelle.

3: Der Polizist verspricht mir, sofort zum Seewanderweg zu kommen. Ich laufe die Treppen zur Straße hoch. Aber …

4: … das Eisentor ist abgeschlossen.

1: Auf den grauen Treppen gab es hier und dort dunkle, feuchte Flecken.

3: Ich setze mich auf die Treppe, öffne meinen kleinen Rucksack und hole das Kästchen heraus.

2: Von der Telefonzelle aus kannst du noch einmal die Polizei anrufen und sagen, …

4: … dass du eingesperrt bist.

3: Ich werde warten.

2: Bis sie kommen.

4: Sie kommen nicht.

2: Es dauert nicht lange, bis sie kommen.

4: Sie kommen niemals. Hast du nicht gemerkt, dass der Polizist dich nicht ernst genommen hat?

3: Er muss nicht kommen. Was soll er hier? Ich bin allein, endlich allein. Ich öffne das Kästchen …

1: … und sehe einen Brief darin. Die vertraute Handschrift, an mich adressiert. „Lieber für immer auf dem Pazifik unterwegs sein als unter der Erde schlafen. Komm mit. Komm mit mir." Zwei Tickets liegen im Umschlag bei, „Penelope", die Reise mit dem Luxusschiff, gebucht für zwei Personen, mein Name steht auf der einen Karte und der Name der Marquise auf der anderen.

PULVERSCHRIFT BERLIN

Für Luise

Spielzeit: Jetzt und keine Sekunde später.
Ort: Tiergarten, Berlin. Vor der Statue der Königin Luise.

Personen:

A = Eine Ex-Arbeiterin aus einer Waschpulverfabrik in Berlin
K = Eine Germanistikstudentin aus Südkorea
J = Eine Germanistikstudentin aus Japan
N = Napoleon Bonaparte
JL = Eine Journalistin des „Berliner Blablatt"
PL = Eine Punk-Frau aus Kreuzberg
HvK = Heinrich von Kleist
O = Mori Ogai. Ein japanischer Autor (1862 – 1922)
D = Ein preußisch angezogener japanischer Diplomat
KM = Ein deutscher Kommilitone von Ogai

1–1

EINE EX-ARBEITERIN (A): Schauen Sie, dort steht sie, die Luise. Kommen Sie mit.

EINE KOREANISCHE GERMANISTIKSTUDENTIN (K): Wo steht wer, bitte?

A: Die Königin Luise von Preußen. Als ich noch gearbeitet habe, hatte ich keine Zeit, sie zu besuchen. Jetzt habe ich Zeit. Ich bin arbeitslos. Da steht sie! *Zeigt einen Umweg mit dem Zeigefinger.* Sie müssen so rum gehen, denn hier kommt man nicht durch. Der Boden ist uneben und schlammig.

K: Aber wir wollten eigentlich gar nicht zu der Königin, sondern zum Bahnhof Zoo und haben uns verirrt in diesem verzauberten Garten. Ein seltsamer Ort. Jäger aus Stein, halbnackte Jogger und fette Enten haben uns begrüßt. Und jetzt Sie und Ihre Königin stehen vor unseren Augen.

A: Störe ich Sie?

K: Nein. Aber wir haben gar keine Zeit für so etwas. Nur noch 123 Tage, dann müssen wir unsere Arbeit abgeben.

A: Sie meinen, die Arbeit aufgeben, oder?

K: Nein, abgeben. Ab!

EINE JAPANISCHE GERMANISTIKSTUDENTIN (J): Vielleicht können wir uns doch die Königin Luise kurz anschauen.

K: Wir haben keine Zeit für touristische Abschweifungen! Ab nach Hause!

J: Touristisch? Nein! Ich möchte mich in einem Zaubergarten verirren. Es ist eine Kunst.

K: Das glaube ich dir nicht. Du bist geizig mit der Zeit und faul mit den Muskeln. Nur dein Mund möchte gerne flanieren, und zwar nur dann, wenn du keine Lust hast, zu lernen.

J: Kleist hat aber ein Gedicht für Luise geschrieben. Kommt Kleist nicht in deiner Arbeit vor?

K: Sicher kommt er vor. Nun gut, wenn es so ist, gehört diese Dame auch zu unserem Fachbereich. *Holt ihr Handy aus der Tasche, versucht einen Anschluss zum Internet zu finden.* wwwdotkleistdotcom. Ach, es dauert immer so lange, bis man den Anschluss kriegt.

A: *zeigt wieder auf die Statue.* Da steht sie schon. Schauen Sie doch hin!

K: Ja, ich weiß, dass sie dort steht. Aber auch hier in meiner kleinen elektri schen Zelle steht sie. Nicht nur sie, sondern auch viele andere historische Persönlichkeiten.

J: Hast du das Gedicht gefunden?

K: Nein. Es dauert so lange, bis ich den Anschluss kriege.

J: Vielleicht stört der Fernsehturm. *Zeigt auf die Siegessäule.* Er glaubt, er wäre ein Engel.

K: Ich kann inzwischen fotografieren.

A: Da steht sie!

K: *versucht einen guten Standpunkt zu finden, um die Statue zu fotografieren.*

NAPOLEON (N) *sitzt auf einem Pferd, starrt auf die Statue von Luise:* Sie ist eine Frau mit einem hübschen Gesicht, aber mit wenig Geist. Sie ist unfähig, die Folgen ihrer Handlungen vorauszusehen. Anstatt sie zu beschuldigen, kann man heute nur Mitleid mit ihr haben, denn sie muss schrecklich von Gewissensbissen gepeinigt werden wegen der Leiden, die sie über ihr Land bringt, und wegen des Einflusses, den sie auf ihren Gemahl ausübt. Er, darüber ist sich jedermann einig, ist ein vollkommener Ehrenmann und hat nur den Frieden und das Wohl seines Volkes im Auge.

K: Wer sind Sie?

N: Napoleon Bonaparte. *Steigt vom Pferd.*

K: *stößt Napoleon kräftig zur Seite.* Treten Sie bitte zur Seite. Sie stehen mir im Weg. Ich fotografiere gerade die Königin.

N: Ich bin aber bekannter als sie.

J: Mag sein. Aber wir sind keine Romanistinnen. Um Sie werden sich andere Fachleute kümmern.

N: Aber ... *Stellt sich zwischen K. und Luise.*

K: Gehen Sie! *Schiebt ihn mit einer eleganten, aber kraftvollen Handbewegung zur Seite. Napoleon fällt auf den Boden.*

JOURNALISTIN (JL): *hilft Napoleon beim Aufstehen.* Das freut mich aber, Sie hier zu treffen. Was denken Sie über die Osterweiterung der EU?

N: Was? Osterweiterung? Wollte ich doch schon immer.

JL: Denken Sie, dass Ihr Traum jetzt realisiert worden ist?

N: Keine Ahnung.

JL: Vielleicht klappt es dieses Mal auch mit Russland. Sie siegen nach Ihrem Tod. Genau wie alle anderen großen Männer der Geschichte.

N: Es ist wahr. Mit dem Tod geht nichts zu Ende. Weder mein Ehrgeiz noch meine Krankheit noch meine Leidenschaft. Vor allem die preußische Tigerin steht mir immer noch im Weg.

JL: Obwohl Sie eine Pressekampagne gegen sie initiiert haben. Als Journalistin weiß ich Sie als Pionier der politischen Propaganda zu schätzen. Es ist wirklich großartig, dass Sie damals schon die Macht der Medien durchschaut und zum eigenen Zweck bewusst eingesetzt haben. Beruhigen Sie sich! Luise ist in unserer Zeit fast vergessen worden, obwohl das Volk eigentlich gerne eine Königin hätte. Eine lebende Königin wäre das Beste, aber eine tote ginge auch im Notfall. Wir brauchen sie auch. Denn ohne Klatsch und Tratsch über das Königshaus können wir unser Blatt nicht verkaufen. Glücklicherweise haben wir zu diesem Zweck aber das englische Königshaus.

N: Für welches Blatt arbeiten Sie? „Moniteur" oder „Telegraf"?

JL: Ich bin vom „Berliner Blablatt".

N: Noch nie gehört. Aber Sie verstehen mich doch. Wir sind alle davon überzeugt, dass die Königin an allen Leiden, die das preußische Volk zu erdulden hat,schuld ist. Das beweist, wie unglücklich die Menschheit wird, wenn man den Frauen Einfluss auf politische Angelegenheiten gestattet.

JL: Ihre frauenfeindliche Äußerung können wir so nicht annehmen. Wie kommt es, dass Sie genau so reden wie ein islamistischer Fundamentalist? Ich nehme an, Sie sind während Ihres Aufenthaltes in Ägypten negativ beeinflusst worden. Unsere Männer würden doch sonst nie so etwas sagen.

N: Ich habe Luise gehasst, aber nicht verachtet. Ihr Mann, Friedrich Wilhelm der Dritte, hingegen hat Luise nicht ernst genommen. Bitte wenden Sie sich an ihn mit Ihrer Kritik! Hier zum Beispiel ein Brief von ihm. *Liest aus einem Brief:* „Viele Menschen haben in dem Wahn gestanden, als ob meine Frau einen bestimmten Einfluss auf die Regierungsgeschäfte gehabt hätte. Sie hatte eine besondere Neigung für politische Gespräche, in die sich freilich oft Leidenschaft mischte. Besonders hat die Stimmung der

Kriegsperiode auf so mannigfaltige Weise auf sie eingewirkt, dass sie öfter fremde Ansichten für ihre eigenen hielt."

JL: Ich verstehe. Es wäre keine schlechte Idee, über diesen Ehekonflikt einen Artikel zu schreiben. Ich habe neulich einen ähnlichen Artikel geschrieben: „Die Königin Elisabeth leidet seit vierzig Jahren unter ihrem Ehemann. Sie kann sich jetzt an nichts Schönes mehr erinnern, was sie mit ihm erlebt hat. Immer musste sie sich vor seiner nächsten Dummheit in der Öffentlichkeit fürchten und vor ihm zittern. Philip, der Helmut Kohl mit ‚Guten Tag, Herr Reichskanzler' begrüßte. Philip, der in Australien den Einheimischen die Frage stellte, ob sie noch mit Speeren aufeinander werfen würden. Dabei weiß man nicht einmal, ob er wirklich ein politischer Analphabet ist oder ob er seine Rolle perfekt spielt. Denn das Volk liebt den König als das defekte Hirn des Landes. Das Volk liebt die Königin als das schmerzende Herz der unschuldigen Nation. Sie hält die Gewalt der Dummheit aus, das ist das Wunder der weiblichen Liebe!"

N: *klatscht*

K: *während sie spricht, sucht sie weiter in ihrem Handy nach Kleist.* Können Sie bitte eine Weile still sein? Das Königshaus interessiert mich nicht. Weder das preußische noch das dänische noch das niederländische noch das thailändische.

J: Und vor allem das japanische interessiert mich nicht.

K: Ach! Schau mal hier! Ich habe es gefunden! Da ist er! Kleist!

N: Ich hasse ihn.

K: *gibt Napoleon eine schallende Ohrfeige.* Oh, entschuldigen Sie! Da war eine Mücke.

K: *liest das Gedicht von Kleist aus dem Handy.*
Erwäg ich, wie in jenen Schreckenstagen,
Still deine Brust verschlossen, was sie litt,
Wie du das Unglück, mit der Grazie Tritt,
Auf jungen Schultern herrlich hast getragen,
Wie von des Kriegs zerrißnem Schlachtenwagen
Selbst oft die Schar der Männer zu dir schritt,
Wie, trotz der Wunde, die dein Herz durchschnitt,
Du stets der Hoffnung Fahn uns vorgetragen:
O Herrscherin, die Zeit dann möcht ich segnen!
Wir sahn dich Anmut endlos niederregnen,
Wie groß du warst, das ahndeten wir nicht!
Dein Haupt scheint wie von Strahlen mir umschimmert;

Du bist der Stern, der voller Pracht erst flimmert,
Wenn er durch finstre Wetterwolken bricht!

A: Schön hat er es geschrieben.

JL *zu K und J*: Sie sind konfuzianische Frauen. Sie lassen sich von Ihren Vätern, Ehemännern, Brüdern und Söhnen unterdrücken und sagen nie „Nein". Sie sind konfuzianische Germanistinnen und graben das Konfuzianische aus dem Preußischen aus und quälen uns damit. Wir wollen es nicht mehr hören. Wir haben es schon hinter uns. Bitte, verbrennen Sie dieses Gedicht sofort. Kleist hat bessere Texte geschrieben als dieses Gedicht!

K: Verbrennen im Handy?

J: Der Brunnen im Bildschirm, da schwimmen Meerjungfrauen, germanische Schuppen, davor steht eine Stellwand, die Geschichte heißt.

K: Meinen Sie, Kleist wäre eine konfuzianisch geprägte Frau gewesen?

JL: Nein, aber seine veraltete Moral zwingt ihn, ein Komplize der konservativen, konfuzianisch-kommunistischen Nationalisten zu sein!

K: Wie war das bitte noch mal?

J: Kon, kon, kon ruft der Fuchs.

K *besorgt zu J*: Bist du noch in Ordnung? Das Studium im Ausland treibt uns in den Wahnsinn. Man verliert Vertrauen zu allen Begriffen, die man kennt, und es bleibt uns nur noch eine onomatopoetische Weltanschauung übrig. Du hast in den letzten Jahren zu viel gearbeitet.

J: Du hast mir gestern gesagt, dass ich faul bin.

K: Nein, das habe ich dir nicht gesagt. Ich habe nur gesagt, dass ich fleißiger bin.

N: Kleist war einfach ein Lügner! Luise ist bei der Armee als Amazone gekleidet und hat das Volk zu den Kriegen gehetzt!

JL: Dann ist sie die Johanna von Preußen!

N: Eben nicht! Sie ist einfach ein Tiger und kann nicht zu einer Allegorie werden.

K: Ist eine Allegorie besser als ein Tiger?

J: Ein Tiger ist ein ehrwürdiges Tier. Moralisch gesehen sind die Tiger uns überlegen.

JL: Das ist doch nur eine menschliche Projektion. Unsere Wissenschaft hat objektiv nachgewiesen, dass die Tiger bösartig, grausam und unmenschlich sind.

K: *beginnt wieder, das Gedicht vorzulesen.*

A: Ein Gedicht ist ein Herz. *Holt aus der Plastiktüte eines Supermarktes ein dickes Buch. Auf seinem Rücken steht „Kleist. Gesammelte Werke“, aber in Wirklichkeit ist es kein Buch, sondern ein Karton, in dem weißes Pulver aufbewahrt ist.*

K: Was ist das?

A: Ich habe zwanzig Jahre lang in einer Fabrik gearbeitet, die Waschpulver herstellte.

K: Und Ihre Fabrik existiert nicht mehr?

A: Nein.

JL: Die Produktion des umweltfeindlichen Ostpulvers ist zum Glück eingestellt.

A: Wir waren nicht im Osten.

JL: Aber es hört sich realistischer an, wenn ich Ihren Fall im Osten lokalisiere. Der Bericht muss glaubwürdig erscheinen.

A: *die Frauengestalten auf der Statue betrachtend.* Frauen wuschen die Uniformen der Soldaten mit dem Waschpulver, bis sie weiß wurden. Die Farben der Nationen waren weg, die Farben der Körperflüssigkeiten waren weg. Frauen warteten auf Weihnachten und wuschen die blauschwarz verschimmelten Brötchen, bis sie weiß und appetitlich aussahen. Es gab sonst nichts zu beißen. Und in ihren Träumen wuschen sie die Haare ihrer Söhne, die einst eine jugendliche Maronenfarbe hatten, bis sie ganz weiß wurden. Die Frauen hofften, dass die Soldaten schnell uralt würden und nicht mehr aufstehen könnten. Die Hände der Frauen wurden rissig und rot durch das Waschmittel. Sie wären zerpulvert gewesen, wenn sie nicht Luise gehabt hätten. JL: Die papierweiße Farbe ist schön, die weißen Statuen sind schön. Ich würde das Alte Griechenland hassen, wenn die Plastiken der griechischen Götter bunt geblieben wären.

EINE PUNK-FRAU AUS KREUZBERG (PL): Ich finde es besser, wenn alles bunt ist. Ich heiße übrigens auch Luise.

K: Eine wirkliche Punk. Cool. JL: Bunt ist katholisch.

PL: Ich bin nicht katholisch. Glaube ich nicht.

JL: Bunt ist folkloristisch, das heißt ungebildet und südländisch.

PL: Ich bin in Kreuzberg geboren und noch nie im Süden gewesen. *Zu der Statue der Königin*: Also Luise, du könntest etwas bunter sein, oder? *Versucht, sie anzumalen.*

JL: Nein! Nicht!

PL: Wieso nicht? Soll ich lieber den Wagner bunt malen? *Geht in Richtung der Statue Richard Wagners.*

K: *nimmt etwas von dem Pulver in die Hand und schreibt die koreanische Übersetzung des Gedichtes auf den Boden. Die Zeilen umringen den Sockel.*

HEINRICH VON KLEIST (HvK): *taucht aus dem Handy auf genau wie jener Riese, der aus der Öllampe von Aladin einst erschien, und betrachtet, wie K. mit dem Pulver einen Text auf den Boden schreibt.* In welcher Sprache schreiben Sie? Ich kann es nicht lesen.

JL: Ich finde, Kleist hat ein falsches Bild von Luise verbreitet.

N: Finde ich auch. Luise war nie schweigsam, auch nicht zurückhaltend oder geduldig. Sie war immer geil auf Kriege.

JL: Sie etwa nicht?

N: Hahaha. Ein guter Witz. Doch, natürlich war ich immer geil, aber bei mir kam es vom Drang der Natur. Ich konnte nichts dagegen machen. Oder gefällt Ihnen etwa ein Mann besser, der wie ein Mädchen aussieht?

HvK: *schaut in den Spiegel und überlegt sich, ob er wie ein Mädchen aussieht.*

JL *zu N*: Sie haben grob und global gehandelt. Sie haben ihren Blick in die Höhe des Horizontes gehalten und Grenzen zwischen Ländern überschritten, um Ihre Landkarte zu erweitern. Ein Pionier. Ein Kosmopolit. Ein Held. Eigentlich wollten Sie so etwas wie die EU gründen, nehme ich an. Die Idee der Demokratie, die Sie in Ihrer engen Hose haben, ohne es zu wissen, ist zwar noch nicht gereift, aber sie ist da und sonst nirgendwo anders.

N: Sie verstehen mich. Ich bin extra nach Ägypten geritten, um festzustellen, dass die Ägypter keine Ahnung von der Freiheit, der Gleichheit und der Brüderlichkeit haben und uns deshalb unbedingt brauchen.

PL: Oh, ich bitte Sie, eine Welt zu schaffen, in der alle Menschen ganz frei sind wie wir und nicht mehr arbeiten. Dann sind wir alle gleich. Ich habe keine Ahnung von Ägypten, aber ich habe mich einmal mit einem Typen unterhalten, der in der Wüste ganz allein drei Nächte verbracht hat. Er konnte keine Sekunde schlafen. Nicht nur er, sondern jeder Stern, jedes Sandkorn war hellwach.

JL: Das ist alles verlogen. Wo bleibt die preußische Ehrlichkeit und Direktheit? Warum sagen Sie nicht offen, dass die Wüste scheußlich ist? Sie idealisieren die Wüste, nur weil sie ein Teil der Natur ist. Die Natur hat es nicht verdient, verschönert zu werden.

K: Warum schminken Sie sich, wenn Sie etwas gegen Verschönerung haben?

JL: Mein Gesicht ist meine Visitenkarte.

J: Mein Gesicht wird rissig, wenn die Luft in Berlin trocken ist. Und in der Wüste ist die Luft sicher noch trockener als in Berlin.

N: Wenn man sich nur in dem Klima aufhalten will, das einem angenehm ist, kann man nie eine neue Kraft in sich entdecken.

J: Die Kraft?

JL: Das Öl ist die Kraft. Es wird aus der Natur geboren und verbrennt sie Stück für Stück, wenn es Feuer fängt. Ohne das Erdöl können wir nichts produzieren.

A: Das stimmt nicht. Es gibt Waschmittel mit Kokosöl.

N: Ich habe gar nicht an das Öl gedacht. Ich war wirklich nicht auf der Suche nach Öl.

J: Haben Sie die Erzählung „Napoleon und die Scherpilzflechte" gelesen?

JL: Wer hat das geschrieben?

J: Riichi Yokomitsu.

JL: Steht nicht auf unserer Leseliste.

J: In dieser Erzählung leidet Napoleon unter einer Hautkrankheit. Die Scherpilzflechte verbreitet sich auf seiner Haut wie eine rote Weltkarte. Sie juckt und lässt ihn nicht in Ruhe. Wenn er an einer Stelle kratzt, wächst sie weiter.

N: Was für ein Unsinn! Ich lasse doch nicht meine Biografie von jemandem schreiben, der hinter Russland lebt!

J: Napoleon schämt sich vor der schönen Geliebten Habsburgischer Abstammung, da er denkt, die hässliche, rote Haut wäre das unübersehbare Zeichen für seine eigene niedrige Herkunft. Und in der Tat ekelte sich seine Geliebte vor seinem Bauch, als sie ihn sah. Der Juckreiz und das Schamgefühl kochten bei ihm in diesem Moment bis zum Siedepunkt und explodierten. Explosion, Expansion, Exkursion, Ex …

N: Hilfe! Mein Bauch fängt tatsächlich an, zu jucken. Man soll nie fremden Mädchen zuhören. Geht weg! Eure Wort sind die Demagogie, die man dermatologisch behandeln muss! Gibt es keinen Arzt hier?

OGAI (O): Ich bin ein Arzt.

JL: Wer sind Sie?

O: Mori Ogai, Schriftsteller und Arzt. Geboren 1862 in Japan. Studierte 1884 bis 1888 in Deutschland, unter anderem auch in Berlin.

JL: Steht auch nicht auf unserer Leseliste.

1–2

O: *klopft an die Tür.*

EIN PREUSSISCH ANGEZOGENER JAPANISCHER DIPLOMAT (D): Herein!

O: Guten Tag. Ich bin Ogai. Ich soll Sie von dem Fürst meiner Heimat herzlich grüßen.

D: Ach, ja. Was wollen Sie hier?

O: Ich sollte hier die Hygiene studieren.

D: Was? Die Hygiene? Was für eine dumme Aufgabe hat man Ihnen gegeben. Die Hygiene ist nicht für eine Nation, die beim Gehen zwischen der großen Zehe und der nächsten Zehe ein Strohseil festhält.

O: *Monolog.* Aber ich habe doch in den Bildern gesehen, wie die alten Griechen und die Römer auch so genannte Sandalen trugen, die an den Füßen mit Bändern festgebunden waren.

J: Die Zori-Sandalen haben sich durchgesetzt. Man kann sie heute auch in Berlin oder in New York kaufen.

JL: Die Zori-Sandalen sind sehr gesund!

J: Sehen Sie.

D *zu O*: Die Hygiene ist nicht für eine Nation, die in der Öffentlichkeit in der Nase bohrt!

J: Tut man das nie in Berlin?

JL: Nur ganz heimlich in einer leeren U-Bahn oder in der Einzelkabine im Klo einer Kneipe.

N: Was ist schlimm daran?

D *zu O*: Na ja, Sie müssen Ihr Studium nicht so ernst nehmen. Schauen Sie sich den europäischen Lebensstil an. Es lohnt sich.

O: Ja.

J: Ein komischer Diplomat!

O: Bis dahin hatte ich nie gedacht, dass man nicht in der Nase bohren soll. Einmal habe ich gehört, dass ein junges Fräulein aus einer vornehmen Familie bei einem Omiai-Treffen in der Nase gebohrt hat. Es wurde dann nichts mit dem Heiraten. Aber damals dachte ich, es lag daran, dass es sich um ein Fräulein bei einer solchen Gelegenheit handelte. Auf jeden Fall war es ein Glück, dass ich nicht vor dem Diplomaten gepopelt habe.

K: Was bedeutet „Popel"? Ich habe das Wort nie gelernt. *Sucht das Wort in dem Wörterbuch auf ihrem Handy*. „Pope", ach ja, das ist das wahrscheinlich, ich habe es gefunden. Der „Pope" bedeutet der „Papst".

JL: Sie sind wirklich fleißig. Aber glauben Sie wirklich, dass die Kenntnis der deutschen Sprache heutzutage einen jungen Menschen auf dem Weltmarkt konkurrenzfähig macht?

K: Konkurrenzfähig? Konkurrieren mit wem? Mit Napoleon?

N: Was?

J: 1870 war Taro Katsura, der zukünftige Premierminister, mit dem Schiff unterwegs nach Paris, um dort zu studieren. Als er in Europa ankam und hörte, dass die Preußen im Krieg gegen die Franzosen Erfolg hatten, entschloss er sich, nicht in Paris, sondern in Berlin zu studieren.

JL: Bitte hören Sie auf, das Wort „Preußen" zu wiederholen. Mir ist schlecht.

J: „Preußen zeigte Schleusen zur Moderne", sagten sie, „wir wollen preußisch modern werden und nicht einfach modern werden". Denn einfach modern zu sein sei viel zu modern, das könne keiner ertragen.

K: Wenn es keine Preußen gegeben hätte, gäbe es keine Japaner. Es wäre viel besser gewesen. Aber da es Japaner gab, die preußisch waren, mussten wir alle preußisch werden. Sonst hätten die Japaner als die einzigen Preußen in Asien uns weiter an der Nase herumgeführt.

A: *streut Pulver in die Luft. Alle niesen und husten, dann fangen sie alle plötzlich an, wie besessen in der Nase zu bohren.*

J: Die Moderne steckt nicht ihren Finger in die Nase, wenn jemand zuschaut. Die Moderne steckt nicht ihren Finger in den Mund. Sie spricht immer offen und direkt.

J *zu keinem*: Sag direkt, was du willst.

K *zu keinem*: Was willst du direkt haben?

EIN KOMMILITONE VON OGAI (KM): Sag mal, kannst du mir Geld leihen? Ich habe schon wieder alles verspielt.

O: *macht eine tiefe Verbeugung.*

KM: *lacht.* Hei, was heißt das?

O: *noch einmal die Verbeugung.*

KM: Sag doch, was du damit meinst. Ich brauche Geld. Verstehst du mich? Geld.

J: Die Moderne verbeugt sich nicht.

K: Preußen ist nie unterwürfig. Sei aufrecht, sei aufrichtig, sei nicht aufgeregt, sonst würden die anderen dich auffressen!

KM: Hast du Geld oder nicht?

O: *legt mit Essstäbchen sieben Buchstaben auf den Boden und schreibt damit das Wort „Hygiene".*

KM: Deine Finger sind aber wirklich geschickt! Du kannst mit Stäbchen Buchstaben herauspicken.

O: *nimmt die Buchstaben „Hy" von „Hygiene" weg. Das Wort „Giene" entsteht. Er stellt die Buchstaben um und bildet das Wort „Genie":* Einmal ließ ich in einem Labor der Universität aus Versehen ein kurzes Glasstäbchen in ein Gefäß fallen. Ich nahm zwei längere

Glasstäbchen in die Hand und holte das gefallene Stäbchen aus der Flüssigkeit im Gefäß heraus. Der Professor, der das beim Vorbeigehen sah, hielt an und fragte mich überrascht, warum ich so etwas könne. Ich antwortete, es sei keine Kunst, ich benutze Essstäbchen genauso, wenn ich Einlagen aus der Suppe herausfische. Er rief die anderen Studenten, die sich im Labor befanden, zu sich und bat mich, die Aktion noch einmal zu wiederholen.

JL: Schmeißen Sie mich bitte nicht mit so einem Professor in einen Topf! Er hat keine Ahnung. Ich gehe einmal in der Woche zur amerikanischen Sushi-Bar in Prenzlauer Berg und esse Kalifornienrollen mit den Stäbchen. Ich habe schon als Kind gewusst, was Essstäbchen sind.

J: Ogais Kommilitone lebte vor hundertzwanzig Jahren und wusste nicht so viel wie Sie. Aber ich bin nicht sicher, ob ich mehr weiß als Ogai.

K: Er war in einer ganz anderen Lage als du. Er ist so zu sagen als Vertreter des Landes hierher geschickt worden.

J: Ich bin auch eine der Vertreterinnen des Landes: die der Arbeitslosen meines Landes, die nichts anderes zu tun haben, als weiterzustudieren.

A: *Applaus für J.*

O: *eine weitere Verbeugung.* Ich verkehrte in Deutschland drei Jahre lang mit vielen Menschen aus allen gesellschaftlichen Schichten.

J: Aber keiner popelte.

D: Der preußische Geist popelt nicht!

O: Die Europäer putzen ihre Nase mit ihren Handtüchern, wenn sie juckt. Dann sind das die Taschentücher, die an ihrer Stelle in der Nase bohren oder zumindest die Popel zerquetschen. Zerquetschen ist feige. Bohren ist radikal.

D: Was erzählen Sie da für dummes Zeug! Das Taschentuch ist die Zivilisation, und die Hygiene ist die Grundlage für das moderne Militär. Und die Diplomaten sind die Taschentücher, mit denen die Minister ihre Rotze abwischen! *Weint plötzlich.*

J: Muss man Mitleid mit Ihnen haben?

D: Die Schwelle zur Moderne lag in Japan genau in der Zeit der weltweiten Epidemie. Pest oder Preußen? Was ziehen Sie vor? Krankheit oder Hygiene? Was ist sauberer? Tod oder Militär? Was ist mörderischer?

J: Lieber im eigenen Tod weiter leben als als Soldat sterben.

D: Verstehen Sie mich nicht? Es gab keine andere Wahl: entweder zu einem Teil der starken Kriegsautomaten werden oder nackt und würdelos sterben.

K: Sie meinen: Entweder kolonialisiert werden oder selber ein Kolonialist werden und die anderen kolonialisieren.

D: Ja, das meine ich.

N: Also ich würde eher sagen, entweder die Eroberung oder eine Hautkrankheit. Es gibt keine andere Wahl.

J: Doch, es gibt. Das Baden in der Badewanne hilft, um Hautkrankheiten vorzubeugen. Das wäre eine Alternative für Sie gewesen, aber davon wollten Sie nichts wissen.

N: Ich bade doch nicht. Ohne den Körpergeruch keine Erotik. Lieber duften als verduften.

JL: Ja, genau. Sie haben es schön gesagt. Genau das wollte ich von Ihnen hören. *Versucht, Napoleon zu verführen, knöpft sein Hemd auf und reibt das Pulver auf seine Brust.*

N: Wozu soll das gut sein? Ekelhaftes Pulver.

JL: Puder, Parfüm und Preußen. So schön kann es auch zwischen uns werden.

N: Luise, mich interessiert kein Krieg mehr.

D: Kein Wunder. Ihre Nachfolger haben verloren. Das moderne Militär muss sich in der Badewanne waschen, aber Sie!

K *zu D*: Ach, ja, und wie ist es bei Ihnen? Ihre Restaurants haben blendend weiße Teller, aber nicht, weil sie sauber sind, sondern, weil sie aus Menschenknochen gemacht sind.

D: Eine Nation, eine Literatur, hygienisch überprüft. Die Garantie für hundertzwanzig Jahre!

J: Der Kolonialismus ist nicht immer europäisch. Das Popeln ist nicht immer japanisch.

O: Ich habe Homer gelesen, ich habe Dante gelesen. Shakespeare, Corneille, Racine und Goethe gelesen. Auch Schiller, Ibsen und Maeterlinck habe ich gelesen, nur um eine Figur darin zu entdecken, die in der Nase bohrt.

J: Seine Pilgerfahrt durch die europäische Literaturgeschichte kannte keine Müdigkeit. Viele gute Übersetzungen entstanden dabei.

O: Nach Jahren habe ich im Werk von Gustav Wied eine Beschreibung des Popelns gefunden. Und später noch eine Stelle bei Leonid Andrejew.

J: Sie waren zwar keine Preußen, aber immerhin Europäer. Der Beamte hat nicht recht gehabt.

JL: Sie haben wissenschaftlich erwiesen, dass Europa …

J: War das eine Entdeckung?

O: Ja, es war eine Entdeckung.

J: Eine große Entdeckung?

O: Nein, aber meine Freude war genau so groß wie die von Kolumbus, als er einen Punkt, der so klein war wie ein Stück Popel, in seinem Fernglas gefunden hatte.

KM: Hat dir die Entdeckung Geld gebracht?

O: Nein.

JL: Hatte Ihre Entdeckung eine politische Bedeutung?

O: Vielleicht. Aber keiner hat sie bemerkt.

HvK: Ist eine Bibliothek ein Ort für die großen Entdecker?

O: Ja.

PL: War das eine bunte Entdeckung?

O: Nicht sehr bunt.

J: Eine große Entdeckung?

O: Ja.

K: Eine kleine Entdeckung?

O: Ja.

A: Und wie geht es weiter?

O: Weitersuchen.

Alle zusammen: *plötzlich verbeugen sich alle Anwesenden gleichzeitig in verschiedene Richtungen und sagen laut und deutlich*:
Vielen Dank für Ihre Entdeckung!

ICH WOLLTE NUR GELD, BEKAM ABER DIE WAHRHEIT

G.E.L.: Verbrannt?

W.E.B.: Ja, die militante Organisation „Kach" hat in Jerusalem hundert Regenbogen verbrannt, die anlässlich des zweiten Christopher Street Days im Zentrum der Stadt verteilt worden waren. Er hat bestimmt im Himmel geweint.

G.E.L.: Wer?

W.E.B.: Christopher. Das ist der, der das Christkind auf den Schultern getragen hat. Ich saß an dem Christopher Street Day zufällig in einer Konferenz. Ich war überrascht, dass die Teilnehmer ein so schlechtes Bild vom Saladin hatten. Besonders wenn es sich um Fragen über die Frauen dreht, drehen sie alle durch. Bei uns glaubt man, Saladins Politik sei das beste Beispiel für die Unterordnung der Frau schlechthin. Genau das Gleiche hat man vor dem Zweiten Weltkrieg über Nathan gesagt. Damit man auch versteht, wie stark dieses Vorurteil ist, genügt es zu erwähnen, dass ein Minister von einem Euroland kürzlich alle Frauen von Saladin aus den Schulen warf, weil sie ihren Kopf verhüllten. Aber vielleicht weißt du nicht einmal, dass die Frauen heutzutage zur Schule gehen.
Ich erzähle dir eine weitere, ähnliche Episode: 1962 postierte sich der Gouverneur George Wallace von Alabama vor einer Schultür und ließ die schwarzen Christen nicht ein, um die Aufhebung der Rassentrennung in den Schulen in Alabama zu verhindern. Der Unterschied zwischen diesen beiden Szenen ist, dass damals die schwarzen Christen so viele Sympathien unter der amerikanischen Bevölkerung und auf der ganzen Welt hatten, während …

G.E.L.: Das hab ich nicht gehört.

W.E.B.: Das kannst du auch nicht gehört haben. In den letzten zweihundert Jahren ist vieles passiert, und du bist erst jetzt in unserer Zeit angekommen, ohne über uns gut informiert zu sein. Ist dir das Wort „Information" bekannt? Also das hier ist zum Beispiel ein moderner Friedhof. Hier liegen zuhauf junge Frauen und Männer, die von ihren Schulden erschlagen und getötet worden sind. Wer dann noch behauptet, die freie Marktwirtschaft sei eine friedliche Religion, der lügt. Nathan sagt, Esra sei der Sohn Gottes. Der Tempelherr sagt, Jesus sei der Sohn Gottes. Emma sagt, der Sohn Gottes sei in Wirklichkeit eine Frau gewesen. Der Dalai Lama sagt, die Lüneburger Heide sei wunderschön. Und Osho sagt nichts mehr. Er kann es sich leisten, drei Jahre lang zu schweigen, denn auf seinem

Konto vermehren sich die Zinsen von allein. Es ist also alles in Ordnung bei uns.

G.E.L.: Warum erschreckst du mich denn?

W.E.B.: Das Wort „erschrecken" ist altmodisch geworden. Heutzutage hat man nicht genug Zeit, um den Zustand des Erschrockenseins zu genießen. Man kann schon im nächsten Moment tot sein. Viele sterben vor dem Leben. Die Zahl der Totgeburten im Westjordanland ist nach Angaben der Gruppierung „Ärzte für Menschenrechte" PHR in den vergangenen Jahren um rund fünfhundert Prozent gestiegen. Eine Frau, die ich kannte, schickte deshalb per Post Eizellen und Haut nach Südkorea, um sich dort klonen zu lassen, anstatt ein totes Kind zu gebären.

G.E.L.: Wo aber ist sie denn?

W.E.B.: Sie ist in Nordkorea bei Nathan gelandet. Er versucht dort, den ungeschriebenen Akt seines Theaterstückes aufzuführen. Gott hat ihn als Heilsträger ausgewählt und ihm das Land Kana(an/da) als Heimat bestimmt. Er ist aber nicht dort geblieben, reist durch verschiedene Länder und lebt für die Bühnenkunst, anstatt für die Sünden der Menschen zu sterben. Ich finde es schön. Leider ist er nicht erfolgreich. Es gab einen anderen Mann, der es viel besser verstand, die Informationsgesellschaft zu seinen Gunsten zu nutzen. Es scheint auf den ersten Blick, als hätte er viele Probleme. Aber bei genauerem Hinschauen wird es klar, dass jedes Problem ihn noch bekannter macht.

G.E.L.: Wer war das? Wer?

W.E.B.: Ein umstrittener, islamischer Wissenschaftler aus der Schweiz. Obwohl er gut aussieht, ging sein Lehrauftrag an der Universität mit dem laufenden Wintersemester zu Ende. Seine Vorlesungen wurden aus dem Vorlesungsplan gestrichen. Im Zuge der Umsetzung des Bologna-Abkommens wurde das Vorlesungsprogramm so umstrukturiert, dass die Vorlesung über die Geschichte der verschiedenen Religionen von einer einzigen Person gehalten werden sollte. Er hat die Schweiz verlassen.

G.E.L.: Wo ist er?

W.E.B.: Er ist in die EU geflüchtet.

G.E.L.: Wo steckt hier das Unglaubliche?

W.E.B.: Vielleicht ist auch dir schon ein Künstler auf einer Straße in einem Euroland begegnet, sei es bei einer Show oder auf einem Jahrmarkt, wo er seine wirbelnden Tänze zeigt, Feuer, Messer oder Rasierklingen schluckt. Das ist er. Hinter all diesen oberflächlichen Kunstfertigkeiten steht eine Jahrtausende alte Tradition und Philosophie aus Nordafrika. Die Liebe zu Gott muss die Selbstsucht verdrängen, so dass der Künstler durch absolutes Gottvertrauen im Augenblick der Ekstase oder dem mystischen Verlassen des Irdischen sein Ziel erreicht.

G.E.L.: Wie kommen wir?

W.E.B.: Zu dem Zustand der Ekstase, meinst du? Durch das Surfen im Internet natürlich.

G.E.L.: Wie?

W.E.B: Du gibst Stichworte in den Computer ein und bekommst eine Fülle von Informationen. Keiner kontrolliert, was dort steht und was du daraus nimmst. Denn eine einseitige Kontrolle ist nicht demokratisch. Entweder gar keine oder eine gegenseitige Kontrolle. Also, wenn die Bewohner sich darüber beschweren, dass Ambulanzen von Sicherheitskräften aufgehalten werden und ihr „Inhalt" untersucht wird, dann müssen sie auch die Spielregeln beachten, dass in diesen Fahrzeugen nicht ganz lebende und voll aktive Selbstmörderbomber eingeschmuggelt werden dürfen.

G.E.L.: Seit wann?

W.E.B.: Seit 1945. Seitdem zahlreiche japanische Kamikaze-Flieger ihr Leben geopfert haben, wissen wir, dass die Menschen für die unwichtigsten Dinge zu sterben bereit sind. Der Selbstmord wurde allerdings in der islamischen Kultur nie als Tugend angesehen, deshalb sind sie auch nie nach Japan gefahren, um Samurai zu werden. Der letzte Samurai unserer Zeit war deshalb kein Muslim, sondern ein amerikanischer Schauspieler. Die Muslime sind religiös weit entfernt von jedem Gedanken an einen Opfertod. Selbstmord und Selbstmordattentate widersprechen in Afghanistan sogar dem Ehrenkodex. Darüber promovierte ein afghanischer Student in Hamburg. Er wurde anschließend an eine renommierte katholische Universität in den USA berufen. Dort sollte er Religionswissenschaft lehren, aber auf keinen Fall über die Zusammenhänge zwischen dem Tantrismus, der Pädophilie und dem Theater sprechen. Er hat die USA wütend verlassen.

G.E.L.: Und was es schadet, fragst du? Was es schadet?

W.E.B.: Über die Religionen nachzudenken bedeutet, über das Theater nachzudenken. Manche behaupten, Religionen seien

genauso schädlich wie das mittelalterliche Theater, weil sie beide zur Prostitution führen.
Ich erzähle dir etwas: Damals war noch nicht einmal Konfuzius geboren. Mädchen, Knaben, Frauen und weiblich aussehende Männer gingen an bestimmten Nächten ins Sumpfgebiet und verkehrten freiwillig mit den riesigen Wasserschlangen. Menschen und Schlangen haben zusammen Wein getrunken und miteinander geschlafen. Es war weder eine Religion noch ein Theater – oder doch beides zusammen. Später haben die großen Unternehmer diese Tradition missbraucht, indem sie besonders Kinder und Frauen als Opfergabe töteten. Sie hofften dadurch, die Natur zu besänftigen, die eigene Angst zu überwinden und einen möglichst großen Profit aus der Natur herauszuziehen. Die Journalisten kritisierten dann die alte Tradition der Opfergabe, aber in Wirklichkeit waren das die Unternehmer gewesen, die die Zeremonien in einer verfälschten Form durchgeführt hatten.
Ist es schlimm, wenn ein Theater nach unbestimmbarer Erotik duftet? Es kommt von der Sehnsucht nach den Riesenschlangen. Die Unternehmer hassten die Schlangen und versuchten, durch die berühmten zehn Angebote im Winterschlussverkauf die Prostitution auszurotten. Sie dachten, sie könnten bei den Kunden große Kauflust erregen, damit sie andere Lüste vergessen. Es gibt übrigens auch die „Zen-Gebote" aus dem Zen-Buddhismus, da fehlt aber das Haar.
Meiner Meinung nach war es keine gute Idee, die Affäre zwischen Adam und Eva zur Sünde zu erklären. Seitdem überschätzt man die Nacktheit und den sexuellen Verkehr. Einige männliche und weibliche Heilige stellten ihre Keuschheit unter Beweis, indem sie nackt beieinander lagen, ohne sich gegenseitig zu berühren. Sie kamen trotzdem zur Ekstase.

G.E.L.: Träumst du wieder?

W.E.B.: Nein, ich bin wach, ich bin immer wach wie ein angeschalteter Bildschirm. Ich wollte nur Geld, bekam aber die Wahrheit. Ich habe keine Angst davor, keine Orientierung zu haben, keinen Vater zu haben und an nichts zu glauben. Denn ich muss nichts müssen. Lass uns lieber über die Nahrungsmittel reden. Isst du wieder Rindfleisch? Isst du noch Hühnerfleisch? Trinkst du den roten Busch-Tee anstatt den Gorbatschow? Bist du vegetarisch? Woran denkst du gerade? Warum schaust du mich so an?

G.E.L.: Wo ich eben jetzt ein kleines Pilgermahl zu finden hoffte?

W.E.B.: Hier im „Haus der Religionen der Welt" kannst du nur zu bestimmten Zeiten essen, weil das Essen zu den Ritualen gehört. Es gibt zwar atheistische Snacks zwischendurch. Aber pass auf. Es sind Kalorienbomben.
Ich kriege allerdings ständig Hunger, weil ich den ganzen Tag Informationen aus dem Internet nachplappern muss.
Nun, lieber hungrig sein als deprimiert. Vor allem soll man nicht Sünde, Schuld und Schulden verwechseln. Sonst ist man gelähmt und nicht mehr fähig, die Verantwortung zu übernehmen. Gib mir noch mehr Bilder, noch mehr Musik, noch mehr E-Mails. Ich möchte nicht melancholisch sein.

G.E.L.: Wenn ich nun melancholisch gern mich fühlte?

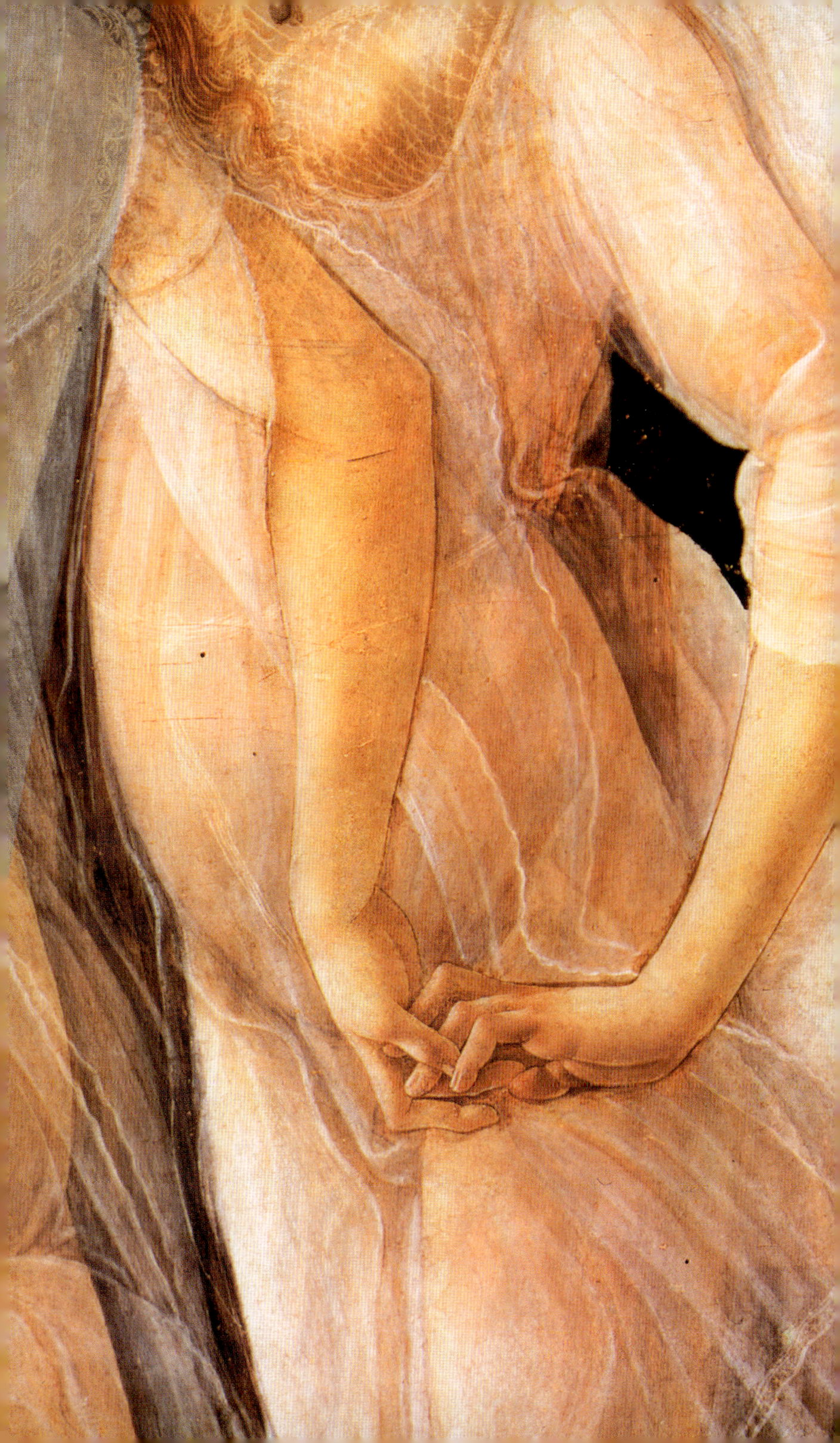

WAS ÄNDERT DER REGEN AN UNSEREM LEBEN?

Oder ein Libretto

1-links. Introduktion. An der Mur.

YUKIKA: Trockne Nachtluft war es
die meine Mutter aus dem Hotelbett jagte
Kein Mond über dem Schlossberg
Keine Neonreklame der Wirtshäuser
Nur die Straßenbahn glänzte
bei jeder Laterne
Meine Mutter öffnete die Zimmertür
In ihrem Traum war sie zu Hause in Tokio
wollte in die Küche gehen
und den Kühlschrank öffnen
da öffnete sich die Mur
mit tiefschwarzen Haaren
Meine Mutter sprang hinein
sie fiel senkrecht in die Tiefe
in die Hölle

PROFESSOR DER MUSIKHOCHSCHULE: Heiden werden nicht aufgenommen, weder in die Hölle noch in den Himmel. Nur wir, die Prüfer der Musikhochschule, nehmen sie gerne auf.

YUKIKA: Meine Mutter ist in die Hölle gefallen. Sie ist ungläubig. Sie denkt nicht, dass die Welt gemacht ist, auch nicht von Gott.

PROFESSOR: Der Weg zum Tor ist kurz, aber die Tür bleibt fern. Man wird geprüft und untersucht, bis man als Bewohner der Hölle akzeptiert wird. In dem Fall Ihrer Mutter wird es noch Monate und Jahre dauern.

Es ist noch nicht zu spät!
Holen Sie sie schnell heraus!
Schließen Sie Ihre Notenblätter zu und
nehmen Sie eine Straßenbahn
vom Hauptplatz!
Die Nummer Vierzehn fährt in die Hölle.

YUKIKA: Wenn es eine Brücke gäbe,
die mich ins Wasser bringen könnte! Ich will nicht hinüber, ich will in die Mur!
Ich muss zu den unterirdischen Behörden.
Welche Brücke hilft mir dabei?
Kepler, Augarten, Radetzky, Tegetthoffbrücke oder Mursteg?
Wie hieß sie noch?

1. rechts (CD 3-3)

0,01 Eine männliche und eine weibliche Stimme unterhalten sich. Ein Paar Lederschuhe geht vorbei.

0,08 Der Reißverschluss eines Reisekoffers wird geöffnet. Wäre ich ein Mikrofon, das eine Geschichte schreiben wollte, würde ich mit der Beschreibung einer Reisenden beginnen, die gerade in einem Hotelzimmer ihren Koffer öffnet. Aber ein Mikrofon schreibt normalerweise keine Geschichte.

0,13 Schritte auf dem Flur. Sie entfernen sich.

0,17 Die Schuhsohlen der gehenden Person reiben kurz gegen den Fußboden und machen ein Geräusch, das sich ähnlich anhört wie der Reißverschluss von vorhin.

0,34 Ein leerlaufendes Rad eines auf den Kopf gestellten Kinderfahrrads.

0,41 Eine männliche Stimme spricht fünf Silben lang. Die letzte Silbe wird freundlich in die Länge gezogen.

0,42 Die Tür eines Autos wird zugeknallt.

0,46 Eine männliche Stimme schlägt vor, mit der Straßenbahn zu fahren. Der Angesprochene bleibt unhörbar.

0,53 Ein kleines Kind gibt einen schmiegsamen Ton von sich. Ein Mann antwortet ihm mit „ja, genau".

1,00 Noch einmal kommt ein „Ja" von dem Mann, und das Kind schweigt.

1,09 Ein Mensch, der weniger wiegt als der von vorhin, geht langsam vorbei. Seine Schuhsohlen sind wahrscheinlich abgenutzt.

1,24 In der Ferne hämmert jemand gegen eine Wand. Oder jemand steigt in Eile metallene Wendeltreppen hinauf. Wäre ich eine Bühnenbildnerin, müsste ich wissen, was als Kulisse besser zu dem Stück passen würde: eine Baustelle oder eine Wendeltreppe.

1,33 Ein Kind beginnt, bunt und wollig zu sprechen.

1,34 Einer grüßt mit „Servus!"

1,38 Ein Kind berichtet munter von zwei Euro und fünf Euro, als wären es Eier, die man in einem Vogelnest entdeckt hat.

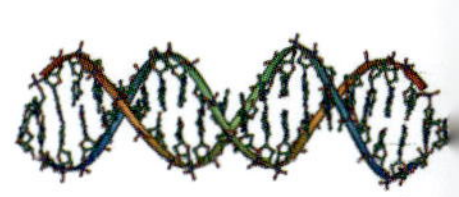

Die Faustgruppe, die Kaufplatte, die Taubtruppe,
die Hauptbrücke!
Ach!
Mein Blick stolpert an das Geländer der Brücke,
die Landschaft steht im Wasser auf dem Kopf.
Mein Kopf – durchgedreht? Mein Plan – durchdacht?
Hindurchgefallen in den liegenden, schmalen Spiegel,
die Mur.
Unter ihr liegt eine Kopie der Stadt.
Die Fensterrahmen sind übermalt mit Sahne,
rosa und hellblau wie auf einer Geburtstagstorte.
Laubwerk der Schmarotzer wächst auf den Außenwänden,
giftgrün appetitlich.
Es duftet und flimmert draußen.
Staubig dunkel ist es drinnen.
Schritte, Schritte, Schritte
der Wächter.
Oder sind das Besucher?

DER BEAMTE: Herein!

YUKIKA: Meine Mutter können Sie nicht in die Hölle schicken. Denn für sie gibt es keine Hölle.

DER BEAMTE: Studieren Sie Musik?

YUKIKA: Ich rede nicht von der Musik. Ich rede von der Hölle.

DER BEAMTE: Die Hölle ist für die schlechten Katholiken gemacht. Die guten Heiden haben dort nichts zu suchen. Aber wer einmal in den Fluss gefallen ist, kann nicht mehr zurück in die Stadt.

YUKIKA: Ist sie gefangen? Zwischen der Stadt und der Hölle? Wie lange noch?

DER BEAMTE: Das kann ich nicht sagen.

YUKIKA: Das ist ein Verstoß gegen die Menschenrechte.

DER BEAMTE: Die Gefallenen sind keine Menschen mehr.

YUKIKA: Die Gefallenen? Das ist doch ein Ausdruck für Krieger. Sie meinen die Toten?

DER BEAMTE: So ähnlich.

YUKIKA: Das ist aber ein Rassismus gegenüber den Toten!

1,58 Ein Mischgeräusch zwischen Schellen und Rasseln. Es ist so weit gefiltert, dass es sich elegant anhört.

2,04 Jemand geht direkt vor dem Mikrofon vorbei. Hinten wird eine Stimme hörbar.

2,14 Eine eiernde Melodie. Bettelnd, aber auf keinen Fall hilflos. „Megafon! Megafon!" Ein Außenstehender würde sich darüber wundern, warum Megafone auf der Straße verkauft werden, bzw. würde er das Wort nicht verstehen können. Wiederholungen. (2,17 / 2,20 / 2,32).

2,25 Ein Vogel oder eine Kinderflöte singen in der Ferne.

2,31 Eine Frau spricht, während sie geht. Sie spricht die Zahl „vierhunderteins" aus.

2,42 Der Händler wiederholt unermüdlich das Wort „Megafon", je zweimal, schwebend zwischen Klage und Bitte. Der Ruf wiederholt sich (2,42 / 2,45/ 2,57 / 3,01 / 3,05 / 3,12 / 3,18 / 3,30 / 3,39 / 3,43 / 3,47 / 3,52).

2,48 Einer pfeift eine Melodie, die zu einer Kinderoperette gut passen würde.

3,02 Fünf Mal ertönt in der Ferne ein Hämmern.

3,14 Wieder pfeift einer. Dieses Mal lässt sich die Melodie zweimal ironisch fallen und klettert beim dritten Mal die Wirbelsäule des Zuhörers hoch.

3,17 Fünf Mal ertönt ein Hämmern. Dieses Mal ist es etwas nähergerückt.

3,20 Ein Fahrzeug nähert sich, kommt jedoch nicht richtig nah.

3,36 Eine Tür wird zugeknallt. Entweder ist sie dünn und aus Holz, oder sie ist schwer und befindet sich in einiger Entfernung vom Mikrofon.

3,40 Die Tür eines Autos wird vorsichtig zugezogen.

3,42 Schritte. Zielsicher oder wütend.

3,48 Sirene eines Krankenwagens.

3,50 Eine alte kleine Schreibmaschine klappert.

DER BEAMTE: Es gibt einen Weg, durch den Ihre Mutter zurückkehren könnte. Aber er ist einer modernen Frau nicht zumutbar.

YUKIKA: Verraten Sie mir den Weg.

DER BEAMTE: Es ist der Weg des Kaisers.
Schmerzhaft wie jeder künstliche Messerschnitt.

YUKIKA: Genauer bitte!

DER BEAMTE: Na ja, wie soll ich es sagen?

YUKIKA: Brauchen Sie Bestechungsgeld?

DER BEAMTE: Wie kommen Sie darauf?

YUKIKA: Sagen Sie mir schnell, was ich tun soll!

DER BEAMTE: Sie müssen Ihre Mutter gebären.

YUKIKA: Wie bitte?

DER BEAMTE: Ihre Mutter muss aus Ihrem Bauch kommen. Denn nur durch eine lebende Gebärmutter kann eine Tote lebendig in die Welt der Lebenden zurückkommen.

YUKIKA: Aber warum sollte ich das machen? Meine Großmutter hat meine Mutter geboren.

DER BEAMTE: Sie ist schon tot.

YUKIKA: Aber wie kann ich meine eigene Mutter gebären? Dafür müsste ich einen Leib haben, der wie eine Stadt ist.

2-links. Arie. Vor dem Klosterspital.

FRANZ: Deine Augenlider gehen auf. Wo warst du? Dein Mund öffnet sich, und er spricht, wie die Mur sich kräuselt. Was möchtest du sagen? Schweig lieber! Leere Blicke. Entstellte Worte. Ein hastiger Atem. Früher warst du fremd und feminin, jetzt bist du fern und finster. Dir helfen? Ja, zu jeder Zeit. Erzähl mir alles, was dir passiert ist. Und selbst wenn deine Geschichte nicht wahr ist, glaube ich dir alles, denn du hast keine andere Geschichte als die, die du dir ausdenkst. Erzähl weiter. Dein Märchen kommt aus deinem Bauch. Wir sind

Unbequeme Musik I

2. rechts (CD 3-7)

0,01 Die Sprache hat keine Lust zu sprechen, aber der Sprecher zwingt sie zu sprechen. Daher entsteht ganz kurz ein Sprechen ohne Sprechen.

0,02 Gegenstände aus einem dünnen, harten Material machen Lärm und bringen den Lauf der Sprechstimme durcheinander.

0,10 Mit dem Wort „müssen" richtet sich der Sprecher auf. Das Pflichtgefühl ist hier zwar nur rhetorisch gemeint, gibt dennoch dem Sprecher neue Kraft.

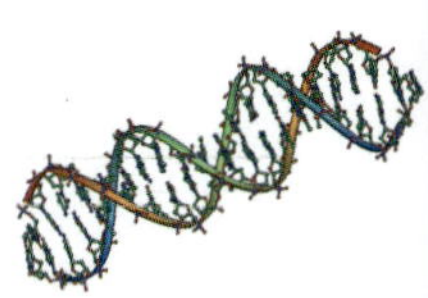

Alle Zeichnungen zu diesem Stück von Peter Ablinger

ganz allein mit deinem Märchen. Wir bleiben allein, damit keiner es uns wegnehmen kann. Wie heiße ich in deiner Geschichte und was soll ich dort tun?

Nein. Das ist nicht deine Geschichte. Du musst eine Julia sein oder Salome, sogar Undine würde ich lieben, und wenn es sein muss auch Kassandra. Aber so eine Frau, wie du es bist, gibt es nicht. Es ist verboten, als Frau eine Frau zu erfinden. Es gab sie nicht, und deshalb wird es sie auch nicht geben.

Gut. Ich spiele mit. Ich brauche aber Zeit, um meinen Rollentext zu lernen. Ich brauche Einsamkeit. Ich ziehe mich für eine Weile zurück. Ich komme gleich wieder. Ich verlasse dich für immer.

0,12 Der Sprecher wird durch seinen Gesprächspartner unterbrochen, der eine *geräucherte* Stimme hat.

0,13 Der Sprecher wiederholt das Wort „müssen" noch einmal, als wollte er sich selbst noch einen Schub geben.

0,18 Die Sprechstimme braucht anscheinend „Gehsteig und Straße", um darauf gehen zu können. Die betonten Vokale „e" und „a" werden wie Setzlinge ins offene Feld gepflanzt, um die imaginären Gehsteige und Straßen zu markieren.

0,20 Ein angeblicher Zuhörer gibt einen Ton von sich, der noch keine Sprache ist. Dieser Ton könnte bedeuten: „Ich habe verstanden, was du gesagt hast".

0,21 Das Wort „auch" zeigt den Wunsch, ein größeres Umfeld mit einzubeziehen.

0,28 Die Stimme wird kurzfristig schlapp.

0,32 Der Sprecher betont den offenen Vokal am Ende eines Wortes, um eine größere Lautstärke zu erreichen. Dieser Vokal hatte aber sonst keinen Grund, betont zu werden, und schwebt jetzt beschämt in der Luft.

0,33 Etwas, das vorher „geduldet worden" ist, muss man jetzt rechtfertigen. Es ist eventuell eine Art staatliche Macht, gegen die man auch in der Mundhöhle kämpfen muss.

0,41 Die fünf Wörter „es ist ja so, dass" wie fünf flache Treppen vor der Eingangstür.

0,42 „Die Polizei" der Grammatik steht plötzlich da.

0,46 Der Zuhörer stimmt zu mit einem leisen, kurzen, tierhaften Geräusch im Hals.

0,47 Der Sprecher bestätigt die Zustimmung.

0,48 Das Wort „Gebühr" klingt wie ein Versöhnungswort.

0,54 Der Zuhörer mischt sich mit seiner Zunge ein. Zurückhaltend aber feucht.

1,01 Ein Hauch von weiblichem Atem in der Nähe. Noch nicht ganz stimmhaft.

1,04 Eine Zäsur setzen, damit es weitergeht. Gelungen.

1,07 Ein Schlag auf eine feste Platte. Brutal aber matt. Laut und dennoch braun.

1,12 Weibliche Stimmen wachsen langsam aus dem Hintergrund.

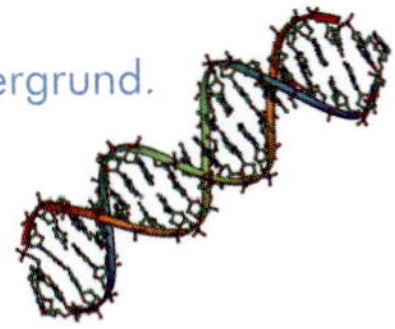

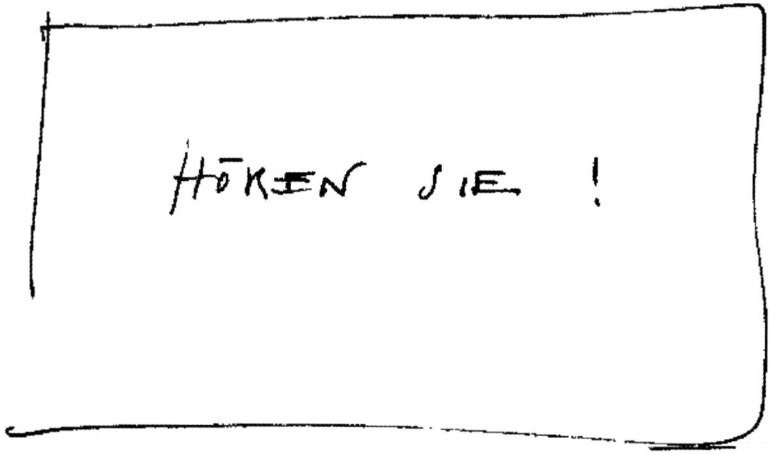
HÖREN SIE !

psst

1,17 Die Stimme des Sprechers und eine weibliche Stimme laufen parallel, ohne sich gegenseitig zu beachten.

1,27 „Die Polizei" wird angerufen, um die akustische Ordnung im Raum herzustellen.

1,33 Die weibliche Stimme antwortet „Ja", heiter und motiviert.

1,39 Der Vokal „i" in „nicht geht" wird betont. Er steht da wie ein warnender Zeigefinger.

1,40 Dampf steigt aus dem Maul eines Kessels.

1,52 Der Chor der kleinen Geräte. Ihre Grammatik teilt die Verben in zwei Gruppen auf: Zu der ersten gehören spritzen, stechen, stoßen usw. Zu der zweiten gehören fegen, streichen, kratzen usw. Jeder geht mit einer Oberfläche anders um. Der Sprecher schweigt, wenn das Metall spricht. Weibliche Stimmen brummen weiter im Hintergrund.

2,06 Eine Frau nimmt keine Rücksicht auf die lauten Geräte und redet weiter.

2,22 Der Sprecher, der eine Zeit lang still gewesen ist, sucht vorsichtig nach einem neuen Einstieg.

2,29 Ein weibliches „a" wird in den Raum geworfen. Es klingt frei von jedem Gefühl, frei von jeder Bedeutung.

2,31 Der Sprecher beginnt, wieder mit seiner Stimmengeste eine These zu verteidigen. Der Zuschauerraum bekommt rasch eine stumme Farbe.

2,34 Der „Ausgang" ist auch ein Wort, das dem Sprecher Sicherheit gibt.

2,40 Protest der Dinge.

2,44 Pergamentpapier wird ausgerollt.

2,53 Draußen schlägt jemand mit einem Bambusbesen gegen die Hauswand.

3,02 Es wird zweifach verneint.

3,04 Die Verneinung wird wiederholt. Wahrscheinlich aus musikalischen Gründen.

3,11 Die Stimmung einer Trennung. Der Mann sagt „gestern" oder „vergessen". Die beiden Wörter sind in dieser Situation nicht voneinander zu unterscheiden.

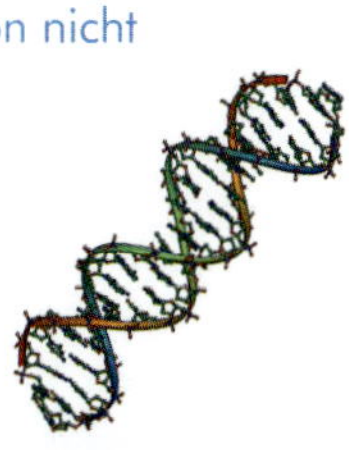

3-links. Rezitativ. Im Stadtpark.

SCHAUSPIELERIN: Es ist schon drei Uhr. Ich muss meine Kinder zum Vater bringen und mich auf die Theaterprobe vorbereiten.

JUNGE 1: Auf dem Nest sitzt ein Pinguin, schwarzweiß aber digital.

SCHAUSPIELERIN: Wo ist dein Bruder?

JUNGE 2: Weiß ich nicht.

SCHAUSPIELERIN: Aber du bist doch sein Bruder. Geh ihn suchen.

JUNGE 2: Ich bin nicht sein Bruder, sondern er ist mein Bruder.

JUNGE 1: Ich war zuerst da.

JUNGE 2: Aber wenn ich nicht gekommen wäre, wärst du jetzt nicht der Bruder von mir.

SCHAUSPIELERIN: Kommt ihr mit?

FRANZ: Nun irre ich seit einer Stunde herum – zwischen Hochhäusern für Eichhörnchen und den schneenackten Frauen aus Stein. Ich werde Yukika helfen. Sie kann gebären, was sie will. Sei es eine Schlange oder einen zukünftigen Mörder. Aber Vater meiner Schwiegermutter möchte ich nicht werden. Was ist das? Eine Puppe?

JUNGE 1: Das ist meine!

JUNGE 2: Das ist meine!

MÄDCHEN: Das ist meine!

FRANZ *Monolog*: Sollte ich der Vater ihrer Mutter sein, wäre ich Yukikas Großvater. Im Notfall würde ich sogar akzeptieren, ihr Vater zu sein, aber nicht ihr Großvater. Man möchte mich zwei Generationen zurückwerfen. Was bedeutet das?

JUNGE 1: Gib mir meine Puppe zurück!

JUNGE 2: Das ist meine.

MÄDCHEN: Das ist meine.

FRANZ *weiter in Gedanken*: Ich brauche keine weiteren Verwandten. Wozu eine Schwiegermutter?

JUNGE 1: Er plappert vor sich hin. Wie peinlich.

SCHAUSPIELERIN: Kommt, ihr Kleinen, kommt!

3. rechts (CD 1-3)

0,02 Eine mütterliche Stimme sagt ein Wort.

0,03 Ein Kind lacht anstelle einer Antwort.

0,04 Ein anderes Kind behauptet etwas. Einige andere Kinder sagen auch etwas. Jedes Kind hat seine eigene Sprache.

0,23 Ein Kind schreit, um gehört zu werden.

0,27 Im Hintergrund sind Autos zu hören.

0,42 „Das ist meine" behauptet ein Kind.

0,43 Ein anderes Kind sagt daraufhin: „Das ist meine!"

0,44 „Das ist meine!" ruft ein drittes Kind.

0,47 Ein Kind knirscht ohne Zähne.

0,49 „Das ist meine"

0,50 „Das ist meine"

0,53 Ein Vogel wirft Töne aus seinem Schnabel. In regelmäßigen zeitlichen Abständen.

1,03 Ein Vogel parodiert den Konkurrenzkampf unter den Kindern.

1,09 Die mütterliche Stimme ruft nach David.

1,10 Sie ruft noch einen Namen, der sich wie „Mach-Mut" oder „Mohammed" anhört.

1,11 Sie sagt: „Mach-Mut, Deutsch sprechen!"

1,13 Die Kinder singen kurz zusammen, das heißt, drei Silben lang.

1,14 Die Bestätigung der mütterlichen Stimme „genau" folgt.

1,23 Ein anderer Vogel singt eine komplizierte Melodie, während sich der erste Vogel davon nicht beeindrucken lässt und weiter seine mechanischen Töne wiederholt.

1,33 Der Verkehrslärm wird aufdringlicher.

1,38 Verlangen nach einer Zustimmung: „Ne?" Weich und klebrig.

1,39 Ein Kind sagt „an-yo", ein anderes „schi", dann ein drittes „hee-i".

1,42 Ein Kind schreit „Nein".

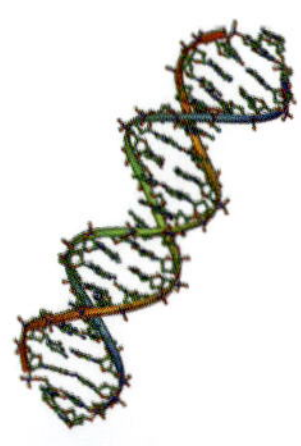

JUNGE 1: Wir müssen heute schon so früh nach Hause, nur weil du als Schauspielerin Karriere machen willst.

SCHAUSPIELERIN: Genau. So ist es. Hol deinen Bruder und deine Schwester hierher.

FRANZ: He, du, Kleiner, soll ich dir etwas Schönes zeigen?

JUNGE 2: Nein, danke. Schön bin ich selbst.

FRANZ: Kaum ist das Küken aus dem Ei, schon benimmt es sich eitel und eingebildet. Die heutigen Jungen sind nicht auszuhalten. Lieber Mädchen als Junge. He, du, Kleine, willst du etwas Schönes sehen?

MÄDCHEN: Wie bitte? Sie möchten mir etwas von sich zeigen und finden es auch noch schön? Das ist eine sexuelle Belästigung. Ich rufe meine Mutter.

FRANZ: Nein, ich wollte dich nur nach dem Weg fragen.

MÄDCHEN: Nach dem Weg fragen? Im Stadtpark? Sie lügen und halten mich für dumm. Sie wollen mich und den ganzen Park missbrauchen. Und das an diesem sonnigen Tag!

FRANZ: Was erzählst du mir da? Kinder sind gar nicht zu gebrauchen. Wie kann man etwas missbrauchen, was man gar nicht gebrauchen kann? Kinder verkaufen sich als zukünftige Steuerzahler und setzen uns unter Druck.

MÄDCHEN: Du bist unverheiratet und hast kein Kind, weil du keine Arbeit hast.

FRANZ: Schluss – aus! Ich heirate nicht, weil ich so mehr Steuern zahlen kann! Die Freude des Steuerzahlers kannst du sowieso nicht begreifen.

MÄDCHEN: Du bist nicht attraktiv, deshalb bist du noch kein Vater!

FRANZ: Du hast mich sexuell belästigt! Ich werde dich anzeigen!

SCHAUSPIELERIN: Kommt alle mit nach Hause!

OBDACHLOSER: Was machen Sie hier? Suchen Sie Kinder zum Verführen?

FRANZ: Nein, ich bin kein Rattenfänger. Außerdem: eine Ratte würde ich viel lieber verführen als dieses Mädchen. Ich brauche einen Boten, der meine Flasche zu meiner Freundin bringt.

OBDACHLOSER: Eine Flasche? Was für eine? Wie viel Prozent?

1,43 Flattern einer Schar kleiner Spatzen.

1,49 Ein Singvogel wiederholt penetrant seine Phrase, die aus vier gleichförmigen Tönen besteht. An der ersten Stelle klingt es wie die Antwort auf die Kinder, aber bald bemerkt man, dass er nicht auf die anderen Lebewesen hört. Er zieht sein eigenes Prinzip durch. Er wiederholt die Phrase weiter (1,56 / 2,04 / 2,13 / 2,19 / 2,27 / 2,46).

2,20 Ein Gegenstand fällt die Treppen hinunter.

2,37 Autos versuchen immer wieder, über den menschlichen Stimmenteppich zu fahren, bleiben jedoch als zu dumpf weiter im Hintergrund.

2,48 Ein Kind verlangt nach etwas und schreit ein Wort oder einen Namen mit lang gezogenem „e" am Ende.

2,54 Jemand geht vier Schritte.

3,02 Eine neue Frau oder die Frau mit der mütterlichen Stimme ruft „Marek!"

3,28 Ein Kind sagt „Wasser" in einem vorsichtigen Ton und lässt dem Wort die Möglichkeit offen, etwas anderes zu bedeuten.

3,35 Das Wasser fließt, nachdem es eine Weile gezögert hat.

3,52 Eine Reihe von schnell hintereinander schlagenden Tönen aus einem Schnabel.

4,09 Ein Kind wiederholt ein Wort. Hartnäckig und unermüdlich. Schon beim ersten Mal lässt sich seine Wut darüber erkennen, dass es nicht gehört wird. Das Kind wiederholt sich und wird immer einsamer mit seiner eigenen Stimme (4,11 / 4, 15 / 4, 22 / 4, 24 / 4, 26 / 4, 37 / 4, 38 / 4,40 / 4,46 / 4, 48 / 4,50 / 4,58).

5,05 Eine Krähe kündigt ihren Auftritt an, indem sie zwei Mal „a" singt.

5,16 Die anderen Vögel ignorieren die Krähe und singen weiter ihre eigenen Lieder.

5,24 Ein Kind lacht mit einer Leichtigkeit, indem es im Hals vier milde Töne schnell hintereinander blubbern lässt.

5,26 Fünfsilbiges Nachlachen folgt. In einer etwas höheren Tonlage als vorhin.

5,27 Ein Kind schreit, oder ein Haken kratzt an einer Metalloberfläch

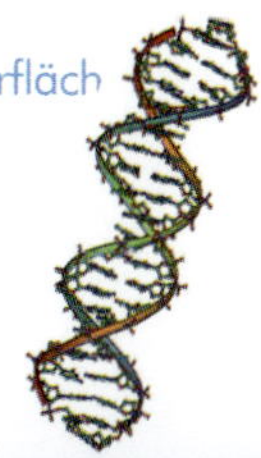

FRANZ: Hundertprozentige Information über meine Zellen.

OBDACHLOSER: Information?

FRANZ: Wie fein die Ohrmuscheln gebaut sein müssen, damit man die Stimme einer Sängerin genau hören kann, selbst wenn man einen Stehplatz im Opernhaus hat. Wie schmal die Tränendrüsen gebaut sein müssen, damit man nicht zu oft weinen muss. Wie dick das Blutgefäß gebaut sein muss, damit man nicht bei jeder blutigen Mythe einen hohen Blutdruck bekommt. All diese Fakten findet man in dieser Flasche.

OBDACHLOSER: Möchten Sie etwa eine Kopie von sich machen lassen?

FRANZ: Nein, aber meine Freundin möchte schwanger werden.

OBDACHLOSER: Ach. Was sagen ihre Eltern dazu?

FRANZ: Ihr Vater ist schon tot, und ihre Mutter ist noch nicht geboren. Das ist das Problem.

OBDACHLOSER: Was?

FRANZ: Ich möchte nicht dabei sein.
Ich möchte nicht bei der Befruchtung dabei sein.
Ich möchte nicht bei der Geburt dabei sein.
Ich möchte nicht bei der Namensgebung des Kindes dabei sein.
Ich möchte nicht bei dem Ehestreit dabei sein.
Ich möchte nicht bei der Scheidung dabei sein.
Ich brauche einen Boten, der meine flüssige DNA zu ihr bringt.
Aus der Ferne werde ich an sie denken.

OBDACHLOSER: So lange wollen Sie unterwegs sein? Der Wandervogel fliegt über den Ozean zu dem Ort, wo er sein Nest baut, um die Eier zu legen. Aber Sie fliegen weg von Ihrem Nest, bevor es gebaut wird.

JOSEF: He, Alter, suchst du nach einem Boten?

FRANZ: Ja. Woher weißt du das?

JOSEF: Ich recherchiere vorher im Internet, damit ich das Herz der Menschen beim ersten Schuss treffen kann.

FRANZ: Wie heißt du? Heißt du Amor?

JOSEF: Nein, ich heiße Josef. Wie heißt du?

FRANZ: Franz. Ich möchte, dass du diese Flasche zu meiner Freundin bringst.

5,35 Ein Vogel singt eine Melodie, die sich wie ein Satz anhört.

5,52 Ein Kind wird übermütig.

5,57 Ein Vogel kritisiert das Kind.

6,06 Ein Kind ist unzufrieden. Seine Stimme kommt aus dem Bauch.

6,23 Ein Kind oder zwei Kinder singen zwei hohe Töne hintereinander.

6,32 Die mütterliche Stimme spricht. Ihre Sprache ist nicht Deutsch.

6,34 Mehrere Kinder sprechen gleichzeitig.

6,38 Mach-Mut wird zwei Mal liebevoll und leise gerufen.

6,46 Hupen eines Autos.

6.56 Ein Vogel in der Ferne.

7,00 Ein Kind spricht in die vertraute körperliche Nähe hinein.

7,02 Ein Patchwork aus Kinderstimmen.

7,15 Ein Kind schafft es, aus einem hohen Jubelton nahtlos in ein Lied überzuwechseln.

7,18 Die Rohfassung einer wilden Lebenskraft.

Seite : 3 zu 4
Schriftbild : 9 zu 16

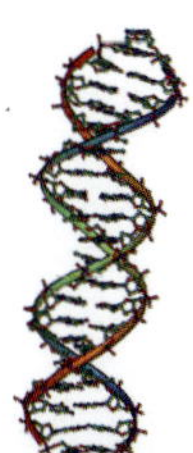

JOSEF: Und was bekomme ich dafür?

FRANZ: Was möchtest du dafür?

JOSEF: Eine Zelle von dir.

FRANZ: Abgemacht.

4-links. Quintett. In einem Traum. Tokio.

YUKIKA: Der blaue Himmel über dem Bürohaus macht mich traurig. Ich mag lieber einen regnerischen Herbsttag mit zertretenen Blättern auf dem Asphalt.

FREUND A: Was ändert der Regen an unserem Leben? Auch bei Regenwetter startet fast jedes Flugzeug pünktlich. Das Wetter ist ein Thema vergangener Zeiten. Im hellsten Sonnenlicht rufen die Passagiere genau wie beim Regen: Auf Wiederschauen und nie wieder schauen!

FREUNDIN B: Schau nicht immer aus dem Fenster! Den Himmel kannst du sowieso nicht essen.

A *zu einem Kellner*: Noch ein Bier, bitte!

YUKIKA: Schallendes Gelächter wandert von Tisch zu Tisch. Und ich kann mitlachen. Wie seltsam. Ich kann zu jeder Zeit eine unter den Lachenden sein.

B: Denk nicht zu viel nach und iss weiter. Franz ist weggegangen, wie jeder Sommer weggeht. Bald wird der nächste Sommer auf dich zukommen.

A: Es ist schwer, nicht wegzugehen. Jeder muss irgendwann weg.

B: Beim Weggehen sollte man aber eine Erklärung hinterlassen. Auch die Ahorne hinterlassen rote Notizzettel auf der Erde, bevor sie in den Winterschlaf gehen.

A: Und Franz?

YUKIKA: Er war kein Baum, eher ein Fisch.

A: Mit glitschigen Schuppen?

FREUNDIN C: Kein Fisch ertrinkt im Pazifik. Warum sollte er in der kleinen Pfütze von Tränen ertrinken?

4. rechts (CD 2-6)

0,01 Husten.

0,02 Noch einmal Husten. Warum heißt das Husten eigentlich nicht „kochen", sondern „husten"? Das Wort „kochen" hört sich eher nach Husten an.

0,04 Eine weibliche Stimme. Schleppend, aber mit einer handfesten Selbstliebe.

0,06 Einige Münder sprechen gleichzeitig.

0,11 Jemand schnäuzt sich.

0,14 Ein relativ schwerer Gegenstand wird auf einen großen Holztisch gestellt.

0,16 Ein Mann bedankt sich leise.

0,20 Fetzen einer hellen, männlichen Stimme.

0,21 Eine zweite männliche Stimme eilt mit kleinen Schritten durch seine Rhetorik.

0,23 Eine dritte männliche Stimme. Etwas tiefer.

0,26 Eine Peitsche schwingt in der Luft.

0,30 „Es klingt aber gut", kommentiert einer.

0,32 „Bitte?"

0,35 Es klappert.

0,42 Porzellangeschirr mischt sich ein. Bescheiden aber keck.

0,49 „Auf Wiederschauen!"

0,50 Eine Tür wird geöffnet.

0,52 „Ach, so ..." Einer Frau fällt etwas ein, was sie noch sagen wollte. Sie hat eine eher strenge, trockene Stimme.

0,56 Eine männliche Stimme beginnt unschuldig mit „Ich habs ..."

1,03 Gläser werden so behandelt, als möchte man sie als Mus
rumente benutzen oder mit Lust und Liebe kaputt macher

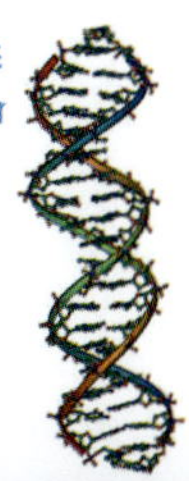

B: Dein Fisch wird kalt.

YUKIKA: Wie bitte?

B: Iss weiter. Morgen musst du wieder zurück nach Österreich. Vorher solltest du noch Quallen, Seeigel, Beuschel aus Tintenfisch und Seegurken essen. Wer weiß, wann du wieder nach Tokio kommst.

Freund D: Warum ist er aber einfach abgehauen, ohne dir etwas zu sagen?

B: Das fand ich feige. Er hätte alles erklären können.

C: Eine Erklärung bei der Trennung? Nutzlos.

D: Warum?

C: Die meisten können keine eigenen Worte finden. Am Ende zitieren sie alle doch aus einem Groschenroman.

A: „Du bist mein Traum, aber leben kann ich nicht mit dir."

B: Ein Schrottroman!

C: Lieber nichts sagen als zitieren. Das Dunkel im Herzen eines Fluggastes soll weiter dunkel bleiben.

A: Aber vielleicht ist er mit dem Schiff weggefahren.

B: Aus Österreich mit dem Schiff ins Ausland?

A: Von Triest aus.

B: Wie alt bist du eigentlich?

D: Hat Franz dir denn gar nicht geschrieben?

YUKIKA: Vielleicht ist sein Brief verloren gegangen.

A: Weil keine Briefmarken aufgeklebt waren.

D: Oder sie sind abgegangen.

A: Und kein Absender angegeben war.

D: Oder die Adresse vom Regen verwischt.

A: Es gibt grob gesagt nur drei Gründe für die Trennung der Liebenden. Der zweite wäre: „Ich kann meine Familie nicht im Stich lassen."

B: Franz ist nie verheiratet gewesen. Er war ganz allein und frei.

A: Wer frei ist, möchte freier sein.

B: Frei bist du aber nur, wenn du immer bei mir bleibst. Sonst bist du ein Sklave der Einsamkeit.

A: Die Einsamkeit ist ein schmackhaftes Fischgericht. Man entfernt jeden Tag eine Schuppe wie von einem Abreißkalender und wartet auf den Tag des Wiedersehens, der nie kommen wird.

YUKIKA: Wovon redet ihr?

A: Es gibt nur drei mögliche Gründe für die Trennung.

D: Was wäre der dritte Grund?

A: Den werde ich hier nicht sagen.

B: Man hört ihn in deinem grünen Atem.

A: Das war nur der Herbstwind, der vom Parkplatz durch die Tür hereinkam.

YUKIKA: Es gibt noch einen vierten Grund.

B: Das wäre?

YUKIKA: Ich wollte meine Mutter nicht töten.

D: Warst du gezwungen, sie umzubringen?

YUKIKA: Nein, aber wenn ich sie so gelassen hätte, wäre sie eingegangen.

B: Hast du sie geliebt?

YUKIKA: Nein. Aber genau deshalb konnte ich sie nicht sterben lassen.

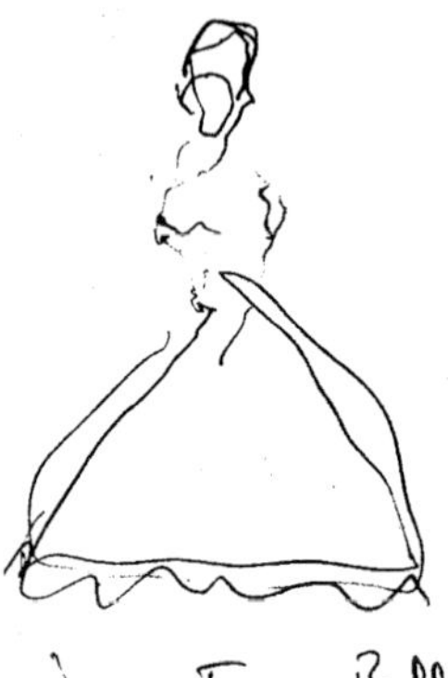

junge Frau, Ballkleid

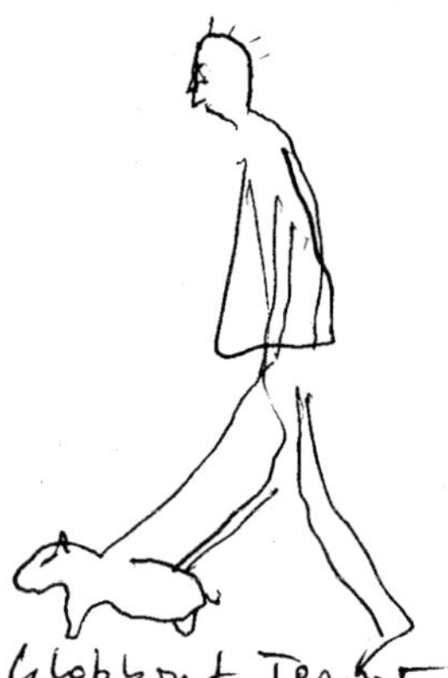

Glatzkopf, Terrier

1,10 Eine Frau rollt ein Wort auf der Zunge und lacht anschließend sanft.

1,13 Wieder ein „Ach, so …" von der Frau mit der eher strengen Stimme. Dieses Mal nach außen gerichtet.

1,14 Die sanft lachende Frau fügt ein Wort hinzu und lacht weiter.

1,20 Eine männliche Stimme lacht drei Silben lang.

1,24 Der Wortschwanz „tion" wird laut ausgesprochen. Viel Speichel im Mund.

1,26 Die Silbe „na" wird klebrig-süß betont.

1,36 Die brodelnde Oberfläche von kochendem Wasser. Blasen sind die Wörter, die aus Mündern ausgespuckt werden. Die Geste der Beschleunigung ist ständig herauszuhören, aber sie wird durch das Gewicht des Atems gebremst. Die Stimmen wachsen leise über die Köpfe der Sprechenden und bilden ein Dach.

2,31 Wie ein Motor, der nicht anspringt, scheitert ein männliches Lachen.

2,47 Jemand schnäuzt sich.

2,49 Geschirr erinnert die Menschen daran, dass man den Mund nicht nur zum Sprechen benutzt.

2,59 Männliche Stimmen bilden zusammen eine Meeresoberfläche. Zwischen den Wellen schwimmen zwei weibliche Stimmen.

3,09 Eine der weiblichen Stimmen legt ein Wort auf den Tisch und fügt ein kurzes Lachen hinzu, wie man zu Pasta Parmesankäse serviert.

3,11 Die zweite weibliche Stimme reagiert leise darauf.

3.13 Die erste Stimme liefert eine Erklärung und fügt wieder eine Portion Lachen hinzu auf dieselbe Weise wie vorhin.

3,22 Sie lacht in einer höheren Tonlage. Es klingt etwas schräg, sogar daneben, und gerade deshalb anziehend.

3,58 Der Kellner wirft drei Wörter, „so", „bitte" und „schön", in die Runde, wie man Steine in den stillen See wirft.

4,02 Zögern in „äh".

4,05 Noch einmal „äh".

4,18 Ein Pistolenschuss in der Ferne.

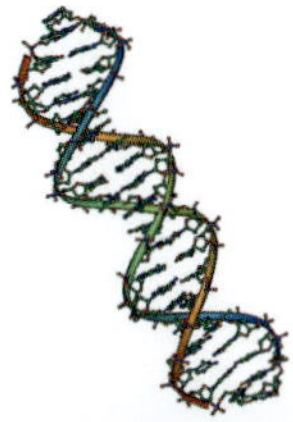

5-links. Terzett. In einem anderen Traum. Nirgendwo. Oder in einem Postamt in Sao Paulo.

TELEGRAFISTIN: „Schade, ich habe aus der Flasche getrunken."

ANAGRAMMISTIN: „Ade, die Schaben fischen dich in und aus."

T: „Wusste nicht, dass sie deinen Samen enthielt."

A: „Wuchsen den Damen Halluzinationen satt."

T: „Ich hatte Durst."

A: „Dich hat Steuer."

T: Wer sind Sie? Sie stören mich bei der Arbeit. Ein falsches Echo? Virus in der Leitung?

A: Ich wollte Sie gar nicht stören. Ich arbeite. Ich bin eine Anagrammistin. Zu schwer, die Buchstaben zu zählen. Wer sind Sie?

T: Ich bin eine Telegrafistin.

A: Wie altmodisch!

T: Sie aber auch! Haben Sie genug Kunden?

A: Ich brauche keine Kunden. Ich anagrammiere vor mich hin. Haben Sie genug Kunden?

T: Oh, ja. Junge Manager diktieren mir ihre Geschäftsbriefe, weil sie nicht schreiben können. Migranten diktieren Briefe nach Hause, Studenten diktieren ihre Hausarbeiten und auch die Händler, weil sie ihre Handschrift geheimhalten wollen. Sie handeln mit Uran, Schwefelsäure und Hormonen. Unser Geschäft floriert chemisch-elektrisch.

A: Ist es nicht gefährlich?

T: Es ist gefährlich. Deshalb ist es wichtig, nichts bei sich zu behalten. Ich bekomme Stimmen ins Ohr und gebe sie sofort als Schrift weiter. Ich verzehre nichts davon, trinke nie aus der Mitteilung, auch, wenn ich Durst habe, nicht!

A: Was heißt das?

T: „Kein Bote soll aus dem Brief trinken."

A: „Brote sinken still hinab."

T: Das ist kein Anagramm. Sie schummeln. Da fehlen einige Buch-

5. rechts (CD 1-2)

0,02 Das Lachen macht den Hals von Frau A zu einem Schlaginstrument. Einige lachen mit. Die Lachwellen wandern durch eine unbestimmte Anzahl von menschlichen Körpern.

0,03 Ihr Lachen besteht aus fünf oder sieben Tonschlägen.

0,05 Frau B ignoriert das kochende Lachen in ihrer Umgebung und versucht, mit strengen Linien eine Lebenslandschaft als Problem zu skizzieren.

0,06 Frau B bildet mit ihrer Zunge und ihren Zähnen eine enge Öffnung, durch die sie Luft herausstößt, indem sie sagt: „zu schwer".

0,07 Der Gesprächspartner von Frau B spricht monoton und monologisch. Vom Inhalt her lässt sich vermuten, dass er mit Frau B spricht.

0,14 Lachen als stechender Energieausstoß aus dem Bauch.

0,18 Während Frau A spricht, gluckert ein Lachen zwischen den Wörtern. Obwohl in einem Satz der Ausdruck „mit dir" vorkommt, klingt es unpersönlich wie in einem überlieferten Witz.

0,22 Frau B und ihr Partner, die gemeinsam ein Problem diskutieren, haben noch keinen gemeinsamen Takt gefunden.

0,28 Acht Lachschläge von Frau A. Bis jetzt die höchste Anzahl in einem Atemzug.

0,31 Eine Zunge verweilt auf dem „m" von „Samstag".

0,38 Die Vokale, die sich an bestimmten Stellen ausdehnen, duften lokal.

0,47 Aus dem Meer des Lachens erhebt sich eine helle, trockene männliche Stimme. Zart aber eigenwillig.

0,57 Drei Takte mit „Ich", „hab" und „d".

0,59 Lungen vergrößern sich, und die Lachwellen werden immer länger.

1,18 Die Wörter im Gespräch ähneln den Zahlen, mit denen man die Länge der Pause zwischen Lachblöcken zählt.

1,23 Eine Gabel schlägt kurz und leicht auf einen Teller. Es besteht der Verdacht, dass jemand Kuchen isst.

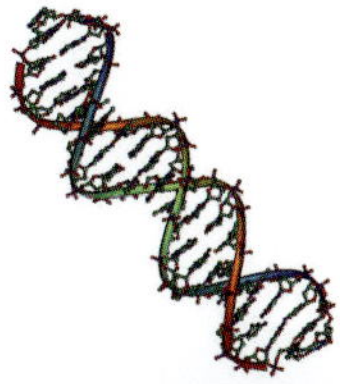

staben, dafür sind andere dabei, die nicht dazugehören. Ihre Anagramme haben Karies, und Sie geben ihnen Kronen aus Amalgam!

A: Ah, meine Anagramme sind gesund wie Amalgam. Ich schummele nicht. Die Buchstaben verwandeln sich um zu überleben.

T: Die Verwandlung ist gefährlich. Draußen steht wieder der Junge und singt ein Lied über seine Verwandlung. Er kommt jeden Dienstag hierher und singt. Hören Sie ihn?

JOSEF: Die Flasche sollte ich bringen
Zu der Frau, die kann singen
Die Adresse ging verloren
Die Nummer Fünf war noch in den Ohren
War das die Niesenstraße?
Oder hieß es Hustenstraße?
Steinfelder Friedhof war mein
Europa als Spielplatz
Ich stand vor dem Hauptbahnhof
Ein Dienstag im August
Über der steirischen Wüste
Ein Südostwind aus Beton
Ich hatte Durst
Keine Münzen in der Tasche
In der Hand war die Flasche
Warum sollte ich nicht trinken?
Nur einen Schluck
Die Frau wirds nicht bemerken
Der Mann kanns nicht wissen
Die Lippen auf
Die Augen zu
Den Atem angehalten und ein Schluck
Der Gaumen feucht
Die Zunge weich
Sauer war es und auch süß
trübes Schäumen
Ich trank noch einen Schluck
Es roch nach Vaters Haar
Ich trank und trank
Ich trank auf Europa
Auf dem Platz stand sie
Die Frau, die kann singen
Ihr Name war Schneeblume
Auch an so einem Augusttag

1,35 Ein Mann beginnt etwas zu erzählen. In seinem Ton ist keine Feindseligkeit gegen die lachende Menschenhorde zu spüren. Aber in jedem Wort lässt er den Willen zum Bremsen spüren.

1,45 Am Ende seiner Erzählung wird doch gelacht: sehr kurz und unmotiviert aber nicht abweisend. Ohne Pause geht es weiter mit der nächsten Episode.

1,50 Eine männliche Stimme erzählt. Von dem Inhalt der Erzählung her ist es wahrscheinlich der Gesprächspartner von Frau B. Seine Stimme ist von der Heiterkeit seiner Umgebung leicht gefärbt.

1,53 Geschirr meldet sich deutlicher.

2,08 Verlegenheit zeigt sich in „a".

2,20 Die Aufzählung der Ortsnamen bringt dem verlegenen Mann wieder Selbstvertrauen.

2,27 Außerdem habe er „Informationen bekommen". Scheinbar ist er dadurch beruhigt.

2,31 Frau A lacht mit sieben Tönen.

2,33 Eine männliche Stimme lacht lauter, heiterer und dynamischer als Frau A.

2,45 Geschirr setzt eine Zäsur mit einem kurzen, nüchternen Schlag.

2,58 Tiefe Töne, die an das Gurgeln eines Mannes erinnern, werden hörbar als Zeichen für die Zustimmung der Männer.

3,04 Kratzend hoch, mit drei metallenen Silben gelacht. Vielleicht ist es wieder Frau A.

Eine Bluse aus Schneekristall
Wo ist Franz? Fragte sie streng
Ich bin sein Bote, sagte ich schnell

Wann kommt Franz? Fragte sie hastig
Er kommt nicht, er wird nicht kommen
Aber ich hab hier ne Flasche von ihm
Das ist ein Brief, eine Flaschenpost
Seine Worte, seine Zellen
Findest du in der Flasche
Wer bist du? Fragte sie skeptisch
Ich heiße Josef
Die Frau schmiss die Flasche
Die zerbrach
Glasscherben splitterten
Und die Pflastersteine waren schwarz
Die Frau rannte los
Ich blieb wortlos
Sie in die Straßenbahn
Die Schienen kreischten
Und weg war ihr Gesicht
Mit dem ratternden Fenster
Einer bohrte an der Baustelle
Meine Kopfschmerzen, schreiend schrill
Helfen Sie mir, rief ich rasch
Der Mann im Imbiss schaute nicht hoch
Las weiter in seiner Zeitung
Hilft mir keiner?!
Meine Stimme, gefangen im Schädel
Keiner hörte sie
Ich lief los die Annenstraße hinunter
Ich lief und lief
Schweiß und Speichel
Ich hatte Durst
Ich wollte trinken, die Mur austrinken
Auf der Hauptbrücke
Kam ich außer Atem
In dem Spiegel, der sich wellte,
Sah ich einen Männerkopf
Der wuchs aus mir
Neben meinem Kopf, dem Jünglingskopf
Das Gesicht des Mannes, der mir die Flasche gab
Wütend aber tot
Rot aber ohne Wärme
Also sprach sein Mund:

LAUT
DAS ZARTE GERÄUSCH
VON KNIEN, DIE
BEIM GEHEN
ANEINANDERSTREIFEN

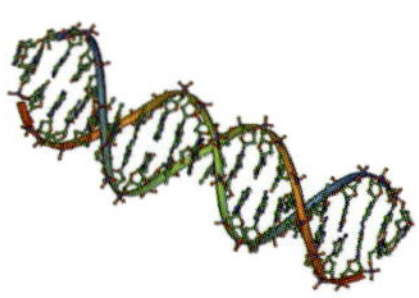

Wir fahren nach Triest
Als ich Nein sagte,
Schlug er mich mit der Faust,
Die meine war
Eine Wunderkerze und dann stockdunkel
Träume Ketten Träume
Tage lang
Zählen konnte ich nicht die Tage
Es war ein Schlaf ohne Kalender
Ich wachte auf im Dunkeln
Es schaukelte
Es roch nach Salz und Tang
Wo sind wir? Fragte ich
Auf dem Weg zum neuen Kontinent, antwortete der Männerkopf
Warum so weit? Fragte ich
Nach der Geburt kehren wir zurück, sagte er
Wer wird aber geboren? Fragte ich
Die Mutter, murmelte er
Schlaflose Nächte
Erbrechen nach jeder Mahlzeit
Die Kabine war eng
Ich warf mich gegen die Wand und versuchte, den neuen Kopf zu zerschmettern
Der Männerkopf war aber gewaltsam
mit seinen Worten
Tötest du mich, so stirbst du mit

Eines Tages sah ich einen Fleck
durch das kleine, runde Fenster
Das ist Südamerika, sagte er, sagten wir

6-links. Duett. In der Damentoilette der Staatsoper

YUKIKA: Was wollen Sie hier?

JOSEF: Meine Schwiegermutter hat hier ihre kleine Kamera vergessen.

YUKIKA: Und warum holt sie sie nicht selber?

6. rechts (CD 2-7)

0,04 Die Abkürzung „o.k." anstelle eines Punktes. Die Erzählerin schließt mit einem spielerisch-freundlichen Ton das erste Kapitel ihrer Erzählung ab.

0,06 Sie beginnt, über „jetzt" zu sprechen, ein jetzt, das kichert, ein jetzt, das sich wie eine kleine Windmühle dreht.

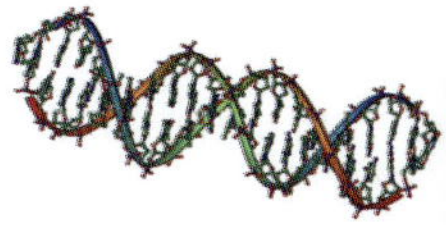

JOSEF: Weil sie bewusstlos im Krankenhaus liegt. Haben Sie vorhin nicht die Sirene des Krankenwagens gehört?

YUKIKA: Oh, es tut mir leid. Ich habe nichts gehört. Hat Ihre Schwiegermutter einen Herzinfarkt gekriegt?

JOSEF: Nein. Sie ist in die Mur gesprungen.

YUKIKA: In die Mur?!

JOSEF: Ihr Körper wurde aus dem Wasser geholt, aber nicht ihr Bewusstsein.

YUKIKA: Sie lebt aber noch?

JOSEF: Ja, genau wie Ihre Mutter wird sie noch lange leben, ohne wirklich zu leben. Heute heiraten Sie den gewissen Mac, der nicht weiß, wozu er von Ihnen gebraucht wird. Unschuldig und verliebt bindet er sich einen Schmetterling um den Hals, der ihn später erwürgen wird.

YUKIKA: Wovon reden Sie?

JOSEF: Sie sind zielsicher. Was für eine Unart, in einem Opernhaus zu heiraten.

YUKIKA: Es ist der richtige Ort zum Heiraten. Wo war ich öfter verliebt als in diesem Zuschauerraum? Warum sollte ich nicht heiraten in der Bühnenbeleuchtung, die auf meine Vorbilder strahlte?

JOSEF: Und der Reisende? Haben Sie ihn vergessen? Er hat keine Rolle bekommen. Nicht einmal einen Stuhl im Zuschauerraum.

YUKIKA: Ein Reisender, der keinen Brief schreibt, ist kein Mann.

JOSEF: Und wenn er nicht mehr schreiben konnte, weil er zwei Köpfe hatte?

YUKIKA: Dann soll er allein zu zweit leben. Ich habe ihn vergessen, falls Sie Franz meinen. Warum fangen Sie jetzt mit einem Akt an, der nie gespielt wurde?

JOSEF: Weil der Vorhang noch hängt, müde und ungewaschen, aber bereit, sich zu öffnen. Der Zuschauerraum ist noch leer, es riecht jedoch nach dem Parfüm des Publikums.

YUKIKA: Die Darstellerin ist noch nicht angezogen. Ich muss schnell in die Garderobe, um das Brautkleid anzuziehen.

JOSEF: Sie ziehen sich an, und Franz zog sich aus. Er hat seine Hose

0,09 Man landet bei einer ermüdenden Verallgemeinerung mit dem Wort „oft“.

0,10 Hintereinander werden zwei Namen genannt und durch Zwischenpausen betont. Es wird vorausgesetzt, dass der Zuhörer sie kennt.

0,12 Kommentare im Nebensatz, der dadurch gewichtiger wird als der Hauptsatz.

0,19 „Unwahrscheinlich laut“, sagt sie nicht laut.

0,20 Ein kurzer Ton als Zeichen für Zustimmung, der im Kehlenbereich bleibt.

0,28 Eine Tür wird zugezogen.

0,41 Aus den Wörtern, die die Frau ausspricht, sickert hier und da flüssiges Lachen. Der Mann lacht nicht mit.

0,45 Der Mann stimmt der Frau sanft zu. In seiner Stimme ist kein Anzeichen von Lachpilzen.

0,50 Die Frau unterdrückt das weitere Lachen und spricht ein Stück weiter. Das winzige Tremolo in ihrer Sprache verrät die Lachkeime, die zwischen ihren Zähnen sitzen.

0,55 Der Mann fragt nach, ohne Neugierde zu zeigen.

0,56 Die Frau unterbricht die Frage des Mannes mit „ja“. Dieses Wort klingt in dem Fall wie „nein“.

1,01 Sie benutzt das Wort „muxmäuschenstill“, das der Erzählung eine private Färbung gibt.

1,04 Der Mann bleibt distanziert und gibt nur zwei kühle Töne von sich wie eine Tuba beim Probeblasen.

1,09 Die Fusion des Lachens und des Sprechens auf dem Mittelbereich der Zunge der Frau.

1,15 Jemand läuft stampfend im Hintergrund.

1,24 Der Mann betont das sonst verachtete Wort „und“. Die anderen Wörter, die davor und danach gesagt wurden, verschwinden.

1,29 Die Frau stottert zum ersten und zum letzten Mal. Das dreimal wiederholte „a“ klingt lustig.

1,34 Nachträglich ist die Frau mit irgendeinem Gedanken beschäftigt, der sie vorhin zum Stottern brachte. Das hemmt ihr Sprechen.

am Strand aufgehängt wie die Fahne eines verkommenen Landes.

YUKIKA: Wo am Strand?

JOSEF: Am Atlantik, aber auf der anderen Seite.

YUKIKA: So weit ist er gegangen.

JOSEF: Er wollte noch weitergehen. Er zog sein Hemd aus und sprang ins Wasser.

YUKIKA: Wohin wollte er schwimmen?

JOSEF: Zurück in die Mur. Aber ich nahm einen Stein in die Hand und schlug ihn auf seinen Kopf. Er fiel in Ohnmacht und trank das salzige Wasser. Ich lief zurück ins Dorf. Dort feierte man gerade ein Jagdfest. Ein großes Feuer auf dem Hauptplatz. Sie opferten ein Tier mit kleinen Hörnern.

YUKIKA: Was für ein Tier?

JOSEF: Eine Bergziege. Auch Sie sind ein Tier und ich auch. Ich habe den Auftrag, Ihrem Gesicht zwei Schnittwunden zuzufügen. Aber keine Angst. Ich mache das nur mit Worten.

YUKIKA: Wer sind Sie?

JOSEF: Ein Kind, das einst im Stadtpark spielte. Ich hatte Durst, und ein fremder Mann gab mir eine Flasche. Als ich aus der Flasche trank, wuchs mir ein zweiter Kopf. Dieser befahl mir, nach Südamerika zu fahren. Dort brachte ich den neuen Kopf um. Zum Glück hatte ich noch einen Kopf, der meiner war, der meiner gewesen war. Erblasst und gelähmt, aber lebendig. Er hatte seit Jahren nichts mehr gegessen außer Speichel und Schweiß. Damals ein Jünglingskopf, jetzt gealtert, ohne ein Mann zu werden. Daher immer noch jung und gemein.

YUKIKA: Was möchten Sie mit dem Kopf machen?

JOSEF: Ich möchte schreiben. Keine Autobiografie, sondern ein Opernstück über meine Köpfe. Das hier? Das ist ein Schädel mit Löchern, ich meine etwas anderes. Vielleicht ist mein Kopf nicht mehr ganz mein Kopf. Fremde Erinnerungen sind in ihn eingeflossen. Mein Kopf kennt Sie, obwohl ich Sie nicht kenne.

Ich werde Sie nicht weiter stören. Ihre Hochzeit beginnt bald. Die Verwandten sind im Saal versammelt, und der Vorhang schwankt im Wind. Der Wind ist der Atem des Publikums. Das Licht aus, die Musik ab …

1,38 Der Hintergrund bricht teilweise zusammen.

1,41 Im Hintergrund schlägt immer wieder eine Tür zu.

1,48 Ein Stück Lachen flattert in der Luft.

2,00 Die Frau spuckt Luft anstelle eines Wortes.

2,15 Eine Schar Geschirr macht durch Klappergeräusch auf sich aufmerksam.

2,18 Die Frau spricht das Wort „Schreibtisch" viereckig und handfest. Das Geschirr schweigt.

2,22 Irgendwo wird ein Radio eingeschaltet. Eine sonnig verfaulte amerikanische Musik leiert leise im Hintergrund.

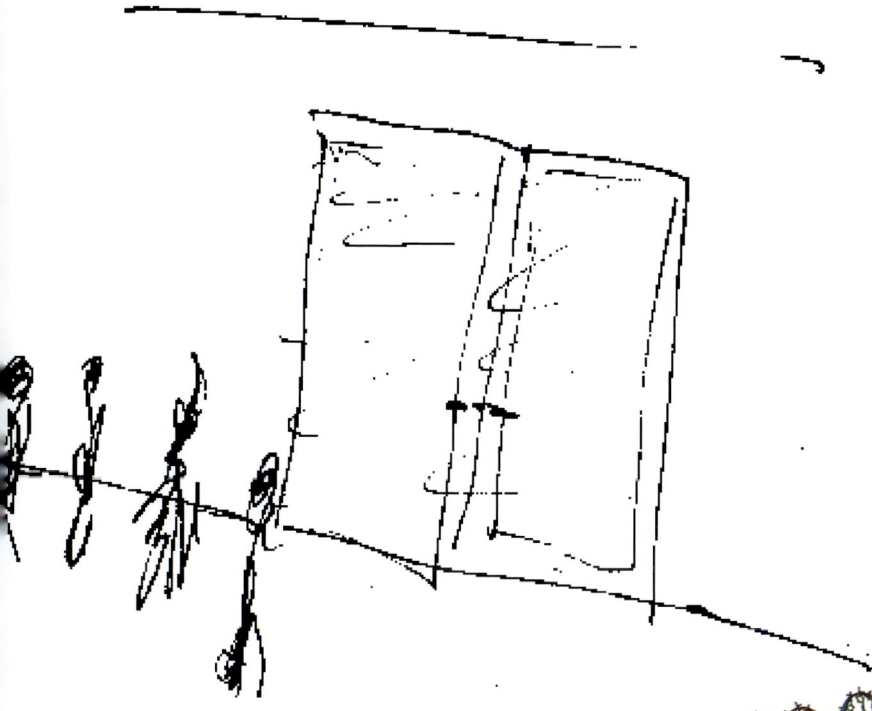

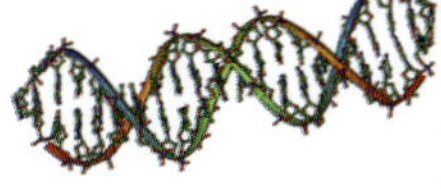

YUKIKA: Was wollen Sie von mir?

JOSEF: Schauen Sie sich in dem Spiegel an. Meine Arbeit ist schon getan.

7-links. Finale. In einem Café auf der Elisabethstraße.

JOSEF: Immer, wenn es nach Regen duftet, erinnere ich mich an meine alte Schreibmaschine. Ich war allein mit ihr eingesperrt in einer Kammer. Über mir eine haarige Decke. Ich tippte wie besessen in die Tasten. Tarantel, Tarantel, Tarantel …

YUKIKA: Eine Schreibmaschine, die klappert und rattert. Ich schreibe lieber mit einem Pinsel aus Dachshaar. Schubs, schubs, schubs …

JOSEF: Eine Schreibmaschine ist ein Häuschen. Man kann darin wohnen. Mit deinem Pinsel stehst du nackt und ungeschützt im Niemandsland. Was für ein Tag ist es heute?

YUKIKA: …

JOSEF: Warum redest du nicht mit mir?

YUKIKA: Ich schreibe.

JOSEF: Was schreibst du?

YUKIKA: „Liebe Mutter, noch neun Monate, dann bist du befreit von der Ausländerbehörde und trittst aus meiner Gebärmutter heraus in diese Stadt hinein. Die verworfene Frau, geschrumpft und verhärtet: kann sie wirklich noch einmal geboren werden?"

JOSEF: Ich habe die Geschwulst abgeschnitten, die aus meinem Fleisch wuchs.

YUKIKA: Jedes Stück Fleisch könnte ein Bündel Gene sein.

JOSEF: Es war der Kopf eines erwachsenen Mannes. Für seine Dummheit ist er verantwortlich. Keine genetische Ausrede mehr, bitte! Es ist eine Lüge, dass wir Männer und Frauen sind, dass wir Nachkommen produzieren, dass wir an etwas arbeiten. Wir machen doch nur Köpfe, Köpfe, Köpfe.

7. rechts (CD 3-1)

0,01 Die Tonanlage in einem kleinen alten Kinotheater wird angeschaltet. Sie springt an mit einem „Bub!" Dann prasselt es aus den Lautsprechern, während es auf der Leinwand flimmert. Es regnet draußen und im Film.

0,18 Erst nachdem man im Klangraum des Regens einen Sitzplatz gefunden hat, hört man eine Stadt hinter dem Schleier des Regens.

0,32 Der Verkehrslärm verstärkt sich auf einmal wie die Ankündigung eines neuen Kapitels.

0,48 Ein Donnerschlag. Leiser aber kraftvoller als der Verkehrslärm.

0,53 Eine Frau spricht, als wollte sie mit ihren Wörtern Kinder nassspritzen.

0,57 Ein Junge artikuliert vier Silben, die wie im Chinesischen heiter und klar voneinander getrennt sind.

1,11 Eine männliche Stimme spricht, eine andere Stimme versucht, diese zu synchronisieren, aber sie verspätet sich und erreicht nie Gleichzeitigkeit.

1,22 Der Himmel schlägt auf das Trommelfell. Trotz des Regens klingt es trocken.

1,40 Ein kleines Kind schreit „Hör auf!", um sich von seinen Schmerzen zu befreien. In seiner Stimme wohnt Gelassenheit, die gar nicht zu der Situation passt.

1,47 Das Kind macht sich dick und breit mit seiner Sprache. Sprechen als hemmungsloses Ausspucken. Es versucht nicht, jemandem etwas mitzuteilen.

1,50 Sich auf die Wolken des Lachens fallen lassen.

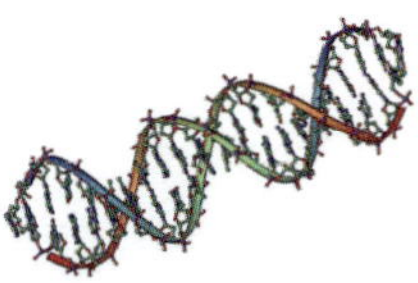

YUKIKA: Köpfe?

JOSEF: Ja, Köpfe: den Wasserkopf, den Datenkopf, den Fensterkopf, den Fahrkartenkopf, vor allem den Flaschenkopf und den Kopf von Franz: Sie stehen mir im Weg. Ich habe meinen zweiten Kopf abgeschnitten, als er mich zwang, immer weiterzufahren und nichts anderes mehr zu tun als zu fahren.

YUKIKA: Ein Fahrzeug kommt mir aber unschuldig vor, und das Fahren kann befreiend sein.

JOSEF: ...

YUKIKA: Warum sprichst du nicht mehr mit mir?

JOSEF: Ich schreibe.

YUKIKA: Was schreibst du?

JOSEF: „Die Finger des Regens greifen die Fensterscheibe des Autos an. Der Zeiger des Metronoms wischt und wischt, aber der Ausblick bleibt verschwommen. Du willst nicht die Straße vor uns begreifen, die uns irgendwann angreifen wird. Mit einem gestohlenen Auto waren wir unterwegs. Du ignorierst jede blutige Ampel, obwohl wir nicht auf der Flucht sind. Mit geschlossenen Augen weitersteuern und ohne jeden Zusammenstoß weiterkommen. Wollen wir uns lieber bei der Polizei melden, schlage ich ihm vor, ich möchte schlafen, aufwachen in einer Zelle und dort schreiben. Ich will nicht weiterfahren. Der Männerkopf hat ein großes Ohrloch, die Haare wachsen dicht ins Dunkel. Er hört meine Stimme nicht und gibt Gas. Er dreht das Lenkrad mit geballter Faust. Wo sind deine Finger? Warum öffnest du nicht deine Hände? Er versucht, mir eine finstere Miene zu zeigen, entgleist dabei aus dem eigenen Gesicht. In dem Moment spricht das Navigationssystem: Sie haben den Weg verfehlt. Möglichst bald wenden, links halten und nach der Brücke bei der ersten Möglichkeit nach links abbiegen! Aber er kann nicht die Spur wechseln. Zwei Spuren laufen parallel, meine und seine."

YUKIKA: „Wie eine Puppe. Die Arme zu kurz und die Beine zu dünn. Du bist eine billige Puppe, Mutter, peinlich gutmütig, und verstehst nur noch die Namen der Tiere. Ich habe dich aber aus der Anstalt herausgeholt. Ich habe es geschafft."

JOSEF: „Er wollte mich an die Wand knallen. Er hätte mich lieber als Relief behalten. Seine Gewalt war zweidimensional, mein Bewusstsein war digital. Ich konnte die Bewegung seines

2,04 Ein Krach im Hals.

2,06 Das Quietschen der Autoreifen auf der nassen Straße erinnert die Zuhörer an eine Tunnelfahrt.

2,13 Es erinnert an das Geräusch, das aus dem Radioapparat herausströmt, wenn man vom einen Sender zum anderen fremdgehen will.

2,25 Wieder die lachende Stimme von vorhin. Zu sehr entspannt, vielleicht mangelt es einfach an Kraft.

2,40 Ein plätscherndes Wort aus dem Mund eines Jungen.

2,43 Metall quietscht wie die verrostete Kette einer Schaukel.

3,15 Die Trommelschläge aus dem Himmel klingen abstrakt. Die Motorengeräusche dagegen sehr nah und präsent.

3,17 Ein industriell manipulierter Toneffekt. Es ist unklar, ob das Auto tatsächlich schneller wird oder ob es einfach den Ton der Beschleunigung abspielt. Ein Kind kennt den Trick und macht sich über die Technik lustig.

3,22 Eine Stimme lacht eifrig.

3,23 Eine andere Stimme spricht mit der ganzen Kraft ihrer Kehle.

3,26 Eine mütterliche Stimme neutralisiert etwas Radikales, das aus den Körpern der aufgeregten Kinder steigt.

3,31 „Tschüss!"

3,32 „Tschüss!"

3,34 Man kann das Prasseln auf einer Blechplatte immer plastischer hören.

3,40 An einem großen Objekt vorbeifahren und nichts mitkriegen.

4,14 Das Verkehrsgeräusch hallt, während die Menschenstimmen tropfen.

4,39 Die Regentropfen schlagen auf ein Segeltuch.

5,14 Der Donner meldet sich wieder. Er betont nicht seine Wichtigkeit. Er ist einfach laut.

5,20 Ein Kampf beginnt: Oben tippt der Regentext, unten fahren die Reifen. Beide hinterlassen einen nassen Eindruck.

6,15 Es quietscht.

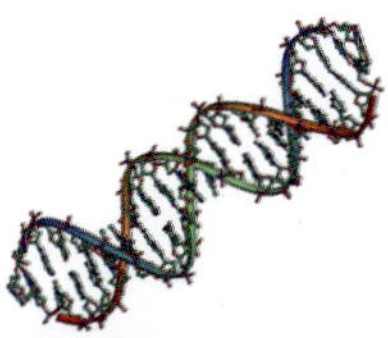

Mundes nachträglich verlangsamen und seine Nase verkleinern. Es war aber noch nicht genug. Er wollte weiterfahren."

YUKIKA: „Schritt für Schritt zieht sich die Mutter in das Hemd zurück. Sie hat es aufbewahrt aus der Zeit, als sie noch sang. Ihr Kopfkissen, gefüllt mit knirschenden Kieselsteinen. Die Nacht verkleidet sich weiß wie eine Krankenschwester und schaut in das Gesicht der Schlafenden. Bald, sagt sie, bald ist es so weit. Durch das Fenster gibt es nicht viel zu sehen. Eine Schotterstraße zieht sich in die Länge. Der letzte Bus ist schon abgefahren. Den Fluss kann man nicht sehen."

JOSEF: Meine Hände und seine Hände haben zusammen einen Kopf abgeschnitten und ins Wasser geworfen.

YUKIKA: Das Wasser ist trüb geworden. Es ist gut, wenn das Wasser unrein ist. Für das Plankton, die Mutter aller Lebewesen.

JOSEF: Es riecht zwar nach verfaultem Fisch. Aber so kann ich weitertippen.

YUKIKA: So kann ich weitertippen.

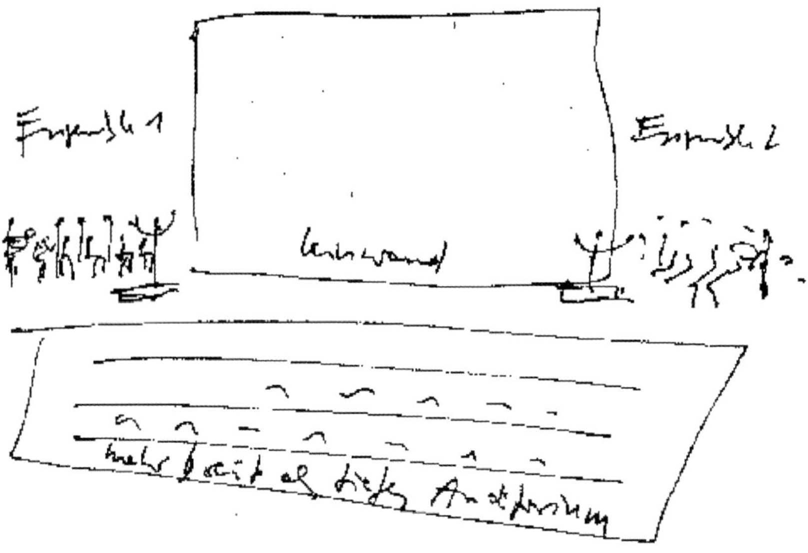

6,59 Das Motorengeräusch steigt bis ins Himmelswasser hoch.

7,09 Ein zurückhaltender Kommentar von einem Mann.

7,11 Die Kinder und eine Frau kehren als Atmosphäre zurück.

7,41 Ein dumpfes, schweres Starten.

8,07 Die Motorengeräusche verdichten sich. Es wird immer dunkler.

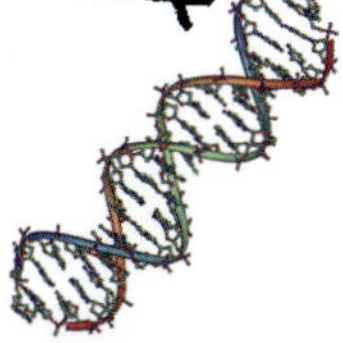

出島橋
庭園

DEJIMA

Personen:

B: Jacobus van den Broek
Y: Yuujo Fumi

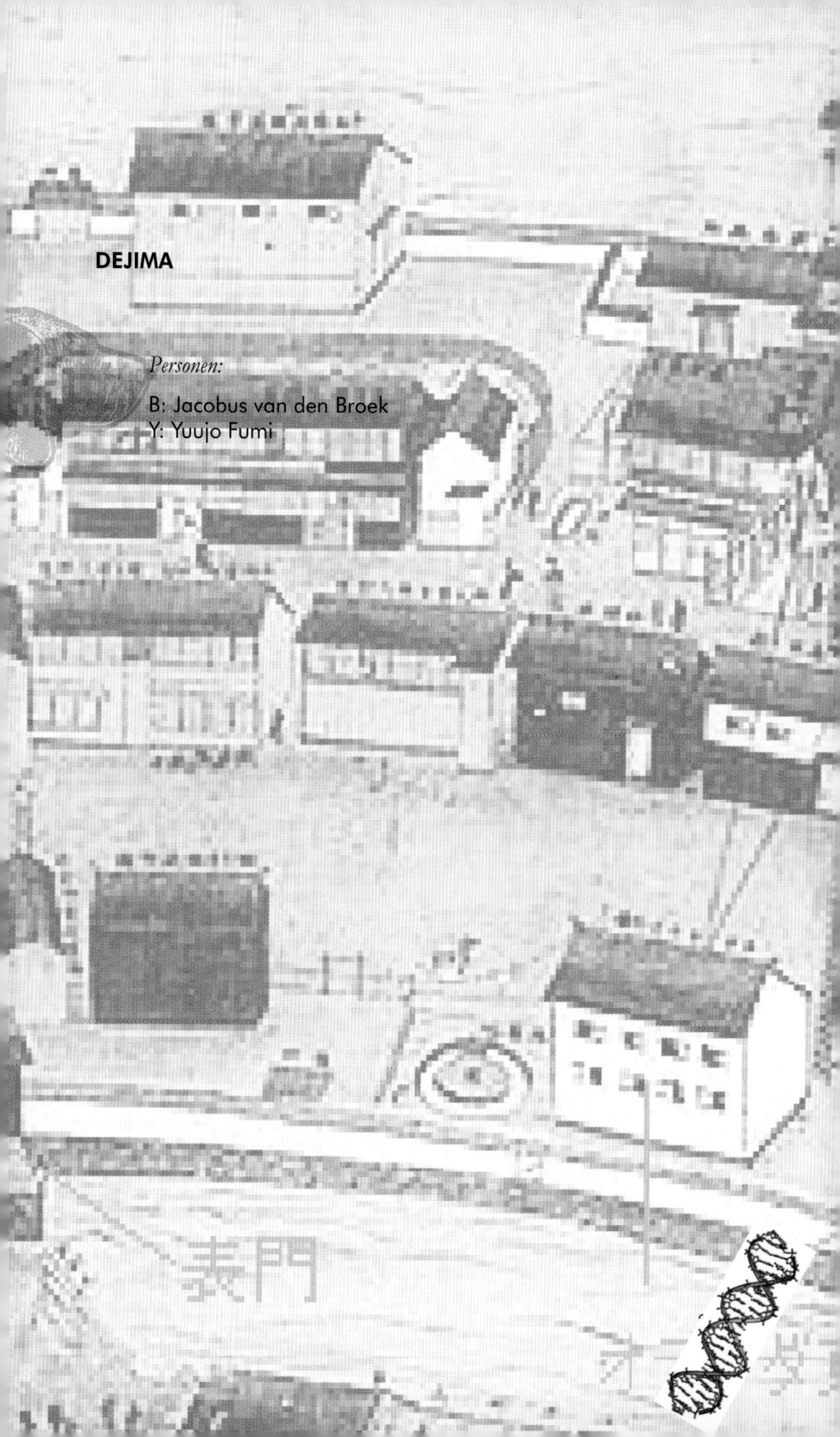

B: Ich höre die Wellen, sonst nichts. Noch nichts. Bald werde ich Schritte hören. Mein Gehör ist so scharf geschliffen wie das eines Gefangenen, der die Stimmen der Frauen zu hören versucht, die hinter der dicken Mauer spazieren gehen. Ich bin kein Gefangener. Ich darf aus dem Haus gehen, wenn ich will. Ich darf die Straße entlanggehen, die einzige Straße in dieser Stadt. Nach neunundneunzig Schritten erreiche ich die Mauer, die das Ende der Stadt markiert. Ich kehre um, und gehe in die entgegengesetzte Richtung und stoße gleich auf die andere Mauer.

Y: Es ist Inunokoku, die Stunde des Hundes.

B: Ich höre aus der Ferne eine Tempelglocke schlagen.

Y: Kein Mensch auf der Straße. Die Landbrücke, die die Insel Dejima mit dem Festland verbindet, ist schmal wie ein Frauenhals.

B: Bald wird sie vor meinen Augen stehen.

Y: Auf dem Festland wäre ich von einem Diener begleitet. Aber hier muss ich meine Papierlaterne selber halten. Die Flamme flackert so wild, dabei ist es ein windstiller Abend.

B: Dejima, ein Fächer, geöffnet auf dem Ozean. Die Häuser hier sind wie gemalte Bilder auf einem Fächer. Oder sind sie echt? Ich wohne in einem dieser Häuser. Also wenn sie gemalt sind, bin ich auch nur ein Bild.

Y: Tagsüber gibt es Händler und Handwerker. Aber nach dem Sonnenuntergang dürfen nur noch wir, Yuujo, diese Stadt betreten.

B: Dejima ist umringt von salzigem Wasser, das ist die flüssige Mauer, die uns von der Aussenwelt trennt. Es gibt sonst keine Stadt in Japan, die eine Stadtmauer hat, sagte mir mein Chef. Er und seine Leute waren letztes Jahr bis zur Hauptstadt wochenlang unterwegs, um dem Shoogun persönlich Geschenke zu überreichen. Ich lag mit Fieber allein in Dejima.

Y: Der Sichelmond hat sich gerade hinter die Gürtelwolken versteckt. Ich sehe nichts mehr.

B: Ich höre. Ja, ich höre deutlich das Klappern der Holzsandalen. Das ist Fumi.

Y: Wie traurig, dass ich nie schreiben gelernt habe, obwohl meine Eltern mich Fumi, Brief, nannten. Ich möchte ihnen schreiben, dass es mir gut geht. Wenn sie das Gerücht hören würden, dass ich oft in Dejima Dienst habe, würden sie sich um mich Sorgen machen, denn viele Menschen glauben immer noch, dass die Holländer gefährlich sind.

B: Als ich Fumi zum ersten Mal sah, war es schrecklich peinlich für mich. Ich dachte, man braucht keine Sprache, wenn man eine Yuujo zu Besuch hat. Im Gegenteil. Ihr Beruf ist es, die Kunden mit Wörtern zu unterhalten. Die so genannte Kreuzung der Kopfkissen ist nur ein Teil ihrer Aufgabe, wenn überhaupt.

Y: Meine Kolleginnen sagten mir früher, ausländische Männer seien wie Bären. Sie sind zwar kinderfreundlich und tagsüber höflich zu den Frauen, aber nachts seien sie unberechenbar.

B: Wer nicht ihre Sprache versteht, ist für sie ein Wildschwein.

Y: Am Anfang wusste ich natürlich nicht, was ich machen sollte. Für ihn waren meine Worte wie das Zwitschern eines Vogels. Denn er hörte vergnügt zu, antwortete aber nicht.

B: Fumi verzog das Gesicht, als ich auf ihre Frage nicht antworten konnte. Auf ihrer Stirn erschienen senkrechte Falten. Fumi versuchte noch einmal. Aber ich verstand noch weniger als nichts.

Y: Okuni wa Oranda no dochira?

B: Ich verstand wirklich nicht, was sie sagte und schüttelte den Kopf. Ihre Augen wurden eckig und die Mundwinkel waren nach unten gezogen.

Y: Was soll ich machen?

B: Fumi war nicht die erste Frau, die ich auf Dejima sah. Schon bei der Ankunft gab es einen Empfang mit vielen Yuujos. Wir sind sofort in Verlegenheit geraten, denn wir dachten, die Yuujos wären Prostituierte. Die Vertreter der japanischen Seite sassen mit uns. Es ist beim Handel meistens wichtig, die Frauen des Partnerlandes zu loben. Aber wir wussten nicht so recht, was wir sagen sollten. Einige Frauen quetschten aus dem Hals einen schmerzhaften Ton heraus. Andere schlichen auf dem Boden wie Nacktschnecken, dabei kreisten ihre Hände wie die Fühler einer Schnecke. Sie neigten ihren Kopf zur Seite wie ein Vogel. Als ich bemerkte, dass es um Musik und Tanz ging, war die Aufführung schon zu Ende.

Y: Nach dem ersten Treffen mit Yakkosan habe ich das Meer gebeten, uns hohe Wellen zu schicken, die ihn wieder in die Niederlande mitnehmen.

B: Vielleicht bleibe ich für immer hier. Die Blau-Weiß-Rot-Flagge gab es die ganze Zeit nur noch auf Dejima. Hier ist vielleicht der einzige napoleonfreie Ort auf der Welt.

Y: Der Sichelmond hat sich hinter Wolken versteckt.

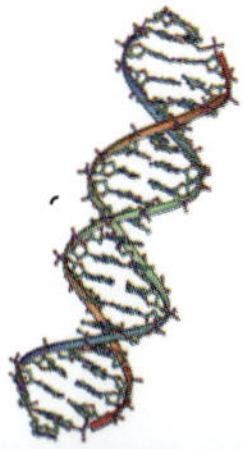

B: Ich erinnere mich gerne an das zweite Treffen mit Fumi. Ich habe sie bestellt und sie kam allein zu mir.

Y: Als ich zum zweiten Mal bei Yakkosan war, hat er mir ein wunderbares Ölgemälde gezeigt.

B: Als Fumi zum zweiten Mal kam, war ich gerade dabei, mir ein Bild anzuschauen. Ein Kollege gab es mir am Morgen, weil er mir heimlich dieses versehentlich aus den Niederlanden mitgeschickte Bild verkaufen wollte. Ich zeigte Fumi das Bild, und ihr Blick war sofort gefesselt. Das Bild zeigt eine Frau, die einen Brief in beiden Händen hält. Sie sitzt auf einem Stuhl, neben ihr steht ein Mann und versucht, in den Brief hineinzuschauen, während die Frau in unsere Richtung blickt. Unsere Richtung! Was sage ich ein seltsames Zeug! Was würde die Frau im Bild sagen, wenn sie uns, das heißt, mich und Fumi sehen würde!

Y: Ein Licht. Wie konnte man ein Licht malen? Ich hätte gedacht, in einem Bild ist jede Ecke hell beleuchtet. Aber hier gibt es Licht und Schatten.

B: Auch ich fühlte mich vom Bild angezogen. Dieses Zimmer, dieses Gefühl, eingeschlossen zu sein, geschützt und getrennt von der Außenwelt.

Y: Wie bescheiden das Bild aussieht! Nichts ist größer oder prächtiger als es ist. Dennoch sehen sie edel aus, besonders die Stoffe der Kleidung und der Tischdecke.

B: Auf der linken Seite gibt es ein Fenster, durch das Tageslicht strahlt. Sonderbar ist die rote Farbe der Jacke, die die Frau trägt. Ich schaute Fumi an, um zu sehen, was sie denkt. Sie zeigte auf den Brief, der im Bild gemalt war. Ich sagte „Brief", Fumi sagte:

Y: Fumi.

B: Seitdem weiß ich, dass der Name „Fumi" Brief bedeutet.

Y: Die Frau im Bild starrt auf mich - aus der Ferne. Sie kann mich gar nicht kennen. Es gibt keine ausländische Frau, die mich kennt. Denn es gibt nur Männer auf Dejima, und sonst gibt es im Land keinen Ausländer.

B: Fumi ist ins Bild hineingegangen. Dann kam sie wieder heraus und schaute mich fragend an.

Y: So ein Bild habe ich noch nie im Leben gesehen. Ich habe schon viele Bilder gesehen, ungewöhnlich viel für eine Yuujo, weil ich einen Maler kenne.

B: Oder denkt Fumi etwa an einen anderen Mann?

Y: Jetzt sehe ich ihn nicht mehr oft. Wenn der Maler nicht so feige wäre, würde er mich öfter besuchen. Er hat Angst vor meiner Chefin.

B: Fumi, wie heißt das hier?

Y: Koshikake. Die Möbel im Bild wirken wie echt. Man könnte sie fast anfassen.

B: Ich sehe, wie ein holländisches Zimmer sich in Fumis Augen widerspiegelt und hatte einen seltsamen Gedanken: die Welt ist nur ein Spiegelbild in unseren Augen. Außerhalb unserer Augen gibt es keinen Raum. Ich muss in ihre Augen hineingehen, um das Zimmer zu betreten.

Y: Wer ist diese Frau? Warum trägt sie eine weiße Kopfbedeckung?

B: Ich, im Zimmer, das Zimmer, in Fumis Augen, ihre Augen, in meinen Augen.

Y: Die Frau hat einen Brief bekommen, sie sieht ungeschminkt aus. Ihr Geliebter ist wahrscheinlich in fernen Ländern unterwegs.

B: Mein Land existiert nur in den Augen der Fremden.

Y: Vielleicht sieht Yakkosans Zimmer genauso aus wie dieses. Das heißt, diese Frau ist ...

B: Das ist mein Zimmer. Seltsam. Ich weiß nicht, wann ein Maler mein Zimmer gemalt hätte.

Y: Alle Maler zeigen uns die Dinge, die wir nicht sehen dürfen.

B: Ich weiß, dass Fumis ehemaliger Geliebter - oder soll ich lieber „Sponsor" sagen – ein Maler war. Vielleicht hat er sie porträtiert.

Y: Die Frau im Bild ist sicher seine Frau. Ich zeigte auf die Frau, die auf dem Stuhl sitzt. Yakkosan sagte dann:

B: „Die frou"

Y: „Jifuro". Seitdem weiß ich, dass seine Frau „Jifuro" heißt. Und dieser Mann, der in Yakkosans Abwesenheit die Frau besucht, heißt:

B: „Die man"

Y: „Jiman".

B: Ein Ölgemälde ist ein guter Dolmetscher für uns. Das Bild hilft uns, die Wörter auszutauschen. Unser Spiel bestand einfach darin, auf ein Ding zu zeigen und zu fragen, wie es heißt. Was ist das?

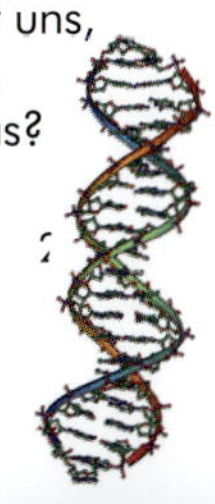

F: „Kuchi".

B: Und was ist das?

F: „Me".

B: „Me".

F: Meine älteren Kolleginnen erzählten mir früher, dass die Holländer im Unterschied zu Spaniern nicht sprachbegabt sind, aber das stimmt nicht. Yakkosan lernt schnell.

B: Fumi freut sich, wenn ich ein Wort, das sie sagte, wiederhole. Ich weiß, dass die Jesuiten aus Spanien, die früher in Dejima lebten, gut Japanisch sprachen. Sie wollten verhindern, dass die Japaner ihre Sprache gut lernten und die Absicht der Missionare durchschauten.

Y: „Orandajin".

B: Wir Holländer werden immer noch „Orandajin" genannt. Ein portugiesisches Wort für Holländer. Eine Ironie der Geschichte, dass wir ausgerechnet mit einem portugiesischen Wort bezeichnet werden! Denn sie und die Spanier waren nicht unbedingt unsere besten Freunde. Die Japaner haben die Missionare aus dem Land herausgeschmissen und mit uns Holländern einen ausschließlichen Vertrag abgeschlossen, aus Dankbarkeit, weil wir sie vor der Gefahr der Missionare gewarnt haben: Sehen Sie nicht, was in Südostasien los ist? Erst kommt das Christentum, dann die Kolonie! Lasst keine Missionare ins Land, die Euch den Himmel verkaufen wollen und dafür Eure Seelen verlangen! Der Himmel ist doch aus Luft gemacht! Wir dagegen sind ehrliche Händler. Wir verkaufen ausschließlich die Dinge, die man anfassen und messen kann. Wir verlangen nur die Dinge, von denen man sich trennen kann. Geld, zum Beispiel.

Y: „Orandajin".

B: Wir versuchen nicht, den Handelspartner auszuspionieren oder zu bekehren. Wir bleiben brav in Dejima.

Y: Ich habe nur eine Angst: Ein Kind zu bekommen.

B: Fumi hat in der letzten Zeit ein ganz klein bisschen zugenommen.

Y: Ein Kind zwischen uns wird wie ein Himmelsbote der verbotenen Religion aussehen. So ein Kind wird meistens getötet. Auch mein Maler versteckte lange ein Kind, das zwischen einer Yuujo und einem Orandajin geboren wurde, im Lagerhaus. Es war ein wunderschönes Kind. Die Eltern der Yuujo wollten es töten, aber der Maler hat das Kind gerettet, nicht nur weil er menschlich ist, sondern auch weil er Portraits vom Kind malen wollte. Er hat die Portraits teuer verkauft. Wenn der Maler gelegentlich gefragt wurde, wer das Modell des Bildes sei, antwortete er, es sei eine reine Fantasiefigur.

B: Die spanischen Missionare sagten angeblich damals schon, dass wir in die Hölle kommen. Ich habe als Kind ein Bild von der Hölle gesehen und träume heute noch davon: eine Stadt ohne Straßen, ohne Häuser. Es gibt kein Wasser, kein Licht. Aber jedes Lebewesen hat einen leuchtenden Körper. Ich sage einfach Lebewesen, weil ich nicht weiß, ob es Menschen oder Tiere sind. Scheinbar gab es keine Ordnung in dieser Welt. Oder gibt es doch eine Ordnung, eine andere. Mich erinnerte das Bild an ein Bildwörterbuch. Ich kannte aber nicht die Sprache dieses Wörterbuches. Es gab zum Beispiel einen Kopf, aus dem grüne Beine wuchsen. Es gab ein beschupptes Tier, das eine nackte Frau auf dem Rücken trägt. Ein Mann mit vier Füßen und federweichen Flügeln. Oder eine Eidechse mit einem Phoenixschwanz. Ein roter Hut. Ein Ritter, dessen Gesicht aus seinem Hintern herausschaut. Ein geflügelter Mann mit einem Mäusekopf. Eine fieberhafte Feierlichkeit herrschte dort. Ich glaube, ich hätte nicht so viel Angst vor der Hölle wie die Spanier.

Y: Kirishitan.

B: Die Christen. Die Spanier haben damals von der ausgedachten Stadt über den Wolken erzählt, in der es kein Leiden mehr gibt. Eine Lüge. Es gab dann Japaner, die von ihr sofort begeistert waren und zusammen mit den Spaniern freiwillig ins Feuer gesprungen sind, um die Stadt über den Wolken zu erreichen. Ich ziehe Dejima vor. Der Himmel? Nein danke.

Y: Der schöne Junge musste im Alter von sieben sterben, obwohl der Maler ihn gut gepflegt hatte. Vielleicht gibt es doch eine Stadt über den Wolken. Und diese Stadt braucht immer wieder neue schöne Einwohner. Junkyoo, sagte der Maler, als ich ihn fragte, was der Tod bedeutete, wenn man danach in den Himmel kommt. Was bedeutet das Wort eigentlich?

B: Martyrium. Brutal. Der Handel mit Waren ist dagegen menschlich, weil man beim Handel nicht die Seele des Partners raubt, geschweige ins Feuer wirft. Aber die Spanier haben uns nie verziehen. Heute noch erzählen sie in Europa, dass wir in Japan Maria verkauft und auf Dejima ein Sodom gegründet hätten.

Y: Meine Chefin sagte eines Tages plötzlich, dass einige von uns nach Dejima gehen müssen. Und ich sei genau der richtige

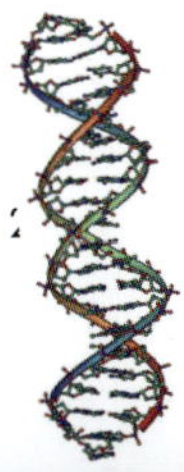

Typ für Dejima. Als sie mir das sagte, war ich gerade dabei, getrocknete Datteln zu essen.

B: Normalerweise ist es eine Strafe, wenn eine Yuujo zu uns kommen muss, sagte ein Kollege von mir. In Fumis Fall lag es angeblich an der Eifersucht ihrer Chefin, die einen gewissen Maler liebte, der sich aber für Fumi interessierte.

Y: Ich zeige der Chefin und den Kolleginnen immer noch ein leidendes Gesicht, wenn ich nach Dejima muss.

B: Fumi kommt gerne hierher. Das weiß ich.

Y: Das Einzige, was ich auf Dejima nicht mag, ist das Essen.

B: Heute werde ich Fumi zu einer köstlichen Blutwurst einladen.

Y: Hoffentlich gibt es heute kein Essen.

B: Manchmal träume ich von meiner Frau: Sie steht im düsteren Zimmer am Fenster und liest einen Brief von mir, den ich vor langer Zeit nach Batavia geschickt hatte.

Y: Ob Yakkosans Frau immer Schweine für ihn geschlachtet und aus dem Blut Würste hergestellt hat?

B: Keine Frau darf Dejima betreten außer Yuujos. Sonst wären unsere Ehefrauen mitgekommen.

Y: Ob er oft an seine Frau denkt?

B: Ich denke immer öfter an meine Frau, obwohl ich sie immer weniger vermisse. Sie ist für mich zu einem Bild geworden. Die Aufteilung von Schatten und Licht ist in diesem Bild so perfekt, dass sie zwischen ihnen verewigt worden ist und sich nicht mehr bewegen kann.

Y: Es ist aber sehr dunkel an dieser Stelle der Straße. Kein Licht in den Häusern.

B: Gleich wird Fumi in mein Haus hineinkommen. Heute werde ich mit meinem Zeigefinger den Kerzenständer zeigen und fragen, wie er heißt. Ich werde auch die Sterne zeigen und ihr die gleiche Frage stellen. Wie der Mond heißt, frage ich sie nicht mehr. Denn ich bekomme jedes Mal eine andere Antwort. So viele Wörter brauche ich nicht für einen Ort, den man nicht einmal mit einem gutgebauten niederländischen Schiff erreichen kann.

Y: Ich kenne inzwischen fast so viele holländische Wörter wie Sterne im heutigen Himmel, aber das weiß niemand außer dem Maler. Ich habe ihn gebeten, es niemandem zu verraten.

B: Fumi kennt schon so viele Wörter meiner Sprache. Sie kann sie aber nicht miteinander kombinieren, und ich weiß nicht, wie man so etwas vermitteln kann.

Y: Neulich besuchte mich ein Samurai. Er wusste, dass ich Holländisch verstehe.

B: Heute habe ich Papier und Stift bereit auf den Schreibtisch gelegt. Ich bin kein gebildeter Mann wie mein Chef. Er arbeitet an einem neuen Wörterbuch mit Hilfe einiger japanischer Gelehrten. Sie schreiben gemeinsam japanische Wörter in ein Niederländisch-Französisches Wörterbuch. Es ist eine wichtige, akademische Arbeit. Aber ich habe zufällig mitgekriegt, dass auch so viele unsinnige Wörter darin stehen, die ich nie im Leben gebrauchen kann. Und weil die Wörter alphabetisch sortiert sind, kommen sie kaum weiter als bis zum Buchstaben „b". Ich habe in Abwesenheit meines Chefs in diese Arbeit hineingeschaut. „Abc". Seltsam, dass das Wörterbuch mit dem Wort „abc" beginnt. „abeceling", das sind wir alle. Ein Anfänger. Hy is noch een abeceling, of nieuweling in de wetenschappen. Il est encore apprenti, il n'est que fort peu avancé dans la connaissance des choses. Kare wa mada gakumon ni hairibana de aru.

Y: Yakkosan sagte letztes Mal viele Wörter, die fast japanisch klangen aber vollkommen unverständlich waren.

B: Aal. Een slag van vis. Sorte de poisson. Ja, Fumi und ich essen gerne Aal. Das ist das einzige Tier in der Welt, das wir beide gerne essen. Aber eines Tages wird Fumi auch Blutwurst mögen. Man soll nie die Geduld verlieren.

Y: Der fremde Samurai, der mich besuchte, sagte mir, ich soll ihm bei der Übersetzung eines wichtigen Buches helfen. Denn das Wörterbuch, das sie haben, sei dünner als ich. Also in meinem Körper sind mehr Wörter enthalten als im Wörterbuch.

B: Ich werde die Wörter nicht alphabetisch aufschreiben, sondern in der Reihenfolge, in der sie auf uns zukommen. Wie bei den Kindern.

Y: Ich habe dem Samurai gesagt: „Entschuldigen Sie, ich würde alles für Sie tun, was Sie sich wünschen. Aber es gibt genug tüchtige Dolmetscher, die sich seit Generationen mit Holländisch beschäftigen. Warum fragen Sie mich, die nicht einmal Japanisch schreiben kann?"

B: Es gibt einige berühmte Dolmetscherfamilien, die sich seit Generationen mit Holländisch beschäftigen. Unter ihnen habe ich aber keinen gefunden, der besser Holländisch

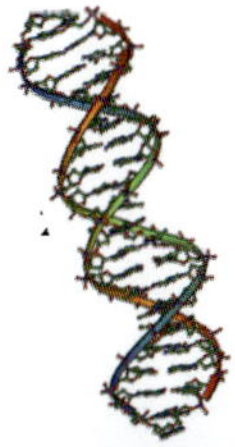

konnte als Sie. Einer von ihnen sagte mir neulich, die Sprache eines Landes, das keiner gesehen hat, und von dem deshalb keiner sicher ist, dass es überhaupt existiert, kann nie gelernt werden. Er wäre lieber in der Familie eines Bottichherstellers geboren als in der eines Dolmetschers. Dann hätte er jede Ecke seines Produktes genau kennen gelernt. Na ja, ein Bottich hat keine Ecke, aber die Japaner sind keine Realisten.

Y: Der Samurai sagte, der Maler hätte von mir erzählt. Ich sei ein fleischgewordenes Wörterbuch. Ich sei ein Stück Fleisch.

B: Fumi öffnet die Haustür.

Y: Koto, koto.

B: Und redet kurz mit dem Hausmeister.

Y: Hiso hiso.

B: Sie zieht gerade ihre Holzschuhe aus. Sie geht auf den Flur.

Y: Sorosoro, sorosoro.

B: Beim Gehen hebt sie nie ihre Füße hoch. Die Schiebetür öffnet sich. Fumi!

Y: Obandesu.

B: Mit weißen Socken, bei denen die großen Zehen extra getrennt genäht sind, schreitet sie fort, indem sie die Fußsohlen gegen den Strohfußboden, Tatami, reibt.

Y: Susu, susu.

B: Leider ist mein Tatamiboden sehr rau geworden. Kein Wunder, wenn ich mit meinen Schuhen darauf gehe und mit meinen Stühlen hin- und herschiebe. Ein Dolmetscher sagte mir, es sei nicht günstig, Stuhle auf die Strohmatte zu stellen. Aber ich kann nicht auf dem Boden sitzen. Ich brauche einen Stuhl.

Y: Wenn Yakkosan verstehen würde, dass ich nicht gerne auf einem Stuhl sitze! Meine Beine kommen mir so sinnlos vor, wenn ich sie unter dem Tisch baumeln lasse. Ich kann nicht verstehen, warum die Holländer extra so unbequeme Dinge wie Stuhle nach Japan bringen lassen. Aber vielleicht gibt es keinen festen, trocknen Boden in Holland und bei jeder Flut liegen die Städte unter Wasser. Also man muss dort immer auf einem Stuhl sitzen, damit man keinen nassen Hintern bekommt.

B: Gleich wird Fumi vor meinen Augen erscheinen und „Guten Abend, Yakkosan" sagen. Sie nennt mich Yakkosan, weil sie nicht den Namen „Jacobus" aussprechen kann. Es ist mir recht, dass nicht jede Frau mich mit dem gleichen Namen nennt. Was bedeutet aber eigentlich „Yakkosan"?

Y: Yakkosan!

B: Komm her. Wie geht es dir?

Y: Yoi oban de gozaimasu.

B: Heute habe ich leider kein neues Bild zu zeigen, aber dafür habe ich ein besonderes Abendmahl vorbereiten lassen.

Y: Oh, es riecht nach Essen. Wie schrecklich.

B: Wieso ist das Essen aber immer noch nicht fertig? *Klingelt.*

Y: Ich will nichts essen, aber es ist eine große Chance für mich. Der Maler hat mich gebeten, genauer zu berichten, wie das Essen serviert wird.

B: Wo bleibt das Essen!

Y: Die Teller, das Besteck, die Weingläser. Ich muss alles genau betrachten.

B: *nach hinten zu den Dienern.* Ich muss das Essen sofort auf dem Tisch haben!

Y: Der Maler sagte mir, das Schlachten wäre natürlich ein noch aufregenderes Motiv für die Bilder als das Essen.

B: Isst du gerne Blutwurst?

Y: Ja, ich möchte gerne ein Schwein sehen, das gerade geschlachtet wird. Ich möchte gerne dem Maler genau über das Schlachten erzählen. Er wird mir dankbar sein und alles für mich tun. Mein größter Wunsch wäre dann, mich porträtieren zu lassen und das Portrait meinen Eltern zu schicken.

B: Fumi, es tut mir leid, dass meine Küchenjungen heute wieder zu viel miteinander quatschen anstatt zu kochen.

Y: Die Holländer müssen die Tiere, die sie lebendig aus Jakarta bringen lassen, hier auf Dejima schlachten. Aber kein Japaner hat das je gesehen.

B: Wir können schon eine Weinflasche herbringen lassen. Magst du gern Wein?

Y: Ja, ich möchte wenigstens das Zimmer sehen, in dem die Schweine …

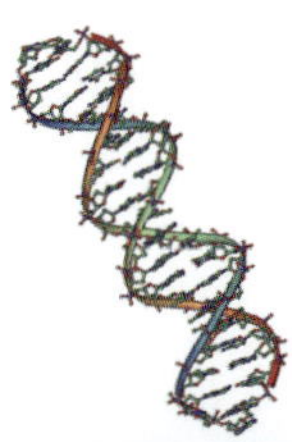

B: Was machst du, Fumi?

Y: Es ist eine seltene Chance. Ich muss meine schauspielerische Fähigkeit voll in Gang setzen. Mein Onkel war ein Wanderschauspieler.

B: Du bewegst deine Nase. Du schlägst deinen Hals mit deiner Hand, als wäre sie ein Messer. Ein Selbstmord? Nein, so etwas machen nur Männer.

Y: Hoffentlich versteht er mich. Ich will wenigstens die Tiere sehen, selbst, wenn man sie nicht gerade schlachten will.

B: Jetzt kriechst du auf dem Boden wie ein Vierbeiner. Die Buddhisten glauben, dass sie meistens als Tiere wieder geboren werden. Fumi, bist du eine Buddhistin?

Y: Nein, ich habe keine Chance. Er versteht mich nicht.

B: Was für eine zarte Hand!

Y: Jetzt hält er mein Handgelenk fest und sagt „tekubi" wie ich ihm letztes Mal beigebracht habe. Jetzt streichelt er meinen Nacken und sagt „unaji".

B: Unagi.

Y: Nein, nicht Unagi, sondern Unaji. Unagi bedeutet Aal. Ich zeige dir, wie ein Aal sich bewegt.

B: Das ist ein Aal. Ja, das steht sogar schon in dem neuen Wörterbuch, das wahrscheinlich nie fertig wird. Der Aal. Unagi! Dabei ist doch der Nacken viel wichtiger als der Aal.

Y: Ich möchte aber jetzt über das Schwein sprechen, nicht über den Aal.

B: Fumi möchte etwas von mir, und ich habe keine Ahnung, was das sein kann. Ich fasse Fumis Wort wie den Aal beim Schwanz, und der Aal ist glatt wie ein Wort …

Y: Ich versuche es noch einmal.

B: Sie zeigt, wie jemand umgebracht wird. Nein, nicht ein Mensch, sondern ein Schwein. Ach ja, sie hat wahrscheinlich Mitleid mit dem Schwein. Fumi, keine Sorge, das Schwein ist schon tot.

Y: Es muss irgendwo hinten im Haus ein Zimmer sein, wo die Schweine geschlachtet werden.

B: Fumi! Wo gehst du hin! Du darfst nicht nach hinten gehen! Fumi!

Y: Es ist hier dunkel. Einfach dunkel. Sonst nichts. Es ist ganz dunkel.

B: Fumi, siehst du mich oder was siehst du? Du bist in Ohnmacht gefallen.

Y: Oh, mir geht es schlecht. Tief in meinen Ohren kreisen viele kleine Regenschirme.

B: Wo wolltest du hin? Du bist plötzlich nach hinten losgerannt.

Y: Ich möchte ein Schwein sehen.

B: Was? Du möchtest einen Arzt sehen? Leider gibt es zur Zeit nur einen einzigen Arzt in Dejima. Und was für einen! Ich will nicht diesen jungen Deutschen ansprechen. Meine Zunge schmeckt mir schon bitter wie Medikamente, wenn ich an ihn denke.

Y: Ich kann vielleicht dem Maler etwas erzählen, was ich nicht gesehen habe. Zum Beispiel: „Ein Schwein lag gefesselt auf einem niedrigen Tisch."

B: Fumi, deine Augen glänzen so seltsam. Hast du Fieber?

Y: „Ein Holländer sticht sein Messer in den Hals des Schweins. Das Blut fließt heraus. Er fängt die rote Flüssigkeit in einem großen Bottich auf. Er ist so geschickt, dass seine feine Kleidung keinen einzigen Fleck bekommt."

B: Was hast du gesagt?

Y: Der Maler sagte mir, es gebe ein Gerücht, dass die Holländer manchmal auch in die Haut eines kranken Menschen schneiden, damit das böse Blut den Körper verlässt. Der Maler wollte wissen, ob es stimmt. Denn die ärztliche Behandlung ist auch ein Motiv, das bei seinen Kunden sehr begehrt ist.

B: Oh, Fumi, geht es dir so schlecht? Muss ich doch den Arzt, den Deutschen, rufen? Oder soll ich lieber „Bergholländer" sagen? Eigentlich dürfte er gar nicht nach Japan kommen, denn er ist kein Holländer. Aber er hat es sich erlaubt, weil er bei der Ostindischen Gesellschaft angestellt ist. Ein großes europäisches Bewusstsein, das ich leider nicht mit ihm teile! Sprachbegabt ist er nicht. Bei seiner Ankunft hegten die japanischen Dolmetscher sofort einen Verdacht, weil sein Holländisch viele falsche Endungen und entstellte Vokale enthielt. Mein Kollege sagte dann schnell, das liege daran, dass er ein Hochdeutscher und kein Niederdeutscher sei. Die Japaner haben „Hochdeutscher" sofort in „Yamaoranda", also „Bergholländer", übersetzt, und stellten sich ein Gebiet von Holland vor, in dem zahlreiche Berge in die Höhe schießen. Dort sprechen die Menschen anders, genau wie in den Bergen Japans. Die Japaner waren

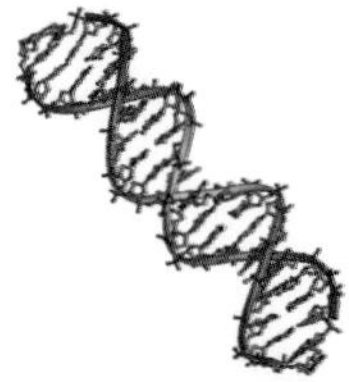

mit dieser Erklärung einverstanden. Sie verehren das Gebirge. Ich hasse es, weil es mir die Sicht verengt.

Y: Aa, kurushii, kurushii.

B: Soll ich den Bergholländer holen?

Y: Yamaoranda-san wo yonde kudasaina.

B: Ich liebe den Ozean, kein Gebirge. Aber jetzt muss ich doch den Yamaoranda um die Hilfe bitten.

Y: Oh, es geht mir wirklich übel wie auf einem kleinen Boot.

B: Diese Überheblichkeit und der Ehrgeiz der Bergbewohner! Das ist die Bergmentalität. Merken sie denn nicht, dass die Luft immer dünner wird, je höher man steigt?

Y: Oh, ich kriege keine Luft mehr!

B: Es gibt Erdbestattung, es gibt Wasserbestattung, also man geht letztes Endes in die Erde oder ins Wasser. Wo will aber einer hin, der immer höher steigt?

Y: Hoffentlich kommt der Arzt bald. Ich muss wenigstens sein Messer sehen, damit ich dem Maler davon berichten kann.

B: Ein Bergholländer! Ein Holland mit hohen Bergen im Hintergrund: So etwas gibt es nur auf den Bildern eines holländischen Malers, der sich nach seinem Kunststudium in Italien nicht mehr von den Alpen trennen kann. Er trägt seine Alpen ein Leben lang auf dem Rücken, bis der Rücken krumm wird.

Y: Aa, kurushii, kurushii, iki ga kurushii!

B: Fumi, warte! Ich rufe den Arzt!

Y: Hayaku! Hayaku!

B: Der junge Arzt will das Land erobern, aber nicht wie die Spanier, die das über die Seelen erreichen wollten, sondern über das Wissen. Das Wissen über ein fremdes Land unbezahlt mitnehmen und den eigenen Landsleuten verkaufen: Das ist auch Diebstahl.

Y: Ich habe schon von einem Arzt gehört, der in Dejima lebt und manchmal auf dem Festland junge japanische Ärzte unterrichtet. Er ist sehr beliebt. Vielleicht ist er es, den Yakkosan jetzt holt.

B: Der Bergholländer riskiert unsere Handelstradition, indem er heimlich verbotene Dingen sammelt. Die Landkarten zum Beispiel. Glaubt er, dass ich das nicht gemerkt habe? Nicht ohne Grund verbieten uns die Samurais Landkarten zu kaufen.

Y: Wo bleibt der Arzt?

B: Da ist der Diener. Was? Der Doktor ist außer Haus? Warum ist nur ihm immer ein Ausgang erlaubt und mir nie?

Y: Der Samurai, der mich besuchte, sagte mir, er und seine Freunde hätten einen Atlas von den Holländern gekauft, einen Atlas des menschlichen Körpers. Er sei ganz anders als der chinesische, der bei uns seit langer Zeit bekannt ist. Der Atlas zeige nämlich nicht die Punkte auf der Haut, sondern die Eingeweide, die den Blutwürsten ähneln.

B: Wenn Fumi etwas passiert, ist es seine Schuld.

Y: Man öffnet die Haut. Man geht in den Körper hinein. Aufschneiden und anschauen. Keine Haut ist mehr Tabu. Ein Messer ist ein Teleskop.

B: Fumi! Fumi! Sie ist wieder in Ohnmacht gefallen.

Y: Das Blut kann nicht rückwärts fließen. Ein Körper wird zu einer Parkanlage. Wie von Menschen gemacht. Ist ein menschlicher Körper von Menschen gemacht?

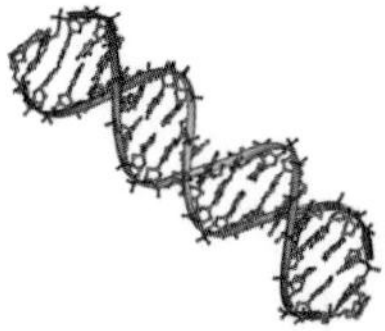

MEIN KLEINER ZEH WAR EIN WORT

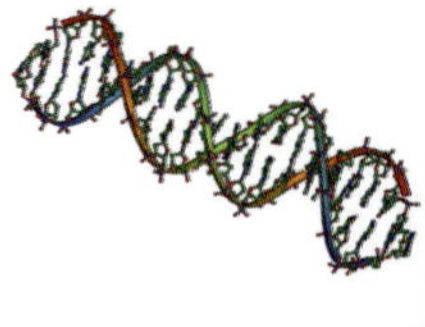

(A) Anders

KIND: Heute ist ein seltsamer Tag
Alles, was gestern noch stand, steht heute nicht mehr
Kein Auto, kein Baum, kein Haus
Wo ist mein Haus?
Heute ist alles anders
Alle, die nie zu Hause waren, sind heute zu Hause:
Meine Mutter, mein Vater und unsere Gäste
Heute ist alles anders
Alles, was heiß war, ist heute kalt
Die Herdplatte ist kalt und spuckt eine Kugel aus
Eine Kugel Eis
Das Eis mit Erdbeeren
Die Eisbären freuen sich, denn
Die Erdbeeren leuchten golden
Die Bananen sind steinhart
Wie ein Messer
Das Messer kann sprechen, es ruft:
Gib mir einen Löffel!
Der Löffel ist riesig
Ich setze mich auf den Löffel
Wir brauchen kein Auto mehr
Wir fahren mit unserem Löffel
Zum Flughafen, bitte!
Der Löffel fährt mich zum Flughafen
Dort gibt es kein Flugzeug mehr
Dafür aber viele Spatzen
Jeder Spatz hat einen Koffer dabei
In jedem Koffer scheint eine Sonne

(B) Ball

VATER: Haben wir einen Ball?

MUTTER: Ich habe Kopfschmerzen.

VATER: Habe ich Kopfschmerzen?

MUTTER: Du nicht, aber ich.

VATER: Es ist ein schöner Tag. Der Himmel ist blau …

MUTTER: Weil wir kein Dach mehr über unserem Kopf haben. Wir haben alles verloren. Kein Bett, kein Tisch. Alle Stühle sind weg.

VATER: Aber du sitzt doch auf einem Stuhl.

MUTTER: *sucht verwirrt nach einem Stuhl, denn sie sitzt tatsächlich auf einem Stuhl. Es gibt aber keinen.* Ich saß immer auf einem Stuhl, deshalb kann ich weiter auf einem sitzen, selbst wenn es keinen mehr gibt.

VATER: Das sieht aus wie eine Tai-Chi-Übung, wie du da sitzt.

MUTTER: Was?

VATER: Eine Tai-Chi-Übung.

MUTTER: Woher weißt du das?

VATER: Haben wir einen Ball?

MUTTER: Mein Kopf ist ein Ball. Du kannst ihn ausziehen.

VATER: Wozu?

MUTTER: Zum Spielen. Ich will ihn nicht mehr haben.

VATER: *versucht, den Kopf der Mutter abzuziehen.* Dein Kopf ist fest in dich eingewachsen.

MUTTER: Mein Kopf ist ein Wasserball. Zu viele Piraten auf dem Wasser.

VATER: Dein Kopf ist eine Wasserkugel. Ich sehe etwas.

MUTTER: Was siehst du denn?

VATER: Blaue Schiffe.

MUTTER: Ja, das sind die Piratenschiffe.

VATER: Darf ich deinen Kopf in den Händen halten?

MUTTER: Ja, bitte. Mein Kopf ist ein Ball voller Schmerzen.

VATER: Ich schaukele ihn ganz vorsichtig. Ich mache dir kleine Wellen.

MUTTER: Wirf ihn hoch!

VATER: Nein, dann geht er kaputt. Ich bewege ihn ganz langsam nach links und dann nach rechts.

MUTTER: Ich spüre kleine Wellen. Es ist angenehm.

VATER: Lieber Wellen als Schmerzen.

MUTTER: Die Wellen kommen und gehen.

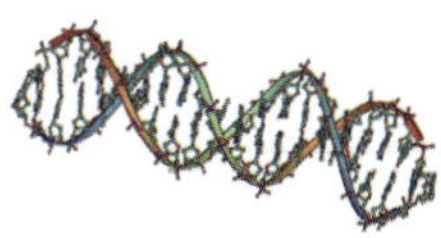

VATER: Gehen sie?

MUTTER: Ja, aber sie kommen wieder.

VATER: Und dann?

MUTTER: Sie gehen. Aber ich bin nicht traurig.

VATER: Weil sie wieder kommen.

MUTTER: Um wieder zu gehen.

VATER: Aber sie kommen doch wieder.

MUTTER: Ja, dann gehen sie.

VATER UND MUTTER: Und sie kommen wieder.

(C) Das C und die Zehe

KIND: Das Fleisch ist zäh.
C ist der dritte Buchstabe des Alphabets.
Der erste Buchstabe ist A.
Der zweite ist B.
Das Fleisch ist C.
Aua! Halt! Das ist mein kleiner Zeh!
Die Säugetiere fressen nicht ihresgleichen.
Die Säugetiere töten nicht ihresgleichen.

VATER: Aber vielleicht darf ich deinen kleinen Zeh essen? Muss nicht der große sein. Der kleine reicht mir. Der kleinste. Den brauchst du nicht.

KIND: Doch, ich brauche ihn.

VATER: Wozu?

KIND: Das kann ich dir nicht sagen.

VATER: Dann esse ich ihn.

KIND: Nein!

VATER: Dann sag, wozu du ihn brauchst.

KIND: Ohne ihn fällt meine linke Hälfte nach links und meine rechte nach rechts.

VATER: Und wozu brauchen wir den Buchstaben C?

MUTTER: Um das Wort C zu schreiben.

KIND: Nein, man schreibt es: Z, e, h

VATER: Wozu so viele Buchstaben? Du kannst es mit einem C schreiben.

MUTTER: Das geht nicht.

VATER: Warum denn nicht? Bist du etwa von der Sprachpolizei?

MUTTER: Quatsch.

VATER: Warum schreibst du Zeh nicht mit einem C?

MUTTER: Dann kannst du das Wort nicht mehr im Wörterbuch finden.
Kann das Wort von niemandem mehr gefunden werden? Das Wort steht wie ein verlassenes Kind: in einer dunklen Ecke des Wörterbuches. Du spielst Versteckspiel, wartest darauf, gefunden zu werden, aber keiner findet dich. Du hörst nichts mehr. Alle Kinder sind schon nach Hause gegangen. Du kommst aus deinem Versteck heraus und merkst, dass hundert Jahre vergangen sind.

(D) Dach

KIND: Ich wachte auf und die Decke war blau.

MUTTER: Ich habe sie blau gemalt. Gefällt dir die Farbe?

VATER: Das ist keine Decke. Das ist der Himmel.

MUTTER: Ich habe den Himmel blau gemalt. Er war vorhin grau.

VATER: Ich kann ihn grün malen. Schau! Ich male.

MUTTER: Halt! Ich habe eine bessere Farbe: rot!

KIND: Ich möchte, dass der Himmel durchsichtig ist.

VATER: Wir sehen Wolken.

MUTTER: Ich habe schon lange keine Wolke mehr beobachtet.
Legen wir uns hin und sehen den Film.

VATER: Wie heißt der Film?

MUTTER: Das ist ein Film ohne Titel.

VATER: Diese Wolke ist ein Schaf, das einen Teller frisst. Siehst du?

MUTTER: Ja, und das da, siehst du, spielt mit einem Springseil.

VATER: Ach! Die größte Wolke dort hat eine Hose an.

MUTTER: Da, die kleine, die sieht aus wie der Schuldirektor!

VATER: Kennst du ihn?

MUTTER: Du etwa nicht?

VATER: Ich habe ihn nie gesehen. Ach, neben ihm steht ein Pudel. Den kenne ich.

MUTTER: Woher denn?

VATER: Von Goethes Faust.

(E) Elf Geschwister

VATER: Ich kannte einen Jungen. Er wohnte auf einer kleinen Insel im Pazifik.
Er hatte fünf Schwestern und fünf Brüder.
Im Herbst kam manchmal ein Taifun.
Der Wind heulte den ganzen Tag, die Wellen stiegen höher als der Himmel.
Wenn ein starker Windstoß kam, flog das Dach davon.
Der Junge wachte auf, weil die Sterne auf sein Gesicht schienen. Der Junge weckte seine Geschwister und ging das Dach suchen.
Das Dach war aus Bambusblättern gemacht.
Elf Geschwister wanderten durch die Nacht.

(F) Fußboden

VATER: Wir brauchen einen Fußboden. Sonst ist es kein Haus!

MUTTER: Was soll ich machen? Mein Werkzeug ist auch verschwunden.

VATER: Ich helfe dir.

MUTTER: Das bringt mir nichts.

VATER: Oder doch.

MUTTER: Der Fußboden …

VATER: … ist nicht aus Holz, denn das Holz ist weg.

MUTTER: Wie?

VATER: Jemand hat alle Holzbretter weggebracht.

MUTTER: Den Fußboden …

VATER: … gibt es nicht. Du siehst da einfach die nackte Erde.

MUTTER: Die Erde!

VATER: … ist nicht dreckig.

MUTTER: Die Erde ist splitternackt.

VATER: Und weich. Und warm.

MUTTER: Da kommt etwas heraus.

VATER: Aus der Erde?

MUTTER: Ja! Eine spitze Schnauze!

VATER: Ein kleiner Bagger.

MUTTER: Das ist ein Faulwurf.

VATER: Er heißt Maulwurf.

MUTTER: Er kommt einfach ins Haus?

VATER: Wenn der Boden offen ist, kann jeder uns von unten besuchen.

MUTTER: Besuch aus der Unterwelt.

VATER: Willkommen im Haus!

(G) Gast

VATER UND MUTTER: Hallo. Hallo, schön, dass du uns besuchst. Du hast schon gehört, ja, es ist wirklich ungewöhnlich, dass das Haus verschwunden ist. Aber uns geht es erstaunlich gut und unser Kind scheint besonders glücklich zu sein.
Unsere Freunde sind unser Vermögen. Es gibt nichts Schöneres als Gäste zu haben. Komm rein! Was? Ach, ja, es gibt keine Tür. Deshalb kannst du nicht reinkommen. Du musst nicht eintreten. Du bist schon drin. Was? Du weißt nicht, ob du drin bist oder draußen? Wo die Schwelle ist? Ja, das ist eine komplizierte Frage. Nur ein gescheiter Philosoph kann sie beantworten. Ich habe eine einfache Antwort für dich: Wenn du das

Gefühl hast, dass du bei uns bist, bist du drin. Bist du bei uns? Ja? Schön. Dann bist du unser Gast. Setz dich hin!
Jetzt möchte ich dir etwas zu Trinken anbieten, aber unser Kühlschrank ist verschwunden. Macht nichts. Wir denken uns, was wir trinken könnten.

Ein Wasser. Das Nordseewasser oder das Ostseewasser? Das Nordseewasser ist kalt mit Kohlensäure, das Ostseewasser schmeckt hanseatisch. Du willst lieber Saft? Möchtest du einen O-Saft oder einen A-Saft? Ein O-Saft bedeutet Orchester-Saft, er ist spritzig wie eine Geige, süß wie eine Flöte. Ein A-Saft ist ein Affensaft. Jeder Affe trinkt ihn und er ist so affig, dass du dich bei jedem Schluck affig verhalten musst.

(H) Haare waschen

MUTTER: Was machst du? Geht es dir nicht gut?

VATER: Mein Haar! Mein Haar! Ich kann es nicht waschen. Ich habe meine Haare lange wachsen lassen. Jetzt kann ich sie nicht waschen. Ich will sie aber nicht abschneiden lassen.

MUTTER: Von welcher Zeit redest du? Du hast doch kurze Haare.

VATER: Seitdem ich dich kenne.

MUTTER: Und vorher?

VATER: Hatte ich ganz lange Haare.

KIND: Kaum zu glauben!

VATER: Ich möchte Haare waschen!

MUTTER: Warum kannst du das nicht?

VATER: Weil wir keine Dusche haben.

MUTTER: Es wird bald regnen. Dann können wir das Regenwasser sammeln und filtern.

VATER: Womit?

MUTTER: Oder wir gehen zum Wasserfall.

VATER: Das ist ein schöner Ausflug. Wo gibt es den nächsten Wasserfall?

MUTTER: Dort um die Ecke, der Niagarafall.

VATER: Oh, der ist nicht sehr nah. Hast du keine bessere Idee?

MUTTER: Ja. Sag einfach „Dusche"!

VATER: Dusche!

MUTTER: Hörst du, wie das Wasser im Wort „Dusche" fließt?

VATER: Dusche! Ja, ich höre ein Wassergeräusch. Aber es fließt nur einmal kurz und hört sofort auf.

MUTTER: Dann sag es mehrmals hintereinander.

VATER: Duscheduscheduscheduscheduscheduscheduscheduschedu-scheduscheduschedusche!

MUTTER: Wie ist es?

VATER: Ich hätte es lieber etwas wärmer.

MUTTER: Dann sag es schneller.

VATER: Duscheduscheduscheduscheduscheduscheduscheduschedusc heduscheduschedusche!

(I)

(J) Japan

KIND: Wir haben keinen Fernseher …

MUTTER *baut einen unsichtbaren Fernseher auf:* Meine Damen und Herren, wir begrüßen sie herzlich zu unserer Sendung „die fremde Moderne". Heute wollen wir etwas aus dem Alltag in Japan berichten.
Zuerst zum Thema Restaurant. In Japan gibt es eine Speisekarte, die man essen kann. Sie hat den Geschmack und den Duft der Speisen, die dort angeboten werden. So muss man nicht die Speise bestellen, sondern kann gleich die Speisekarte essen. Sehr praktisch.
Als Nächstes schauen wir uns die Tierwelt an. In Japan gibt es eine Maschine, die die Katzensprache in Menschensprache übersetzen kann. Wenn eine Katze „Miau" sagt, kommt eine Computerstimme aus der Maschine, die sagt: „Ich habe Hunger!"

VATER: Ist das wahr?

MUTTER: In Japan gibt es Frauen, die zehn Minuten lang unter Wasser bleiben können, um sich mit schweigsamen Muscheln zu unterhalten. Sie haben weder einen Taucheranzug an noch haben sie eine Druckluftflasche bei sich.

VATER: Wirklich?

MUTTER: In Japan gibt es Internetcafés mit Duschkabinen, einer Theke mit Nudelsuppen, zehntausend Manga-Heften und Schlafkabinen.
In Japan gibt es junge Menschen, die in Internetcafés wohnen. Sie sind immer online.

VATER: Aber nein!

MUTTER: In Japan gibt es Tempel, zu denen man alte Schuhe als Opfergabe bringt, um ihnen für die Wege zu danken, die man hinter sich hat.

MUTTER: In Japan gibt es Hamster, die so klein sind wie eine Fingerkuppe.

VATER: Unglaublich!

MUTTER: In Japan gibt es viereckige Wassermelonen, die man besser in einen Karton verpacken kann.
Ende der Nachrichten.

(K) Krallen

Der Fisch springt hoch und blitzt
Du bist ein Adler
Du siehst den Fisch weiterschwimmen
Unter der dunkelgrünen Haut des Ozeans
Du stürzt dich auf seinen Rücken
Du greifst in die glitschigen Schuppen
Deine Krallen stecken fest
Der Fisch ist schwer wie ein Hund
Du willst ihn wieder loswerden aber
Die Krallen kannst du nur dann wieder öffnen
wenn du sie auf festen Boden stößt
Der Fisch tanzt in Trance noch schwerer
Sein Gewicht zieht dich nach unten
Die Küste liegt in der Ferne
Deine Flügel sind schlapp, die Augen trüb
Die Wellen tiefer, das Meer dunkler

Die Küste liegt in der Ferne
Schaffst du es noch oder ertrinkst du?
Untrennbar von deiner Beute
Die dich zu Tode bringen kann
Es ist nicht leicht, ein Adler zu sein
Man hat dich nicht gefragt,
ob du lieber als ein Hase geboren werden willst
Ein Seeadler kann kein Gemüse essen
Keinen Kuchen, kein Brot, keine Suppe
Sondern nur Fisch
Die Küste nähert sich immer mehr
Du siehst den Strand
Auf dem Sand steht ein Mensch
Er hält ein Gerät in der Hand
Ein Fotoapparat oder ein Gewehr?
Du fliegst auf ihn zu
Es gibt keine andere Wahl

Es klickt. Der Adler wird fotografiert.

(L) Lust

MUTTER: Hast du Lust zu lernen?

VATER: Nö.

MUTTER: Aber du lernst doch gerade.

VATER: Ich brauche keine Lust, um lernen zu wollen.

MUTTER: Ach ja. Also du lernst ohne Lust?

VATER: Ja. Aber es ist lustig zu lernen.

MUTTER: Ich verstehe nicht. Macht es dir keinen Spaß?

VATER: Nein. Ich will keinen Spaß haben.

MUTTER: Aber du siehst zufrieden aus.

VATER: Ja, ich lerne gern.

MUTTER: Also das macht dir Spaß.

VATER: Nö.

MUTTER: Ich verstehe nicht. Warum lernst du, wenn es dir keinen Spaß macht?

VATER: Weil ich es lernen will.

MUTTER: Du musst nichts mehr lernen, du bist doch schon erwachsen.

VATER: Als Erwachsener hat man alles vergessen, was man als Kind wusste. Deshalb muss ich mehr lernen als ein Kind.

MUTTER: Ach ja?

VATER: Ich gehe nicht mehr arbeiten. Ich bleibe zu Hause und lerne.

MUTTER: Aber es gibt kein Haus mehr.

VATER: Umso besser. Dann muss man nicht mehr das Haus putzen oder renovieren. Ich bleibe einfach zu Hause und lerne.

MUTTER: Und was lernst du?

(M) Der Mond

VATER UND MUTTER:

Oh, es gibt ein Loch im Dach.
Das ist nicht möglich. Denn wir haben kein Dach mehr.
Aber ich sehe doch ein Loch im Dach.
Das ist ein Loch im Himmel.
Ach ja, das ist ein Loch im Himmel. Wo ist unser Nähkasten?
Ich weiß nicht. Ich weiß nur, dass wir beide nicht gut nähen können. Du wolltest einmal einen Knopf an meinen Schlafanzug nähen, dabei hast du das Knopfloch zugenäht.
Das stimmt nicht.
Wie können wir das Loch im Loch zunähen?
Müssen wir das? Vielleicht kann das Loch so bleiben.
Ja, und wir können ihm einen Namen geben.
Was für einen Namen denn?
Der Mond vielleicht?
Der Mund?
Nein, der Mond.
Der Monat?
Nein, der Mond.
Ach, der Mond!
Ja, der Mond.

(N)

(O) Obst

VATER UND MUTTER:

Anna
Anana
Ananaa
Ananas

Bana
Bananaa
Bananen
Bananas

Mango
Go
To go
Cut and go
Go go
Ooh
Orang
Orang Utan
Orangen
Oh oh

Opa
Pa
Papa
Papaya
Papa ja
Papa no
Papageno
Pa
Papa geht weg
Papa geht dahin, wo Papayas wachsen
Papa arbeitet in der Plantage
Papa pflückt Papayas
Papa kommt nicht mehr zurück
Aber Papaya kommt zu dir
Papa, ich bin sauer
Die Papaya ist auch sauer
Sauer wie eine Zitrone
Zitroo
Oh
Kennst du die Zitronen

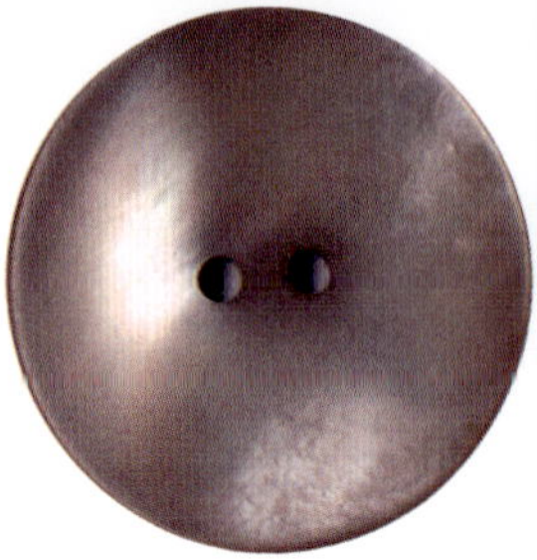

Kennst du, wo die Zitronen blühen
Kennst du das Land, wo alles sauer ist
Denn man hat mir den Lohn nicht bezahlt
Pleite, sagte man mir,
unser Boss ist ein Pleitegeier
Aber was ist mit mir?
Papa kommt nicht mehr zurück
Die Schokolade schmeckt sauer
Der heiße Kakao schmeckt sauer
Auch der Radiergummi schmeckt sauer
wenn du ihn unbedingt essen willst
Du musst ihn essen
Wenn du Hunger hast
Du musst ihn nicht essen
Auch wenn du Hunger hast
Die Luft schmeckt sauer
Die Socken schmecken sauer, wenn
du sie unbedingt essen willst
Iss keinen Radiergummi
Iss keine Socken
Du wirst dein Obst schon finden

(P)

(Q)

(R) Regenschirm

MUTTER: Das ist ein Regenschirm, ein besonders praktischer Regenschirm aus Papier, weil man ihn jeden Tag begießen muss wie eine Blume. Er braucht Wasser. Wenn es regnet, ist es in Ordnung. Man stellt ihn dann einfach in den Garten. Wenn es aber tagelang nicht regnet, musst du ihm Wasser geben, mit einer Gießkanne.

KIND: Gießkanne? ist das nicht ein lustiges Wort? Es hört sich an, als wäre es ein Tier. Gießkanne! Es hat zwei Hörner und eine spitze Schnauze.

VATER: Da, siehst du, da kommt ein Keim heraus, aus dem Regenschirm. Seine Blätter müssen groß werden, damit wir sie essen können. Wenn es jetzt zu stark regnet, geht er kaputt.

MUTTER *zum Vater:* Jetzt bist du auch ein Regenschirm. Du öffnest dich, du machst dich groß, um den Keim des Regenschirmes zu schützen. Ich lasse den Regen auf dich fallen. Achtung! Wasser! *Die Mutter begießt den Vater.*

(S)

(T)

(U) Ungeheuer

VATER: Tag, Herr Kollege, nett, dass Sie mich besuchen. Sie haben sicher schon gehört, was bei mir passiert ist. Ja, deshalb kann ich nicht zur Arbeit kommen. Ja. Sie fragen mich warum? Sehen Sie nicht hier? Ja, das Haus ist weg. Was? Ich muss mich krankschreiben lassen? Nein, ich bin ja nicht krank. Niemand ist krank. Ich kann aber offensichtlich nicht zur Arbeit kommen. Ich muss doch hier zuerst das Wohnproblem lösen. Ich brauche trotzdem eine Krankschreibung? Gut, wenn es um die Formalitäten geht. Ich werde meinen Hausarzt bitten, für mich einen Brief zu schreiben, in dem steht, dass ich mich in ein Ungeheuer verwandelt habe. Ein klassischer Fall.
Was, Sie sind kein Kollege mehr von mir? Warum? Was? Habe ich meine Stelle verloren? Das ist aber doch Unsinn. Ich hatte von Anfang an keine Stelle. Ich habe immer so getan, als hätte ich eine Stelle, um meine Frau und mein Kind zu beruhigen. Jetzt mache ich das nicht mehr. Aber ich verrate nicht Ihrer Familie, dass auch Sie keine Stelle hatten und mein Kollege waren, der Kollege auf der Bank unter einem Eichenbaum. Eine Eichenbank. Unser Geld waren Eicheln, unsere Kunden waren Eichhornchen. Alles ein Spiel. Jetzt sind Sie nicht mehr mein Kollege. Ich arbeite in einer seriösen Branche, in einem Zirkus.

(V)

(W)

(X)

(Y)

(Z) Zählen

ALLE ZUSAMMEN:

Eins wie einfach
Zwei wie Zwerge
Drei wie ein Dreirad
Vier wie Philosophie
Fünf wie Füchse
Sechs wie Sächsisch
Sieben wie Siebenbürgen
Acht wie Achtung
Neun wie Nein
Zehn wie Zehenspitzen

KAFKA KAIKOKU

1

IZUMI ALS ERZÄHLER: Als ich eines Morgens aus unruhigen Träumen erwachte, fand ich mich in meinem Bett zu einem Europäer verwandelt.

IZUMI: Was ist mit mir geschehen? Ist es ein Traum?

IZUMI ALS ERZÄHLER: Zu meinem Erstaunen sprach ich auch noch deutsch.

IZUMI: Wo ist mein Futon?

IZUMI ALS ERZÄHLER: Ich schob mich auf dem Rücken langsam näher zum Bettpfosten, um den Kopf besser heben zu können, und fand die juckende Stelle, die mit lauter kleinen weißen Pünktchen besetzt war.

IZUMI: Es juckt!

IZUMI ALS ERZÄHLER: Die Moderne juckte.

Ein Bühnenarbeiter bringt einen europäischen Esstisch in den Raum und deckt den Tisch fürs Frühstück in einem vornehmen Stil ab. Man hört im Hintergrund Bach (BWV 1050). Eierständer sind überdimensional hoch, das silberne Besteck und Saftgläser blitzen stark, und die barocke Obstschale sieht aus, als wäre sie aus einem Ölgemälde herausgeschnitten.

IZUMI: Wo ist mein Chabudai?
Der Bühnenarbeiter bringt einen niedrigen japanischen Esstisch, Chabudai, in den Raum und stellt ein japanisches Frühstück drauf. Izumi frühstückt zehn Sekunden lang am europäischen Esstisch, wechselt rasch zum Chabudai und frühstückt neun Sekunden lang, dann wieder zurück zum Esstisch für acht Sekunden und so weiter. Am Ende wird er zu einer Ratte. Die Ratte wird hier aber nicht als ein ekelhaftes Tier dargestellt, sondern als kluges, bescheidenes, fleißiges Säugetier.

2

IZUMI ALS ERZÄHLER : An der Wand über dem Tisch, auf dem eine Kollektion von Ukiyoe-Bildern ausgebreitet war, hing ein Bild von Franz Kafka.

Izumi fängt an, Utamaros Frauenbilder nach den Motiven zu sortieren.

IZUMI: Ukiyoe, die Bilder aus einer schwebenden Welt. Die Kleidung ohne Knöpfe flatterte im Wind, die Füße schwammen ohne Schuhen, die Männer schwebten ohne Krawatten. Das Weltliche schwebte.

Kafka tritt aus dem Portrait heraus und beobachtet Izumi bei der Arbeit. Izumi wundert sich nicht darüber und sortiert seine Bilder weiter.

IZUMI: Die moderne Welt schwebt nicht mehr.

Man hört eine heftige Welle gegen die Felsküste schlagen, als gäbe es draußen eine gigantische Steilküste.

IZUMI: Ich habe einen Teich im Garten machen lassen, einen kleinen Teich, so klein wie ein Reisschälchen.

Die Möwen schreien draußen wie wahnsinnig. Kafka schaltet das Radiogerät aus und das Geschrei der Möwen hört auf. In dem Moment merkt man, dass das Wellengeräusch und die Möwenstimmen aus dem Radio gekommen waren.

KAFKA ALS GREGOR: Als ich eines Morgens aus unruhigen Träumen erwachte, fand ich mich in meinem Bett zu einem ungeheuren Ungeziefer verwandelt.

IZUMI: Was ist ein Ungeziefer?

KAFKA: Ein Ungeziefer hieß im Mittelhochdeutschen: „Ungezibere". „Zebar" bedeutete Opfertier, also bedeutet Ungeziefer: zum Opfern ungeeignetes Tier.

IZUMI: Also Sie sind als Opfer ungeeignet.

KAFKA ALS GREGOR: Ja, ich habe es geschafft, untauglich zu werden, untauglich als Opfer. Mein Vater muss das endlich akzeptieren.

IZUMI: Sie haben einen Vater?

KAFKA: Das ist der Hauptgrund, warum ich zum Frühstück gekochte Eier esse.

IZUMI: Ich habe keinen Vater.

KAFKA: Und eine Mutter?

IZUMI: Meine Mutter ist eine riesige Wasserschlange. Ich habe sie aus meinem eigenen Werk adoptiert.

GREGOR: *spaltet sich von seinem Autor ab.* Sehr gut! Ich wurde von meinem Autor zur Adoption freigegeben.

IZUMI: Frei?

GREGOR: Ja, ich bin frei. Frei für eine Adoption!

IZUMI: Ich nicht. Meine Mutter ist grausam. Ich läute drei Mal am Tag die Tempelglocke. Würde ich das einmal vergessen, würde das ganze Dorf unter Wasser versinken.

KAFKA: Sie verhandeln mit dem Wasser, ich mit der Wüste.

IZUMI: Es war zuerst nicht meine Aufgabe, die Glocke zu läuten. Ich war bloß ein Reisender, der zufällig in dem Dorf übernachtete. Am nächsten Morgen ist der Glockenmann gestorben, und ich übernahm die Glocke und seine Frau.

KAFKA: Sind Sie nicht in Wirklichkeit ein Flüchtling? Keiner fragt Sie, wovor Sie weggelaufen sind.

IZUMI: Ich kann zu jeder Zeit nach Hause fahren, wenn ich will.

KAFKA: Das sagen alle. Sogar ich. *Schaltet das Radio an. Man hört den Regen gegen das Fenster schlagen.*

3

GREGOR: *hört dem Regen zu.* Passen Sie auf! Jetzt kommt die Dame im Pelz.

IZUMI: Wer ist das, wenn ich Sie fragen darf?

GREGOR: Eine Dame mit einem Pelzhut und einer Pelzboa. Sehen Sie! Ihre Unterarme sind ganz in einem schweren Pelzmuff verschwunden.

IZUMI: Ist das Fell von einem Fuchs? Übrigens, der Fuchs ist die Gottheit der Verwandlung.

GREGOR: Nein, das ist das Fell von Schakalen. Ich musste die Tiere erschießen.

IZUMI: Warum?

GREGOR: Um ein Geschenk zu machen.

IZUMI: Wem?

GREGOR: Der Frau, die ich heiraten will.

IZUMI: Und wer ist das?

GREGOR: *Ein langes Schweigen.* Ich bin unrein. Ja, zum Glück ungeeignet als Opfertier. Das ist meine einzige Chance.

4

Gregor und die Dame im Pelz setzen sich an den Esstisch und frühstücken schweigend zusammen. Es sieht aus wie ein Ritual, aber ab und zu zeigen Gregor und die Dame unvermittelt deutlich, dass sie ein Liebespaar sind. Izumi beobachtet sie lange, schließlich kehrt er zurück in sein Bett.

IZUMI: Wie wäre es, wenn ich noch ein wenig weiterschliefe und alle Narrheiten vergäße?

IZUMI ALS ERZÄHLER: Mit welcher Kraft ich mich auch auf die rechte Seite warf, immer wieder schaukelte ich in die Rückenlage zurück. Ich versuchte es wohl hundertmal, schloss die Augen, um die zappelnden Beine nicht sehen zu müssen.

SCHEIN: *springt ins Zimmer.* Stehen Sie auf! Es ist schon acht Uhr!

IZUMI: Mir ist aber erst sieben Uhr.

SCHEIN: Nicht Sie, sondern die Uhr bestimmt die Uhrzeit.

IZUMI: Das ist mir zu modern.

SCHEIN: Ich bin ein Schein. 社員

IZUMI: Was heißt das?

SCHEIN: Ich strebe nach Schein, nicht nach Sein. Schein bedeutet Büroangestellte auf Japanisch.

IZUMI: *verschwindet unter der Decke.* Dies frühzeitige Aufstehen macht einen ganz blödsinnig. Der Mensch muss seinen Schlaf haben.

SCHEIN: Der Mensch!? *Schreibt das Ideogramm für HITO, Mensch, ganz groß an die Wand, so groß, dass keiner es lesen kann.* Sie sprechen von einem Menschen? *Schreibt dasselbe Ideogramm mehrmals immer kleiner.* Stehen Sie auf!

IZUMI ALS ERZÄHLER: Es war schon halb sieben. Sollte der Wecker nicht geläutet haben? Gewiss hatte er auch geläutet. Aber wie war es möglich, dieses „mö-bel-er-schüttern-de" Läuten ruhig zu verschlafen?

SCHEIN: *schreibt das Ideogramm für HITO auf Utamaros Bilder und wirft sie aus dem Fenster.*

IZUMI: Was machen Sie?

SCHEIN: Ich war pünktlich, fleißig, höflich, sparsam und bescheiden. Und Sie?

IZUMI ALS ERZÄHLER: Diese Kreatur der Moderne, ohne Rückgrat und Verstand …

SCHEIN: Ich hatte hart gearbeitet, damit meine Schwester anständig heiraten konnte.

IZUMI: Meine Schwester muss nicht heiraten.

SCHEIN: Jede Schwester muss heiraten. Jeder Bruder muss sie dazu zwingen, um zu beweisen, dass er rein ist.

IZUMI: Und wenn sie nicht will?

SCHEIN: Dann muss man etwas mehr Energie investieren. Gewalt gegen sich selbst und überhaupt.

IZUMI: Der Unterleib meiner Schwester ist ein Fisch.

SCHEIN: Wenn sie hübsch ist, darf sie auch etwas fischig sein.

IZUMI: Ich habe keine Schwester.

SCHEIN: Sie lügen wie ein kurzes Bein. Ich weiß. Eine anständige Hochzeit kostet viel Geld, fast mehr als eine Beerdigung. Und Sie sind nicht bereit, dafür zu arbeiten. Zeigen Sie mir bitte ihre Schwester!

Izumi zeigt die Tür und geht ins Bett. Schein öffnet die Tür. Eine riesige Wasserschlange tritt durch die geöffnete Tür ein.

5

WASSERSCHLANGE *kriecht ins Zimmer und dann ins Bett, legt sich neben Izumi:* Das Wasser hat kein Rückgrat, denkt man. Und auch keinen Verstand, sagt man. Wer in einem tiefen Wasser geboren ist und schweigsam mit dem Wasser lebt, brennt nicht aus. 大蛇じゃ、邪じゃ、邪な蛇じゃ、大蛇じゃ、じゃあ邪は邪か、邪だとも邪じゃ、じゃあじゃあ雨、水が増えれば、あふれる、ふれる、　気が、　空気が、　かわけば、　ひからびる、　大蛇じゃ、　ダイヤは大事じゃ、　ない、　そうじゃ、ない、じゃない、代々、　お宝を受け継いで、重荷じゃ、指輪なんか水の中に放り込んでしまいなさい、それを拾うは　カエルか蛇か　物語が始まる、でも大蛇はそのまま水の中で、　じゃじゃと生きる、じゃじゃっと

Es ist nicht möglich für die meisten Menschen, sich an mich zu erinnern. Entweder verwechseln sie mich mit einem winzigen

Insekt oder sie müssen sich plötzlich selber in eine Schlange verwandeln. Warum können sie mich nicht als eine gewöhnliche Nachbarin akzeptieren? Ich bin doch weder eine Krankheit noch der Tod.

6

IZUMI: Wie nun, wenn ich mich krank meldete? Das wäre aber äußerst peinlich und verdächtig, denn seit 150 Jahren ist nie ein japanischer Büroangestellter je krank gewesen. Gewiss würde der Chef mit seinem Arzt kommen, würde meinem Vater wegen des faulen Sohnes Vorwürfe machen.

LANDARZT *kommt ins Zimmer:* Ich dachte, Sie haben keinen Vater.

IZUMI: Eigentlich nicht. Aber ich habe europäische Eierbecher importiert. Da ist ein Vater als Beilage mitgeliefert.

LANDARZT: Wenn es so ist, sind Sie doch Schuld dran und es ist niemals gutzumachen.

IZUMI: Warum reden Sie von einer Schuld? Ich bin ein ganz gesunder und gerade deshalb arbeitsscheuer Mensch. Bitte schreiben Sie mich krank.

Der Landarzt schreibt auf Izumis Rücken sieben Mal das Wort „krank".

LANDARZT: Ich war in großer Verlegenheit. Eine dringende Reise stand mir bevor. Ein Schwerkranker wartete auf mich in einem 10.000 Kilometer entfernten Land namens Japan. Sie hatten noch nie einen Arzt wie mich gesehen. Daher wussten sie alle nicht, dass sie krank waren. *Schneidet die Form eines Pferdes aus einem Ukiyoe aus und setzt sich drauf und stellt sich vor, durch Sibirien zu reiten.*

IZUMI: Doktor, schreiben Sie mich bitte krank! Krank für immer!

LANDARZT: Warum?

IZUMI: Es ist ausweglos. Als ich jeden Tag schweigend die Glocke läuten musste, ging es mir gut. Aber jetzt ...

LANDARZT: Was haben Sie?

IZUMI *spricht die ganzen folgenden Sätze gebrochen, als hätten die Sätze Knochenbrüche:* Ich erinnerte mich, schon öfter im Bett irgendeinen vielleicht durch ungeschicktes Liegen erzeugten, leichten Schmerz empfunden zu haben, der sich dann beim Aufstehen als reine Einbildung herausstellte, und ich war gespannt, wie sich meine heutigen Vorstellungen allmählich auflösen würden.

LANDARZT: Das ist eine sprachliche Krankheit. Die Glieder, ja diese Satzglieder gesellen sich nicht zu ihren Gliedern. Ich habe ein Heilmittel für Sie.

IZUMI: Geben Sie es mir, bitte.

LANDARZT: Hier bitte. Wenn Sie diese Kapsel zu sich nehmen, verwandeln Sie sich in eine Bunraku-Puppe.

IZUMI: Ich dachte, ich habe es endlich geschafft, in der neuen Zeit anzukommen. Muss ich mich jetzt in eine Puppe aus der alten Zeit verwandeln?

LANDARZT: Als eine Puppe lässt sich die Moderne viel leichter ertragen. Versuchen Sie es! Es wird Ihnen viel besser gehen als den anderen.

IZUMI *schluckt die Kapsel und verwandelt sich sofort in eine weibliche Puppe aus dem Bunraku-Theater. Mit entsprechender Musik und Gesang klettert sie zur Tempelglocke hoch und läutet.*

LANDARZT: Die Genesungsperiode ist eingetreten. Sind Sie fertig? Kommen Sie hinunter!

IZUMI: Feuer läuten, Wasser läuten, die Mitternacht läuten:
Ich hatte früher eine sinnvolle Aufgabe.

LANDARZT: Wie fühlen Sie sich jetzt?

IZUMI *mit einer Körperbewegung, die an eine Bunraku-Puppe erinnert und dennoch der Grammatik entsprechend:* Warum nur bin ich dazu verurteilt, bei einer Firma zu dienen, wo man bei dem kleinsten Versäumnis gleich den größten Verdacht fasst? *Anschließend schreitet er rückwärts und sagt den ganzen Satz noch einmal rückwärts.*

7

Man hört eine Frau weinen.

GREGOR: Warum weint sie?

Gregor starrt auf ein Ukiyoe-Bild einer Frau, als wäre sie diejenige, die weint. Dann findet er ein anderes Ukiyoe-Bild, das ihn selbst als sorgenlosen Samurai darstellt.

GREGOR: Damals war ich stolz. Jetzt nicht mehr. Ich bin froh, dass es vorbei ist.

Die Frau weint lauter. Man hört zusätzlich einen starken Windzug.

GREGOR: Warum hat die Mutter das Fenster des Wohnzimmers geöffnet? *Eine lange Pause ohne jede Bewegung.* Stinke ich?

IZUMI: Ich hätte mich nicht umdrehen dürfen.

GREGOR: Wie sehe ich aus?

IZUMI: Er sieht aber aus …

GREGOR: Sagen Sie mir bitte, wie ich aussehe?

IZUMI: Hier habe ich ein Bild von Ihnen. Aus der Militärzeit.

GREGOR: War ich beim Militär?

IZUMI: Sie sehen stolz aus.

GREGOR: Ja, ich war stolz, mich für meine Leute aufzuopfern.

IZUMI: Und jetzt?

GREGOR: Jetzt bin ich stolz auf die Geräusche, die ich produzieren kann. *Wiederholt Zischlaute mit dem Mund und bemerkt bald, dass Izumi neben ihm steht.* Können Sie das auch? *Zischt weiter mit dem Mund.*

IZUMI: つつつつれない　つつつつましい　つつつつま　つつつつまらないな　つつつつがない毎日　つつつつらいことも　つつつつかれることもない　つつつついてないな　つつつつくえのうえには退職届　つつつつってやろう大きな魚　海のないボヘミアで　つつつつくえの上には原稿用紙

GREGOR: Zzzzzzzweisprachig – Zzzzzzzweckfrei – Zzzzzzzweisprachig – Zzzzzzzweckfrei –
Zzzzzzzweisprachig – Zzzzzzzweckfrei –
Zzzzzzzweisprachig – Zzzzzzzweckfrei –

IZUMI *hockt sich hin:* Deine Schwester hat aufgehört zu weinen.

GREGOR *versucht, sich neben Izumi hinzuhocken, kann es aber nicht richtig und kippt um:* Es ist nicht schwer zu verstehen, dass ein Mensch gern ins Bett geht. Aber was für einen Grund hat ein Mensch, um aus seinem Bett aufzustehen?

IZUMI: Die junge Frau sagte, ihr Bruder käme seit Jahren nicht mehr aus seinem Zimmer. Das gibt es oft in Japan.

GREGOR: Was gibt es in Japan?

IZUMI: Sich in seinem Zimmer einschließen und bis zum Lebensende nicht herauskommen.

GREGOR: Wie viele Jahre?

IZUMI: Hundert Jahre und noch länger.

GREGOR: Aber was macht man mit seinem Hunger?

IZUMI: Ein Mann hat eine Schwester, die einen Napf mit süßer Milch füllt und vor die Tür seines Zimmers stellt.

GREGOR *bemerkt ein Glas Milch auf dem Tisch und trinkt einen Schluck und merkt, dass ihm die Milch überhaupt nicht schmeckt:* Es war mein Lieblingsgetränk gewesen. Jetzt kann ich keine Milch mehr trinken.

IZUMI *geht zu Gregor und trinkt den Rest der Milch vorsichtig mit neutralem Ausdruck:* Die Milch ist still. Und was für ein stilles Leben die Familie doch führte, so still wie ein Glas Milch.

GREGOR: Ich verstehe meine Mahlzeit nicht mehr.

IZUMI ALS ERZÄHLER : Die Schwester wollte wissen, ob ihr Bruder wirklich unrein geworden ist oder ob noch eine Chance besteht, ihn zu reinigen und auf ihrer Hochzeit als Opfergabe zu töten.

GREGOR: Servieren Sie die Opfergabe zusammen mit altem halbverfaultem Gemüse, Knochen vom Nachtmahl, die von fest gewordener weißer Sauce umgeben waren, Rosinen, Mandeln, dem ungenießbaren Käse, trockenem mit Butter beschmiertem und gesalzenem Brot!

Izumi hält Gregor einen leeren Bilderrahmen entgegen, als wäre es ein Spiegel.

GREGOR: Was denkt meine Familie, wer ich bin?

8

Man hört Gregors Schwester Geige spielen. Es ist die berühmte Arie aus „Madam Butterfly".

VATER: Ist Ihnen das Spiel vielleicht unangenehm? Es kann sofort eingestellt werden.

SCHEIN: Im Gegenteil. Möchte das Fräulein nicht zu uns hereinkommen und hier im Zimmer spielen, wo es doch viel bequemer und gemütlicher ist?

GREGOR: War ich ein Tier, da mich Musik so ergriff ?

IZUMI: Ich konnte nach der Musik tanzen, ohne mir Gedanken darüber zu machen, ohne eine einzige Probe. War ich eine Schlange oder eine Puppe? Tanzen Sie doch mit!

GREGOR: Ich wusste nicht, dass ich lieber tanze als dusche.

Izumi und Gregor bewegen sich zur Musik.

SCHEIN: Was sind diese Kreaturen?

GREGOR: Sie sind eine Kreatur. Nicht wir.

VATER: Bitte verzeihen Sie diese Unruhe. Das sind unser Mieter und sein Besuch.

SCHEIN: Sie lassen diese Tiere bei sich wohnen? Hiermit erkläre ich, dass ich mit Rücksicht auf die in dieser Wohnung und Familie herrschenden widerlichen Verhältnisse mein Zimmer augenblicklich kündige. Ich werde natürlich auch für die Tage, die ich hier gewohnt habe, nicht das Geringste bezahlen, dagegen werde ich es mir noch überlegen, ob ich nicht mit irgendwelchen – glauben Sie mir – sehr leicht zu begründenden Forderungen gegen Sie auftreten werde.

VATER: Verlassen Sie uns jetzt sofort?

SCHEIN: Sicher.

VATER: Aber Sie nehmen dann doch meine Tochter mit?

9

Gregor kriecht als Ungeziefer herum.

SCHWESTER: *Frau im Pelz.* So geht es nicht weiter. Liebe Eltern, wenn ihr das vielleicht nicht einsehet, ich sehe es ein. Ich will vor diesem Ungeziefer nicht den Namen meines Bruders aussprechen, und sage daher bloß: Wir müssen versuchen, es loszuwerden. Wir haben versucht, es zu pflegen und zu dulden. Ich glaube, es kann uns niemand den geringsten Vorwurf machen.

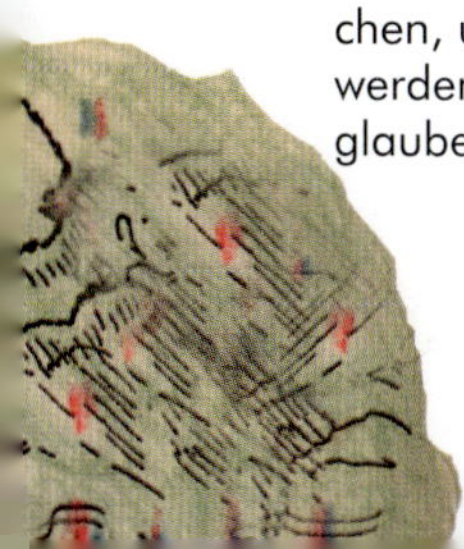

VATER: Sie hat tausend Mal recht.

SCHWESTER: Wir müssen es loszuwerden suchen.

VATER: Was sollen wir. Aber …

SCHWESTER: Weg muss es. Vater, du musst bloß den Gedanken loszuwerden suchen, dass es Gregor ist. Dass wir es solange geglaubt haben, das ist ja unser eigentliches Unglück.

VATER: Bei jedem Tier besteht die Möglichkeit, dass es früher mein Sohn gewesen sein könnte. Bei diesem Tier besonders.

SCHWESTER: Das ist kein Tier, sondern ein Ungeziefer. Wie kann es denn Gregor sein? Wenn es Gregor wäre, hätte er längst eingesehen, dass ein Zusammenleben von Menschen mit einem Ungeziefer nicht möglich ist und wäre freiwillig fortgegangen. Wir hätten dann keinen Bruder, aber könnten weiter leben und sein Andenken in Ehren halten. So aber verfolgt uns dieses Ungeziefer, vertreibt die Zimmerherren, will offenbar die ganze Wohnung einnehmen und uns auf der Gasse übernachten lassen.
Nimmt das Bild des Soldaten in die Hand. Dieses Bild zeigt meinen Bruder. Er ist als Held gefallen. Er hat sich aufgeopfert.

Gregor fängt an, sich umzudrehen, um in sein Zimmer zurückzuwandern.

SCHWESTER: Sieh nur, Vater, er fängt schon wieder an!

Da flog knapp neben ihm, leicht geschleudert, irgendetwas nieder und rollte vor ihm her. Es war ein Apfel. Gleich flog ihm ein zweiter nach. Gregor blieb vor Schrecken stehen. Ein Weiterlaufen war nutzlos, denn sein Vater hatte sich entschlossen, ihn zu bombardieren.
Aus der Obstschale auf der Kredenz hatte er sich die Taschen gefüllt und warf nun, ohne vorläufig scharf zu zielen, Apfel für Apfel. Diese kleinen roten Äpfel rollten wie elektrisiert auf dem Boden herum und stießen aneinander. Ein schwach geworfener Apfel streifte Gregors Rücken, glitt aber unschädlich ab. Ein ihm sofort nachfliegender drang dagegen förmlich in Gregors Rücken ein. Gregor wollte sich weiterschleppen, als könne der überraschende unglaubliche Schmerz mit dem Ortswechsel vergehen; doch fühlte er sich wie festgenagelt und streckte sich in vollständiger Verwirrung aller Sinne.

10

IZUMI ALS ERZÄHLER: Den verfaulten Apfel in seinem Rücken und die entzündete Umgebung, die ganz von weichem Staub bedeckt waren, spürte er schon kaum.

PUTZFRAU: Sehen Sie nur mal an, es ist krepiert; da liegt es, ganz und gar krepiert!

MUTTER: Tot?

PUTZFRAU: Das will ich meinen.

VATER: Jetzt können wir Gott danken. *Zur Putzfrau:* Und wir entlassen Sie auf der Stelle.

PUTZFRAU: Aber ich habe doch die ganze Zeit die Wohnung sauber gemacht, die Geheimnisse der Familie gewischt und den Frühstückstisch für die Tiere gedeckt.

MUTTER: Jeder muss seine Verantwortung tragen.

VATER *zur Putzfrau:* Sie haben das Ungeziefer getötet.

MUTTER: Und ich habe diese Blumen getötet, um einen Blumenstrauß zu machen.

PUTZFRAU: Ich habe nicht einmal eine Maus getötet.

MUTTER *zur Putzfrau:* Ich habe schon für Sie ein Taxi bestellt.

VATER: Da wartet es schon.

Kaum hat die Putzfrau das Zimmer verlassen, umringen alle Gregors Leiche.

SCHWESTER: Seht nur, wie mager er aussieht. Er hat ja auch schon so lange Zeit nichts gegessen.

MUTTER: Das war nicht er. Das ist nie er gewesen.

SCHEIN: *kehrt zurück ins Zimmer.* Guten Tag noch einmal. Ich habe meinen Regenschirm vergessen.

VATER *zu Schein:* Verlassen Sie sofort meine Wohnung!

SCHEIN: Wie meinen Sie das?

VATER: Ich meine es genau so, wie ich es sage.

SCHEIN: Dann gehen wir also.

VATER: Wir?

SCHEIN: Wir sind zu dritt. Jeder von uns hätte Ihre Tochter heiraten können. Auf Wiedersehen!

VATER *zu seiner Tochter:* Warum hast du sie eigentlich nicht genommen?

SCHWESTER: *zeigt mit dem Kinn auf Gregors Leiche.*

PUTZFRAU: *kehrt zurück ins Zimmer.* Ich habe meinen Regenschirm liegenlassen.

MUTTER: Er bleibt bei uns.

PUTZFRAU: Dann kann ich vielleicht auch hier bleiben.

VATER: Heute brauchen wir Sie ganz bestimmt nicht. Wir wollen den heutigen Tag zum Ausruhen und Spazierengehen verwenden. Versuchen Sie es morgen wieder.

PUTZFRAU: *beim Verlassen des Zimmers.* Flexibilität und Mobilität. Ich werde jeden Tag neu eingestellt. Oder auch nicht.

VATER: Wir gehen um zehn Uhr fünfzehn aus dem Haus und nehmen den Regionalzug um fünf vor halb.

MUTTER: In Ordnung.

SCHWESTER: Einverstanden.

Die Schwester zieht sich aus und legt sich neben Gregor hin. Die Mutter und der Vater steigen in einen Zug ein und setzen sich.

IZUMI: *erscheint als Schaffner des Zuges, kontrolliert die Fahrkarten.* Der Wagen, in dem sie allein saßen, war ganz von warmer Sonne durchschienen. Sie sprachen, bequem auf ihren Sitzen zurückgelehnt.

MUTTER: Unsere Entscheidung ist richtig. Die größte augenblickliche Besserung der Lage wird sich leicht durch einen Wohnungswechsel ergeben.

VATER: Gewiss.

MUTTER: Wir wollen auf jeden Fall umziehen.

IZUMI: Wohin?

VATER: Wir wollten eine kleinere und billigere, aber besser gelegene und überhaupt praktischere Wohnung nehmen.

IZUMI: Sie haben falsche Fahrkarten!

MUTTER: Wir werden einen neuen Bräutigam finden.

VATER: Wir werden einen frischen Körper finden.

MUTTER: Einen blutjungen Körper.

IZUMI: Blut?

VATER: Das ist eine Bestätigung unserer neuen Träume und guter Absichten.

Ein unbequemes Ende.

MAMMALIA IN BABEL

Personen:

Hund
Katze
Eichhörnchen
Fuchs
Hase
Bär

Der erste Akt

nach einer großen Flut

HUND: Ich habe das Gefühl, dass es neben mir ein Loch gibt.

KATZE: Ein Loch? Neben dir?

HUND: Schau. Hier ist ein Loch, genau so groß wie ein Mensch.

KATZE: Ich sehe da kein Loch.

HUND: Viele Tiere sagen, dass es ihnen ohne den Homo sapiens besser geht. Es kann sein, dass die Menschen Krebszellen unserer Erde waren. Dennoch möchte ich nicht verleugnen, dass ich sie vermisse.

KATZE: Die Diktatur der Zweibeinigen ist endlich vorbei. Und du? Willst du die Vergangenheit schönen? Wo bleibt die tierische Ethik?

HUND: Auch die Ethik war die Erfindung der Menschen, also die der Diktatur. Die Ethik kann nicht die Gefühle der Säugetiere steuern.

KATZE: Erklär mir doch konkret, wie es ist, wenn man jemanden vermisst!

HUND: Mein Brustbein schmerzt. Meine Hüften fühlen sich schwer an. Mein Magen ist taub und appetitlos geworden.

KATZE: Die Menschen sind gegangen, aber zum Glück haben sie uns eine Erbschaft hinterlassen.

HUND: Eine Erbschaft?

KATZE: Schau! So viele Dosen für Feinschmecker. Das Zeitalter der Menschen ist vorbei, und die Dosen bleiben, um eine Zukunft ohne Verdorbenheit sicherzustellen.

EICHHÖRNCHEN: Aber Katzen können keine Dosen öffnen, oder? Sie waren abhängig von den Menschen und können gar nichts. Das denkt man nicht von ihnen, weil sie immer so stolz sind. Weißt du überhaupt, wie man eine Dose öffnet?

KATZE: Ich war nicht abhängig von den Menschen. Sie wollten, dass ich Haustier spiele, und ich habe mich darauf eingelassen.

EICHHÖRNCHEN: Wenn du immer dieselbe Rolle spielst, bekommst du irgendwann keine andere Rolle mehr.

KATZE: Entweder lebst du wie die Stadtratten in der Kanalisation oder du wirst geliebt wie die Pandabären, die bald aussterben. Die Säugetiere hatten keine große Wahl, wenn sie überleben wollten.

HUND: Ich wollte arbeiten. Es war nicht meine Absicht, von dem Menschen, der mein Mitbewohner war, ernährt zu werden. Aber die Menschen wollten mir nie eine Arbeit abgeben. Verwaltung, Untersuchung, Entscheidung, Handel, Buchhaltung, Erziehung, Heilung: Sie glaubten, dass nur sie dazu fähig sind. Dabei gab es Aufgaben, die ich gut hätte übernehmen können. Zum Beispiel die Erziehung der kleinen Kinder. Oder die Therapie der Depressiven. Die einzige Aufgabe, die ich gekriegt habe, war, als Haustier geliebt zu werden.

EICHHÖRNCHEN: Ein Haustier kann nicht einmal eine Dose öffnen.

KATZE: Ich habe früher die Eichhörnchen verachtet. Das armselige Geschöpf, das im Stadtpark herumhüpfte. Jetzt bereue ich meine Arroganz. Wir sind alle gleichwertig. Wollen wir nicht einen gleichberechtigten Friedensvertrag schließen? Öffnest du mir eine Dose, verzichte ich einen Tag auf den Mittagsschlaf unter deinem Walnussbaum. Also eine Art Waffenstillstand. Bist du damit einverstanden?

EICHHÖRNCHEN: Waffenstillstand? Ich wusste nicht, dass wir einen Krieg führen. Außerdem kannst du in deiner Pfote keinen Stift halten. Wie willst du einen Vertrag unterzeichnen?

KATZE: Wie wäre es, wenn ich eine Vorauszahlung leiste? Ist es dann besser? Bitte öffne mir eine Dose!

EICHHÖRNCHEN: Geldscheine sind sinnlos wie welke Blätter.

KATZE: Ich bitte dich, diese Dose zu öffnen. Du bekommst dafür Applaus von mir.

EICHHÖRNCHEN: Applaus? Das ist ein verführerisches Angebot. *Öffnet eine Dose.* Gelungen! Aber mir ist ein Zahn abgebrochen.

KATZE: Ach, bei den Nagetieren wächst jeder Zahn nach. Falls du Schmerzen hast, bringe ich dir Schmerztabletten.

EICHHÖRNCHEN: Typisch Mensch! Ich wäre nie auf die Idee gekommen, mich von Schmerzen zu befreien.

KATZE: Es kann sein, dass die Menschen ihre Schmerzen in der Dose konserviert haben. Sie haben alles Mögliche eingedost: Tomaten, Mandarinen, Ananas, saure Gurken, tote Ochsen, rote Bohnen, Walfisch, Ginkgofrüchte, Seidenraupen. Am liebsten wollten sie das ganze Universum eindosen und für immer aufbewahren.

EICHHÖRNCHEN: Das Universum in der Dose? Sie hätten lieber ihr Gehirn eindosen sollen, damit es nie verfault.

KATZE: Das menschliche Hirn war zu neunundneunzig Prozent identisch mit dem eines Affen.

HUND: *war aus lauter Melancholie weggetreten und erwacht aus diesem Zustand.* Affe? Wo? Ich kann ihn nicht ausstehen!

KATZE: Keine Panik! Die Affen sind ausgestorben.

FUCHS: Weil ihr Fleisch nicht schmeckt. Das Eichhörnchenfleisch hingegen schmeckt gar nicht so übel. Noch besser schmeckt ein Hase.

HASE: Guten Tag. Mein Name ist Meister Hase, ich weiß alles. Fragen Sie mich, wenn Sie etwas nicht wissen. Ob ich eine ansteckende Krankheit in mir trage? Ja. Wer mich frisst, wird sofort angesteckt.

KATZE: Dann werde ich auf Hasenbraten verzichten und Eichhörnchen-Spieße bestellen.

FUCHS: Hasenfleisch mit Käse überbacken schmeckt gut. Pasta mit Eichhörnchen ist auch nicht schlecht.

HASE: Ich habe gehört, dass ihr alle Vegetarier geworden seid. Stimmt das nicht?

FUCHS: Ist es auch Vegetarismus, wenn man Papier isst? Mein Haus wurde abgerissen, weil schon wieder ein neuer Flughafen gebaut wurde. Ich wollte nicht weg und weil ich nichts mehr zu essen hatte, aß ich die Bordkarten, die die Fluggäste weggeworfen hatten.

HUND: Ihr redet nur über das Essen. Ich vermisse die Menschen, aber nicht weil sie mir Essen zubereitet haben. Auch nicht weil sie mich gewaschen, gekämmt und mein Klo geputzt haben. Mit einem Wort: Ich habe die Menschen nicht als Diener geliebt.

KATZE: Hunde sind schon immer pervers gewesen. Sie gingen nie aus ohne die Begleitung des Homo sapiens. Weder spazieren noch zu einem Restaurant.

HUND: Sag mal, hast du es nie als angenehm empfunden, von Menschen gestreichelt zu werden?

KATZE: Doch. Aber ich kam nie auf die Idee, Menschen zu streicheln.

EICHHÖRNCHEN: Ich finde es pervers genug, sich von Menschen streicheln zu lassen.

HASE: Manchmal war es doch schön, gestreichelt zu werden. Die Menschen konnten etwas in die Luft setzen, was sie „Eros" nannten. Streichelten sie einen Kohlkopf, wuchs er schneller. Küssten sie eine Rosenknospe, blühte die Rose einen Tag früher als geplant.

EICHHÖRNCHEN: Ist das eine Manipulation? Die sogenannte Genmanipulation?

HASE: Nein. Das ist eine Liebesbeziehung zwischen der Natur und den Menschen. Das Beste bei den Menschen war aber, dass sie uns Hasen als Gottheit des Frühlings verehrt haben.

EICHHÖRNCHEN: Wie kam das?

HASEN: Weil wir viele Kinder haben.

BÄR: Beim „Kindermachen" geht es nicht um die Quantität.

HASE: In welchem Alter werden deine Kinder volljährig?

BÄR: Nach zwei Wintern können sie selbständig leben.

HASE: So lange brauchen sie, um erwachsen zu werden?

HUND: Ich finde es nicht sonderlich lang. Die Menschen in meinem Nachbarhaus fütterten ihr Kind vierzig Jahre lang. Die Zivilisation der Menschen ist die der Perversion. Sie sind einfach weiter entwickelt als wir. Auch wir Hunde sind unter ihrem starken Einfluss etwas zivilisiert worden.

BÄR: Was wäre der Beweis dafür, dass du zivilisiert bist?

HUND: Ich habe einen Schuh, der nach einem Jungen duftet, unter einem Lindenbaum versteckt. Manchmal hole ich ihn heimlich heraus, schnuppere dran und gerate in Ekstase.

BÄR: Das ist in der Tat sehr zivilisiert.

KATZE: Auch ich bin von der Perversität der Menschen angesteckt und zivilisiert worden. Ich finde zum Beispiel eine Plastikmaus attraktiver als eine echte Maus. Noch besser wäre eine Maus in einem Computerspiel. Es war aber eine Mausefalle. Ich wurde irgendwann vom Computer gefangen und verlor viel Muskelkraft und Gehirn. Ein Glück, dass es heute keine Falschmaus mehr gibt.

HUND: Dennoch hast du gerne auf dem Sofa gedöst, wenn sich im Wohnzimmer die Menschen versammelten, oder?

KATZE: Das stimmt. Ich lag auf dem Sofa und lauschte ihnen, um mich weiterzubilden. Sie wussten über alles Bescheid, sogar über die Orte, an denen sie selber noch nie gewesen waren. Eines Tages redeten sie über einen Hühnerhof, wo hunderte von Hühnern eng gedrängt lebten. Ihre Augen waren vierundzwanzig Stunden am Tag einem besonderen elektrischen Licht ausgesetzt, so dass sie keine Sekunde schlafen konnten und jeden Tag ein Ei legten. Wie eine Maschine. Weil sie beengt in einem Stall lebten, verbreitete sich eine Krankheit sehr schnell. Ihr Trinkwasser enthielt reichlich Antibiotika. Jeden Tag kam ein Kontrolleur mit dicken Schutzhandschuhen, entfernte kranke Hühner aus dem Stall und steckte sie in einen Plastikkäfig, der am Ende so voll wurde, dass sich manche Hühner das Genick brachen. Die Käfige wurden in einen Lastwagen aufgeladen und zur Lebens mittelverarbeitungsfabrik transportiert.

EICHHÖRNCHEN: Produzierten sie dort Dosenfutter für Katzen? *Stellt sich die Fabrik vor und erbricht sich.*

HASE: Was ist los mit dir? *Auch ihm wird plötzlich übel und er kotzt.*

FUCHS: Wir Füchse haben nie so etwas Brutales getan. Wir haben unsere Ethik.

HASE: Brutal aber effektiv arbeiteten die Menschen. Ich wundere mich, wieso sie ausgestorben sind.

BÄR: Sie hätten sicher nie gedacht, dass sie vor den Bären aussterben würden.

HUND: Es ist noch nicht ganz klar, ob sie wirklich ausgestorben sind. Vielleicht leben noch einige auf einer Insel. Zumindest welche mit gutem Herzen.

FUCHS: Das verstehe ich nicht. *Tut so, als würde er mit einem Jagdgewehr um sich schießen.* Ein Jäger mit gutem Herzen existiert nicht für die Eltern des erschossenen Fuchskindes.

HUND: Die Jäger, die schädliche Tiere erschießen, sind keine schlechten Menschen.

Der Bär und der Fuchs greifen den Hund an. Als das Eichhörnchen eine Hand hebt, hört der Streit sofort auf.

HASE: *gibt dem Eichhörnchen die Hand.* Du bist klein und großartig.

EICHHÖRNCHEN: Das Eichhörnchen ist der König aller Säugetiere.

FUCHS: Warum haben die Menschen die Arche Noah verpasst?

HUND: Weil sie die anderen Lebewesen zu retten versuchten.

FUCHS: Die Menschen versuchten, nur ihre eigene Familie zu retten.

HUND: Vielleicht starben sie freiwillig. Sie begingen Massenselbstmord, weil sie dachten, sie wären für die große Flut verantwortlich.

BÄR: Das ist möglich. Die Menschen zwangen den Fluss, ein Korsett anzuziehen, schmierten auf sein Gesicht die Schminke der Betonmasse und zerrten an seiner Nase, damit er seine Richtung änderte. Eines Tages flutete seine Wut über.

HUND: Nicht alle Menschen waren damit einverstanden, der Natur ihre Arme und Beine abzuschneiden. Manche waren von Anfang an dagegen, andere bereuten hinterher, was sie getan hatten.

FUCHS: Bereuen die Menschen überhaupt? Eine Menschenfrau rast auf der Autobahn, um rechtzeitig zur eigenen Hochzeit zu kommen, und überfährt unterwegs einen Fuchs. Später wird sie vielleicht bereuen, dass sie ihren Mann geheiratet hat, aber niemals wird sie bereuen, dass sie einen Fuchs überfahren hat.

EICHHÖRNCHEN: Sind die Menschen ertrunken, weil sie nicht bereuen konnten?

BÄR: Beim Homo sapiens ist der Kopf an einer ungünstigen Stelle angebracht. Aus anatomischem Grund ertranken die Menschen leicht. Mehr Gründe gab es nicht. Eine misslungene Konstruktion. Wer ist verantwortlich dafür?

EICHHÖRNCHEN: Ich habe genau das Gleiche gedacht. Erstens haben sie kein Steuerorgan. Deshalb können sie nicht auf einem schmalen Zweig balancieren. *Demonstriert angeberisch seinen buschigen Schwanz. Der Fuchs und die Katze machen es ihm nach. Der Bär und der Hase sehen sich beschämt an.*

HUND: Keiner von euch versteht die Größe der Menschheit. Die Menschen hatten den Schwanz im Gehirn.

FUCHS: Es hört sich pervers an.

BÄR: Es lag doch an keiner Misskonstruktion, sondern nur an einer Krankheit. Die Menschen hatten zum Beispiel kaum Körperhaar. Man sagt, sie hätten eine tödliche Strahlung abbekommen und ihre Körperhaare verloren.

FUCHS: Ihr Maul war an einem flachen Gesicht angebracht. Deshalb konnten sie nicht ordentlich zubeißen.

EICHHÖRNCHEN: Ihre Augen waren nicht seitlich des Gesichtes montiert, so dass ihr Blickfeld beengt war.

HASE: Weil ihre Ohren zu tief platziert und ihre Ohrläppchen zurückgebildet waren, konnten sie kein Geräusch aus der Ferne hören.

FUCHS: Die Menschen konnten weder besonders schnell laufen noch einigermaßen hoch springen. Sie dachten sich eine diskriminierende Regel aus, nach der nur der Homo sapiens an der Olympiade teilnehmen darf. Wenn ein Känguru beim Dreisprung mitgespielt hätte, hätte kein Mensch die Chance gehabt, die Goldmedaille zu gewinnen.

KATZE: Die Menschen waren nachtblind, gingen aber nie bei Sonnenuntergang ins Bett. Sie blieben lange wach, ohne einen einsehbaren Grund, und verschwendeten Elektrizität.

HUND: Die Nase der Menschen hat kaum etwas anderes geleistet als Nasenschleim rauszulassen. Als Geruchsorgan war sie nicht zu gebrauchen. Die menschliche Nase konnte nicht einmal einen Stuhl, auf dem das eigene Kind gerade gesessen hat, von einem anderen Stuhl, auf dem ein fremdes Kind gesessen hat, unterscheiden. Ach, was rede ich überhaupt. Der Geruchssinn der Menschen hat sich zurückgebildet, weil es besser ist, wenn man nicht genau alles riechen kann. Die Klassenräume und die Arbeitsplätze der Menschen stanken nach Angstschweiß. Es ist katzenleicht, über die Menschen negativ zu reden. Deshalb müssen wir damit aufhören. Es ist hingegen eine große Leistung, sie zu loben. Deshalb erklären wir, die zivilisierten Hunde, es zu unserer Aufgabe, gute Eigenschaften der Menschen herauszufinden und sie bekannt zu machen. Die Menschen waren herrlich!

KATZE: Wenn es so ist, warum sind sie ausgestorben?

HASE: Weil der Kapitän der Arche Noah sie nicht an Bord gelassen hat.

KATZE: Warum?

HASE: Weil die Menschen den Kapitän verachtet haben.

BÄR: Der Kapitän war eine schöne Frau. Ihr Unterleib war wie bei einem Fisch. Ihr Ehemann war auch eine Frau. Ihr wuchsen Flügel aus dem Rücken.

FUCHS: Ich habe den Kapitän verehrt.

HASE: Ich auch. Die Menschen dachten, jeder, der zahlt, darf mitfahren.

BÄR: Aber es gab keine Fahrkarte, die man kaufen konnte oder sollte. Zum Glück besaß ich kein Geld.

FUCHS: Verstehe mich bitte nicht falsch. Ich will nicht angeben, aber es ist ein Fakt, dass ich früher strahlend reich war. Ich besaß sogar einen Halspelz aus Fuchspelz. Aber mittlerweile hat meine Krankheit mein ganzes Vermögen aufgefressen. Es war eine seltsame Krankheit. Immer, wenn ich etwas Fuchsrotes im Angebot sah, musste ich es sofort kaufen. Ich weiß nicht warum. Ich wollte kaufen, kaufen, kaufen, kaufen. Ich konnte nicht mehr einschlafen, bis ich das nächste Fuchsrote gekauft hatte. Es war mir egal, was es kostete. Bezahlte ich Geld, stieg meine Stimmung.

BÄR: Stieg deine Stimmung? Wenn du so redest, bekommst du bald Depressionen wie ein Mensch.

FUCHS: In der Tat leide ich seit letztem Dienstag an Depressionen. Und am Mittwoch wurde mir schon das Arzneimittel geliefert, ohne dass ich es bestellt hatte. In der Packungsbeilage stand, dass man es zurückschicken dürfe, wenn man keinen Gebrauch davon machen könne. Die Rechnung müsse man jedoch sofort bezahlen, wenn man die erste Tablette zu sich genommen habe. Das war eine der legalen Betrügereien, die sich die Menschen ausgedacht hatten.

BÄR: Meint ihr wirklich, dass die Menschen aus ethischen Gründen ertrunken sind? Ist so ein Urteil nicht viel zu menschlich?

FUCHS: Ich dachte, die Menschen sind Lügner, dazu noch eitel, schlau und bösartig. Aber vielleicht sind das nur Klischees. Und selbst wenn die eine oder andere Zuschreibung zutreffen sollte, würde ich mich nicht wegen kleiner Charaktermängel aufregen. Was ich als Gott des Feuers nicht akzeptieren konnte, war, wie die Menschen mit dem Feuer spielten.

BÄR: Sie liebten Kriege.

HASE: Sie liebten eher, Waffen zu verkaufen.

BÄR: Manche liebten es, durch Waffenhandel Geld zu machen. Andere liebten zwar den Krieg als solchen, aber sie wollten selber nicht Soldat sein. Und dann gab es auch noch solche, die den Krieg hassten, aber durch ihn gestorben sind.

FUCHS: Findet ihr das gut, dass es keine Menschen mehr gibt?

HASE: Mir ist es eigentlich egal, ob es Menschen gibt oder nicht. Und dir?

FUCHS: Mir ist es auch egal. Wenn ich eine Stimme abgeben sollte, würde ich für die Erde ohne Menschen abstimmen.

BÄR: Ich bin auch deiner Meinung.

EICHHÖRNCHEN: Mir ist es ganz egal.

KATZE: Es ist mir lieber, wenn es Menschen gibt.

HUND: Eine Welt ohne Menschen ist sinnlos! Hätte es keinen Menschen gegeben, gäbe es das Wort „Hund" nicht. *Eine lange Pause.* Ist es wirklich wichtig, dass ich ein Hund bin?

Der zweite Akt

In einem undefinierbaren Raum. Es kann sich um ein Museumscafé oder um ein Fitnesscenter handeln. Die Tiere sind wie Menschen angezogen. Ihre Kleidung, die nicht geschlechtsspezifisch geschnitten ist, wirkt elegant und attraktiv. Sie wissen nicht mehr, dass sie im ersten Akt schon miteinander gesprochen haben. Es wird gesiezt.

BÄR: *liest das Faltblatt, das er in der Hand hält, laut vor.* Die Regierung plant, im Nordosten der Hauptstadt eine repräsentable Festung zu bauen. Sie ist ein Zentimeter höher als der höchste Turm der Welt und ihre Außenwände lassen keine radioaktive Strahlung durch. Von oben gesehen hat die Festung die Form eines Strudels. Aus der Mitte des Strudels ragt ein Turm, von dem aus man alle Arten der Wellen für Internet, Telefon, Fernsehen und Rundfunk kontrollieren kann. Die Festung schützt das Land nicht nur vor jedem Angriff, sondern auch vor jeder Propaganda für infektiöse Ideologien. Die Festung besteht aus fünf Meter dicken Wänden, in die Privatwohnungen eingebaut werden. Jeder, der sich am Bau der Festung beteiligt, wird später in einer dieser Wohnungen leben.

FUCHS: Guten Tag! Ich möchte am Turmbau zu Babel teilnehmen. Ist das hier etwa das Projektbüro? Es sieht aus wie ein Fitnesscenter, was nicht gerade mein Lieblingsplatz ist.

EICHHÖRNCHEN: Sie verabscheuen Fitnesscenter?

FUCHS: Ein Fitnesscenter ist für mich nichts anderes als ein Kaufhaus der Muskeln, Parfümerie des Schweißes, Brennofen für Kalorien.

EICHHÖRNCHEN: Man muss einfach ganz normal leben und nichts extra tun, damit die Muskeln sich nicht abbauen, oder?

FUCHS: Es ist aber schwer, normal zu leben. Deshalb ist es auch schwer, normal zu schlafen. Ich leide unter Schlaflosigkeit. Weil ich nicht einschlafen kann, schleiche ich um Mitternacht am Stadtrand herum wie ein Fuchs.

EICHHÖRNCHEN: Ich habe mich auch von der Normalität entfernt. Ich kann nur weiches Zeug wie Croissants oder Erdbeerkuchen essen. Mir wachsen die vorderen Zähne immer weiter, weil sie eigentlich für den Verzehr harter Nahrungsmittel gedacht sind. Jeden Montag besuche ich meinen Zahnarzt, um meine Zähne schleifen zu lassen, und am Wochenende sind sie wieder so lang gewachsen, dass ich meinen Mund nicht mehr schließen kann.

FUCHS: Ich bin um Mitternacht in einem Stadtteil, wo es viele Juwelengeschäfte und Druckereien gibt, spazieren gegangen und von einem Polizisten angehalten worden. Er fragte mich, was ich um diese Uhrzeit treibe. Da ich nicht wusste, was er von mir hören wollte, sagte ich, dass ich mich für die kommende Revolution vorbereite. Ich dachte, die Schlaflosigkeit allein überzeugt ihn nicht. Seitdem lässt mich die Befürchtung nicht los, das Gesetz übertreten zu haben. Weil ich noch nie das Gesetzbuch studiert habe, weiß ich nicht genau, wann man arretiert wird und wann nicht. Alles, was ich zu diesem Thema weiß, habe ich in einer Detektivserie im Fernsehen gelernt. Vielleicht bin ich nicht der Einzige. Sind Sie in Rechtssachen bewandt?

EICHHÖRNCHEN: Da kenne ich mich relativ gut aus. Allerdings können Sie nie genau wissen, wann Sie verhaftet werden, selbst, wenn Sie Jura studiert haben.

HASE: *probiert die Trainingsmaschinen, die herumstehen, eine nach der anderen aus.* Mit dieser Maschine kann man die Bauchmuskeln trainieren, die man beim Lachen braucht. Und diese Maschine hier ist gut, um die Wadenmuskeln zu stärken, die hilfreich sind, wenn man in der Oper einen Stehplatz hat. Hier ist in der Tat eher ein Fitnesscenter als ein Projektbüro. Wollen wir etwas für unsere Gesundheit tun?

FUCHS: Ich bin gekommen, um zu arbeiten. Man verdient nur dann Geld, wenn man etwas gegen seine Gesundheit unternimmt.

EICHHÖRNCHEN: Geld? Stand irgendwo geschrieben, dass man

hier Geld bekommt? Ich erinnere mich, gelesen zu haben, dass man kein Gehalt bekommt, dafür aber später umsonst in der Festung wohnen darf.

HASE: Ich will nicht in der gefährlichen Festung wohnen.

EICHHÖRNCHEN: Eine Festung ist sicherer gebaut als ein normales Wohnhaus. So sicher, dass man sie nicht einmal durch Dynamit sprengen kann.

HASE: Aber ich glaube, eine Festung wird dort gebaut, wo der Feind uns am ehesten angreift. Außerdem benutzt man kein Dynamit im Krieg, eher so etwas wie Atomwaffen. Wenn wir davon was abkriegen, sind wir hinterher ein Stück angebranntes Fleisch. Oder nur sein Schatten.

EICHHÖRNCHEN: Weil man an einem gefährlichen Ort baut, achtet man besonders auf die Sicherheit. Deshalb ist ein gefährlicher Ort ein besonders sicherer Wohnort. Das habe ich von Fachleuten gehört.

HASE: Selbst wenn es wirklich sicher sein sollte, möchte ich nicht in der Festung wohnen. Das sagt mein Bauch.

EICHHÖRNCHEN: Ehrlich gesagt sagt mein kleiner Bauch auch dasselbe. Im Unterschied zu den Fachleuten hat mich mein Bauch noch nie betrogen.

HUND: Aber die Frage ist nicht, ob wir in der Festung wohnen wollen. Mir scheint, dass wir verpflichtet sind, in der Festung zu wohnen.

HASE: Das gibt's nicht!

EICHHÖRNCHEN: Ich hatte ein Faltblatt mit ausführlichen Informationen. Wo ist es jetzt? *Sucht überall, während die anderen sich weiter unterhalten.*

HUND: Jemand muss in der Festung wohnen. Es ist egoistisch zu sagen, dass man nicht dort wohnen will.

HASE: Hat der Verteidigungsminister gesagt, dass jemand in der Festung wohnen muss?

FUCHS: Nein. Der Verteidigungsminister hat nach der Buchmesse gekündigt, weil er mit seinem Horrorroman einen Durchbruch erlebt hat. Er will ab jetzt seine Fantasie ausschließlich als Fiktion verkaufen.

HASE: Besser so.

FUCHS: Die Regierung hat diese Woche den Laden zugemacht. Der Kultusminister leidet unter Aphasie, der Finanzminister ist auf der Flucht vor einem Kredithai und der Umweltminister versucht, durch eine Chemotherapie sein Schnüpfchen zu heilen. Nur der Bauminister ist kerngesund.

HUND: Als Kind wusste ich nicht, was ich werden wollte. Mein jüngerer Bruder ging zur Fachschule für Blindenhunde, während mein älterer Bruder eine Filmschauspielschule besuchte. Nur ich wusste nicht, was ich tun sollte. Eines Tages sah ich ein Plakat an der Klotür in einer Kneipe. Man suchte Polizeihunde. Mein Herz war wie angezündet. In dieser Nacht konnte ich vor Freude nicht einschlafen. Als ich am nächsten Morgen aufwachte, kam mir der Gedanke: Ich will sterben, um meine Leute zu retten.

HASE: Wer sind deine Leute?

HUND: Alle, die an dieselbe Religion glauben wie ich.

HASE: Wie heißt Ihre Religion?

HUND: Äh … das habe ich schon vergessen.

HASE: Wollen Sie trotzdem sterben?

HUND: Nein. Meine Bereitschaft zu sterben dauerte nur vierundzwanzig Stunden. Am nächsten Tag bekam ich zufällig einen unglaublichen Dokumentarfilm zu sehen. Er zeigte, wie obdachlose Hunde mit einem riesigen Netz gefangen und in einen Käfig eingesperrt wurden. Ein LKW transportierte sie zu einer Fabrikruine, und dort wurden sie erschossen. Als der Film vorbei war, sprach ich im Vorraum einen Popcornverkäufer an, weil ich meine Wut nicht allein mit mir nach Hause schleppen wollte. Dieser sagte mir, die herrenlosen Hunde sollen aus der Welt verschwinden, sie schaden dem Volk. In dem Moment verlor ich die Lust, mich aufzuopfern. Stattdessen beschloss ich, Jura zu studieren.

HASE: Haben Sie an der juristischen Fakultät der Universität studiert?

HUND: Ja. Aber auch eine Doktorarbeit musste durch ihre Pubertät. Mein Professor sagte mir, ich würde keine Rechtswissenschaft, sondern Linguistik treiben. Ich wechselte deshalb das Hauptfach, anstatt meine Arbeit umzuschreiben.

EICHHÖRNCHEN: Da ist es! Endlich gefunden! Hier wird alles ordentlich erklärt: Man bekommt kein Gehalt. Im Gegenteil. Jedes Mal, wenn wir arbeiten kommen, müssen wir zahlen.

Aber wenn wir zehn Mal bezahlt haben, dürfen wir einmal frei arbeiten. Dadurch verdienen wir doch etwas. Dafür müssen wir aber sogenannte Punkte sammeln.

KATZE: Ohne die Babelkarte kann man keinen Punkt sammeln. Ich habe die Karte vor der Abreise im Internet gekauft. Ich muss sie jeden Morgen, bevor ich mit der Arbeit anfange, in die „Guten-Morgen-Maschine" stecken, um die Punkte zu sammeln.

HUND: Haben Sie die Karte schon in der Hand? Sie handeln aber schnell.

KATZE: Einer, der an einer berühmten Universität studiert hat, kann in praktischen Dingen nicht schnell genug handeln.

HUND: Unsere Universität ist zwar berühmt, aber das liegt nur daran, dass sie in einer bestimmten Sportart unschlagbar ist.

KATZE: Um welche Sportart handelt es sich denn? Mach keine Andeutung, die niemand versteht!

HUND: Eine Art Fußball, in dem man gleichzeitig zwei Bälle benutzt.

KATZE: Zwei Bälle? Finde ich erotisch.

BÄR: Sie sind schlagfertig, obwohl Sie noch so jung sind. Scheinbar sind Sie talentiert. Haben Sie nicht Lust, Friseur zu werden?

KATZE: Alle sagen, ich sei jung. Aber ohne zu wissen, wie lange ich insgesamt leben werde, kann man nicht sagen, ob ich jung bin oder nicht. Wer insgesamt drei Jahre lebt, ist schon im zweiten Lebensjahr alt.

HUND: Wollen Sie nicht studieren?

KATZE: Was ich wissen will, steht immer im Internet. Wozu soll ich studieren?

HUND: Steht im Internet, dass die Lebenserwartung bei jedem Punkt, den man sammelt, einen Tag kürzer wird?

KATZE: Wie?

HUND: Es geht um sogenannte Service-Punkte. Service bedeutet Arbeiten ohne Lohn, also Sklaverei. Du wirst ein Sklave des Gefühls, das dir sagt: Du verlierst etwas, wenn du keinen Punkt bekommst! Du verlierst deine Freiheit, weil du nichts mehr tust, wofür es keinen Punkt gibt. Je kleiner die Freiheit, desto schneller endet das Leben.

KATZE: Ist es günstiger, wenn ich keine Punkte sammle?

HUND: Ja. Das gehört zur ersten Lektion der angewandten Grammatik für Verbraucher. Niemals Punkte sammeln! Steht diese Lebensweisheit im Internet?

KATZE: Nein. Ich habe nur das Gegenteilige gelesen. Jetzt will ich meine Karte nicht mehr behalten.

EICHHÖRNCHEN: Halt, Sie können sie nicht in den Papierkorb schmeißen. Sonst klaut jemand Ihre Vergangenheit.

KATZE: Meine Vergangenheit?

EICHHÖRNCHEN: Zum Beispiel die Tatsache, dass Sie als Kind eine Siamkatze waren.

KATZE: Eine Siamkatze? Daran kann ich mich nicht erinnern. Ich weiß, dass ich eine reinrassige Katze war. Aber wie hieß meine Rasse? Neandertaler? Nein. Kaukasische Kreissparkatze?

EICHHÖRNCHEN: Was ist Ihre allerälteste Erinnerung?

KATZE: Ich war verliebt, verließ das Haus und wanderte durch Träume. Nach drei Tagen ging ich ausgehungert zurück nach Hause. Da lebte aber bereits eine Familie, die ich nicht kannte.

EICHHÖRNCHEN: Sie haben sich Ihre Erinnerung nicht nehmen lassen. Hinter Ihrer kleinen Stirn haben Sie sie aufbewahrt. Ich habe die Erfahrung gemacht, dass meine ganze Identität geklaut wurde. Im Rückblick sehe ich klar, worin mein Fehler lag: Ich hätte meine ausgelaufene Kundenkarte nicht in die Biomülltonne werfen sollen.

Eines Tages ging ich wie immer zur Arbeit, zu einem Zeitungsverlag, wo ich damals tätig war. An meinem Platz saß schon ein anderer. Dieser schrieb in meinem Schreibstil meine Artikel und sprach mit meinen Kollegen mit meiner Stimme. Er tippte mein Passwort ein und bestellte mit meiner E-Mail-Adresse mein Medikament gegen meine Krankheit. Dann ging er in mein Haus, um meine Nachkommen zu produzieren.

BÄR: Es kann sein, dass man aus unseren Kundenkarten Informationen über uns gestohlen und uns zum Turmbau ausgewählt hat. Ich habe mich darüber gewundert, warum es so wenige Bewerber gibt.

HUND: Dafür haben wir aber kaum Gemeinsamkeiten. Was kann das Kriterium für die Auswahl gewesen sein?

BÄR: Wir haben ganz unterschiedliche Ohrformen und Körpergrößen. Aber eines haben wir gemeinsam: Wir sind keine Menschen. Wir haben nie versucht, Menschen zu werden und wir haben das auch nicht vor. Ist das nicht etwas, was uns miteinander verbindet?

HUND: Dafür sehen wir viel zu menschlich aus, oder? Ich habe das Gefühl, dass wir vor langer Zeit angefangen haben, eine ganz andere Gesellschaft zu bilden als die Menschen. Aber im Laufe der Zeit sind wir doch in die Fußspuren der Menschen hineingerutscht.

BÄR: Heute habe ich mich bezaubernd schön gemacht. Deshalb sehe ich aus, als würde ich einen Menschen nachahmen. Aber meine Seele hat noch nicht die menschliche Tiefe erreicht. Nur die Hölle kann so tief liegen wie sie.

FUCHS: Die Seele? Ich habe meine Seele im Internet versteigert und erfolgreich verkauft. Ich bin stolz darauf. Sind Sie ein Mensch?

HUND: Natürlich nicht. Aber manchmal denke ich, dass wir die Definition für Menschsein erweitern sollten. Dann könnte man auch ein Eichhörnchen als Mensch ansehen.

EICHHÖRNCHEN: Warum? Weil ich auf zwei Beinen stehen kann? Oder weil ich Walnüsse esse und mit meinem Gehirn, das die Form einer Walnuss angenommen hat, über den Sinn der Existenz der Bäume nachdenke?

BÄR: Ich will kein Mensch werden. Wer möchte das schon? Höchstens ein Mensch. Es gibt aber keinen Menschen mehr.

HASE: Musikalisch gesehen bin ich ganz Ihrer Meinung.

BÄR: Wie meinen Sie das?

HASE: Ihre Argumentation könnte überzeugend klingen, wenn man sie vertonen und singen würde.

BÄR: Versuchen Sie das!

HASE: *singt.* Babel, Bababel, Babababel, Bababababel, Babababababel *und so weiter.*

BÄR: Was Sie vorsingen, stimmt nicht mit dem, was ich sagen will, überein. Außerdem treffen Sie selten den richtigen Ton.

HASE: Die Freiheit der Kunst ist wertvoller als das Recht des Individuums.

BÄR: Hasenfreiheit frisst nicht einmal ein Fuchs. Das ist nicht meine Meinung, sondern ein Sprichwort.

FUCHS: Was kostet das Sprichwort, wenn ich es Ihnen abkaufen will?

BÄR: Sie können keine Redewendung mit Geld bezahlen. Was ich sagen wollte, war Folgendes: Wenn unsere Gemeinsamkeit darin besteht, dass wir keine Menschen sind, müssen wir unsere Vorteile herausfinden: Was ist so günstig daran, kein Mensch zu sein? Sonst können wir gemeinsam keinen Turm bauen.

HASE: Wie wäre es, wenn wir uns gegenseitig vorstellen würden?

KATZE *zum Eichhörnchen:* Sie haben angebrannte Haare. Wahrscheinlich arbeiten Sie bei der Feuerwehr. Möglicherweise gehören Sie zur Sondertruppe, deren Aufgabe darin besteht, den Brand illegaler Fabriken zu löschen.

EICHHÖRNCHEN: Nein. In meinem Beruf muss man mit heißer Leidenschaft den kalten Strömungen folgen.

KATZE: Was für ein Beruf ist das denn? Der Kapitän der Wüste?

BÄR: Mein Beruf ist besser zu verstehen. Ich bin Friseur. Mein Problem ist, dass ich keinen Nachfolger habe. *Zur Katze:* Sind Sie nicht dran interessiert?

KATZE: Friseur zu werden? Ein wichtiger Beruf. Aber das ist nichts für mich. Ich will nicht meine Pfoten nass machen. Am liebsten möchte ich auf einer Bühne stehen und Applaus kassieren.

HASE: In einem Orchester spiele ich Piccoloflöte, in einer Jazzband Bass. In einer Rockband bin ich für das Schlagzeug zuständig und zu Hause fürs Tellerabwaschen.

BÄR: Das sind bloß Hobbys.

HASE: Warum verachten Sie Hobbys?

BÄR: Ein Hobby ist eine Krankheit der Menschen. Wir brauchen so etwas nicht.

KATZE: Warum haben Sie angefangen, Musik zu spielen?

HASE: Ich wollte mich von meiner Erbschaft befreien. Ich bat meine Eltern, teure Musikinstrumente zu kaufen. Schon als Anfänger hatte ich bei global erfolgreichen Meistern Einzelunterricht. Ab und zu mieteten sie eine Musikhalle für mich. Ich verteilte freie Eintrittskarten und gab Privatkonzerte. Es war mir wichtig, dass das Vermögen meiner Eltern verschwindet, damit ich nichts erben muss.

KATZE: Warum haben Sie sich so eine komplizierte Intrige ausgedacht? Warum haben Sie nicht wie ein einfallsloser, steinreicher Durchschnittsmensch eine Villa, ein Segelboot und ein Flugzeug gekauft?

HASE: Meine Eltern gaben kein Geld fürs Vergnügen aus. Nur die Bildung und die Kultur zählten bei ihnen. Der Rest sollte als Erbschaft den Nachkommen hinterlassen werden.

BÄR: Ich dachte, Erbschaften sind eine menschliche Epidemie. Verbreitete sie sich auch unter Hasen?

HASE: Wir sind von den Menschen angesteckt worden. An einem schönen Ostermontag.

HUNDE: Wenn man mich fragt, besteht das einzige Erbe, das man von früheren Generationen entgegennehmen soll, in den Sprachen. Das war der Grund, warum ich Sprachlehrer geworden bin. Ich unterrichte ausschließlich die Sprachen, die wirtschaftlich kaum eine Bedeutung haben, und ich unterrichte die Studenten, die keine Studiengebühren zahlen. Neulich bin ich gekündigt worden.

EICHHÖRNCHEN: Weil man ein neues Gesetz verabschiedet hat. Es ist jetzt verboten, jemanden wegen seiner Einsprachigkeit auszulachen. Ich glaube, irgendeinem unbedeutenden Politiker aus irgendeinem Land fiel dieses Gesetz ein, und später wurde es weltweit übernommen.

BÄR: Auch ich kann im Moment nicht arbeiten, obwohl niemand mich kündigen kann. Eines Tages tauchten bei mir im Friseurladen zwei Polizisten auf. Sie fragten mich, ob ich nicht Leichen verbrenne, weil es bei mir danach rieche. Ich habe jeden Abend in meinem Wohnzimmer die abgeschnittenen Haare meiner Kunden im Kamin verbrannt, damit niemand die DNA-Daten in den Haaren missbrauchte. Das war die Ethik des Friseurs.

EICHHÖRNCHEN: Warum fand die Polizei den Geruch plötzlich verdächtig, wenn sie es schon immer gerochen hatten?

BÄR: Einer der Polizisten sagte, in der letzten Zeit seien viele Leichen verschwunden. Man müsse nach dem Ort, wo sie illegal beseitigt werden, suchen. Ich bekam Geschäftsverbot. So lange bis die Ermittlung abgeschlossen ist, darf ich nicht arbeiten.

EICHHÖRNCHEN: Ich könnte das verstehen, wenn sie sagen würden, dass Lebende vermisst werden. Aber was heißt, dass Leichen verschwunden sind? Ein Verbrechen, bei dem man die Leichen beleidigt?

HUND: Vielleicht haben die Toten ihr Grab verlassen, um in der Stadt herumzuschlendern.

FUCHS: Ich flaniere jede Nacht, bin aber noch nie einem toten Spaziergänger begegnet. In der Nacht stinkt jede Großstadt intensiv nach Haaren. Keine verbrannten Haare, sondern welche, die noch leben und leiden. Ich rieche Angstschweiß, Eitelkeitsshampoo, einsamen Zigarettenrauch, süßlich verlogene Pulvermilch, vermischt mit Benzin. Wenn es nach Haaren riecht, kann ich nicht einschlafen.

EICHHÖRNCHEN: Ist es Ihr Beruf, ein Schlafloser zu sein?

FUCHS: Ja. Früher habe ich in einer Fabrik gearbeitet, in der Halspelze produziert wurden. Meine Aufgaben fielen mir fast zu leicht, aber meine Nerven machten nicht lange mit, weil mein Vorgesetzter sinnlose Anweisungen beliebig verteilte. Er befahl mir ohne Grund, von einer Maschine zur anderen zu wechseln oder früher nach Hause zu gehen, obwohl es noch viel zu erledigen gab.

KATZE: Ich hätte nicht bei meiner Firma gekündigt, wenn ich keinen Vorgesetzten gehabt hätte. Er wollte seine Mitarbeiter wie Schachfiguren bewegen. Dabei meinte er das nur gut. Wir brachten ihn manchmal in Rage, indem wir ihn ignorierten.

FUCHS: Schlaflos zu sein ist gesünder als in einer Firma angestellt zu sein. Das war der Grund, warum ich mich nur noch auf meine Schlaflosigkeit konzentrieren wollte.

KATZE: Mein Vorgesetzter war nicht nur von Alkohol und Jogging abhängig, sondern auch von Meetings. So lange es kein Meeting gab, quälte ihn der Gedanke, seine Mitarbeiter würden ihn hinter seinem Rücken kritisieren. So rief er mehrmals in einer Woche alle Mitarbeiter zu Meetings zusammen und hielt einen langen Monolog, obwohl niemand ihm zuhörte.

BÄR: Der Vorgesetzte ist das Virus der Moderne, während der Meister zu einer guten Tradition gehört. *Zur Katze*: Es ist eine bessere Wahl, ein Handwerk zu beherrschen und selbständig zu arbeiten.

EICHHÖRNCHEN: Einmal habe ich einen Meister in seiner Werkstatt interviewt, der mit Walnussschalen arbeitete. Er sagte, zehn Jahre lang hat er Geld und Zeit und sich selbst vergessen, um sich darauf zu konzentrieren, sein Handwerk zu lernen. Er kann mit seinem Schnitzmesser einen Palast aus einer Walnussschale herzaubern. Ich sah im Innenraum der Schale einen Kronleuchter, ein Cembalo und eine Teekanne mit Blumenmuster, das ich erst mit Hilfe eines Mikroskops erkennen konnte. Der Meister lobte nie seine Schüler, die ihrerseits keine Bestätigung vom Meister zu erwarten schienen. Sie waren alle von kleinen Walnussschalen besessen und arbeiteten selbstlos.

BÄR: Es ist besser, wenn eine Arbeit mehr Mühe kostet und weniger Gewinn bringt. Das ist meine Vision für eine nicht-menschliche Zukunft.

FUCHS: Das verstehe ich. Aber ich kann nicht einschlafen, wenn ich denke, jemand stehle die Früchte meiner Arbeit, um mich arm zu halten.

BÄR: Unausgeschlafen kannst du nicht arbeiten.

FUCHS: Wenn ich dieses Medikament zu mir nehme, kann ich sofort einschlafen. Aber am nächsten Morgen spüre ich einen Sumpf im Kopf und kann nicht mein Bett verlassen.

EICHHÖRNCHEN: Ach, ich kenne doch diese Verpackung! Ich arbeitete früher einmal in einer Firma, die Insektenvertilgungsmittel herstellte. Irgendwann haben sie angefangen, neue Beruhigungs- und Schlaftabletten zu entwickeln. Die Medikamente, die sie dann auf den Markt gebracht haben, sind in Wirklichkeit Insektenvertilgungsmittel. Sie töten die Ungeziefer im Kopf der Kunden, damit sie einschlafen können: Wenn das ihr Konzept gewesen wäre, hätte ich dafür Verständnis gehabt. In Wirklichkeit haben sie aber den Rest der Insektenvertilgungsmittel, die man nicht mehr verkaufen konnte, als Beruhigungs- und Schlaftabletten verkauft. Ich kündigte aus ethischem Grund und wurde freier Journalist. Die Betonung liegt auf „frei", denn ich schreibe nichts, wenn ich nicht frei schreiben kann.

HASE: Haben Sie eine Zuneigung zur Zwiebel?

EICHHÖRNCHEN: Was?

HASE: Diejenigen, die keine Zwiebeln essen, halten ihre Nase zu, wenn sich ein Zwiebelesser nähert. Ist das nicht wie eine Religion?

EICHHÖRNCHEN: Ich esse keine Zwiebeln.

FUCHS: Dass man überhaupt auf die Idee kommt, Zwiebeln zu essen! Manche braten sie sogar vorher an. Ich wusste allerdings nicht, dass die Zwiebel etwas mit der Religion zu tun hat.

HUND: Die Erde, die nicht mehr nach Zwiebel riecht. Da fehlt was. Homo sapiens hörte nie auf, ihre Zwiebeln zu schälen.

KATZE: Ich habe heftige Kopfschmerzen. *Monolog.* Ich verstehe nicht mehr, was die anderen reden.

EICHHÖRNCHEN: Niemals nach Kopfschmerztabletten greifen, wenn Sie Kopfschmerzen spüren!

HUND: *Monolog.* Man muss Zwiebelscheiben anbraten, bis sie halbdurchsichtig werden: Dieser Satz taucht immer wieder in meinem Bewusstsein auf und ich kann mich nicht auf die Worte der anderen konzentrieren. Andererseits kann ich mitreden, wenn ich mich am Thema Zwiebel festhalte.

EICHHÖRNCHEN: Haben Sie etwas gesagt?

HUND: Genau, die Zwiebelscheiben müssen halbdurchsichtig werden. Auch unser Projekt muss halbdurchsichtig werden. Wenn etwas total durchsichtig ist, ist es nicht attraktiv. Wenn es zu trüb ist, können wir weder Korruption noch Ungerechtigkeit durchschauen. Ja, die Halbdurchsichtigkeit ist die richtige Antwort.

KATZE: *Monolog.* Was heißt „halbdurchsichtig"? Die Schullehrer sagten, wir sollen im Wörterbuch nachschlagen, wenn wir ein Wort finden, das wir noch nicht kennen. Aber in welcher Reihenfolge stehen die Buchstaben im Wörterbuch?

HASE: Die Zwiebel kann manche Krankheiten heilen. *Monolog.* Vorhin wollte ich „Babel" sagen, aber ich habe mich versprochen und „Zwiebel" gesagt, obwohl die beiden Wörter nicht ähnlich klingen. Jetzt redet die ganze Welt über die Zwiebel. Egal. Es gibt kein Zurück mehr.

EICHHÖRNCHEN: Wer zu viel Zwiebel isst, bekommt ein Zwiebelhirn. Da ist der Gedanke durchaus mehrschichtig, aber die Verbindungen zwischen zwei Schichten sind kaum vorhanden. Eine Schicht wird abgeschält und die nächste spürt nicht einmal, dass sie als Nächstes dran ist. Ich möchte lieber Walnuss essen und ein walnussartiges Hirn behalten wie ein Eichhörnchen.

HASE: Aber denken Sie doch an die Kranken! Es ist kein Grund, etwas abzulehnen, nur weil es stinkt! Es kann ein Heilmittel sein.

BÄR: Und deswegen halten wir uns fest an der Zwiebel und entwickeln keine Zukunftsvision? *Zum Fuchs:* Übrigens, der Winterschlaf heilt jede Krankheit, auch die Schlaflosigkeit.

FUCHS: *Monolog.* Alle geben mir Ratschläge, um mich gesund zu machen, aber wer weiß, wollen sie vielleicht bloß meinen Fuchsgeist kolonisieren?

HUND *zum Fuchs*: Ich weiß, was für Sie gut ist. Gehen Sie mindestens zweimal in der Woche ins Theater, um gut schlafen zu können. Sonst sprechen die Schauspieler ihre Texte in Ihrem Schlaf. Das ist unerträglich störend.

KATZE: *Monolog.* Das heißt, die Zwiebel bedeutet das Theater. Endlich komme ich mit.

FUCHS: *Monolog.* Warum reden Sie alle über Gesundheit? Ich habe das Gefühl, dass wir sehr bald sterben.

Der dritte Akt

Alle haben abgetragene Klamotten an, die den Verlauf der Jahre nach dem zweiten Akt andeuten. Aus den Löchern im Stoff sieht man die behaarte Haut. Alle Figuren befinden sich in einem Zwischenstadium zwischen Mensch und Tier.

FUCHS: Der Turmbau zu Babel. Wann beginnt er?

BÄR: Die Menschen, die warten. Morgens sowie abends.

FUCHS: Die Schlaflosigkeit auf Grund des zu langen Wartens.

BÄR: Das Warten. Der Höhepunkt der Zivilisation.

EICHHÖRNCHEN: Ich habe zu lange gewartet, jetzt jucken mir die Rückseiten der Ohrläppchen, die Achseln, der Hintern und der Bauchnabel!

BÄR: Es ist dumm, dem Warten eine Bedeutung zu geben. Ich will mit euch sofort anfangen, am Babel-Projekt zu arbeiten, anstatt Anweisungen von oben abzuwarten. Dieser Wunsch kriecht aus meinem Arsch und klettert auf den Bauch.

EICHHÖRNCHEN: Eine astreine Idee!

FUCHS: Ich weiß nur nicht, womit wir anfangen sollen.

EICHHÖRNCHEN: Wir müssen zuerst die Baumaterialien sammeln.

FUCHS: Sammeln? Nicht einkaufen?

EICHHÖRNCHEN: Es gibt weder Geld noch Läden auf dieser Erde.

Wie sollen wir etwas kaufen? Ich höre die Stimmen der Äste und der Blätter, die mir ins Ohr flüstern: Nimm uns! Baue ein Haus daraus!

BÄR: Du liest dein Gefühl in die Bäume hinein. Eine Hütte, die aus gefundenen Materialien gebaut ist, wirkt armselig wie ein Eichhörnchen. Wenn man eine große Grotte zu einem Palast ausbaut, wirkt er majestätisch wie ein Bär.

FUCHS: Wie wäre es mit Grabstein als Baumaterie? In meinem Traum irrte ich durch eine labyrinthische Stadt. Dort waren alle Häuser aus Grabsteinen zusammengebastelt. An den Füßen wucherten Rosen und Chrysanthemen und blendeten mich. Die Grabsteine sind nicht schädlich, sonst ist alles, was die Menschen hinterlassen haben, mit Vorsicht zu genießen.

HUND: Ich habe von einem Wörterbuch geträumt, es war so groß wie eine Stadt und bestand aus Steintafeln mit vielen Wörtern. Ich spazierte zwischen den steinernen Seiten, konnte nie das Ende des Wörterbuches erreichen.

HASE: Von welcher Sprache war das Wörterbuch?

HUND: Es war ein Wörterbuch aller Sprachen, die es gibt und gab. Ich möchte in einer Stadt wohnen, deren Gebäude aus steinernen Wörterbüchern bestehen.

KATZE: Ich bin dagegen, Gebäude aus Stein zu bauen. Wir müssen vor allem an die Heizkosten denken.

BÄR: In einer natürlichen Grotte ist es warm im Winter.

HUND: Ein Betonhaus kann man am günstigsten kühlen, und somit sparen wir die Kosten für eine Klimaanlage.

BÄR: In einer Grotte ist es kühl im Sommer. Ohne Klimaanlage.

EICHHÖRNCHEN: Wenn ein Betongebäude durch die nächste Flut zerstört wird, wissen wir nicht, was wir mit den Trümmern machen.

KATZE: Lasst uns unter einem Baum schlafen. Wir brauchen kein Haus. Ich habe im Fernseher gesehen, wie drei Löwinnen unter einem Baum zusammenlagen. Vollkommen entspannt. Wenn wir irgendwo zu Hause sind, dann unter einem Baum! Wo denn sonst! Es gab eine komische Fernsehsendung, in der Tiere gezeigt werden und ein Mensch versucht, ihre Gedanken zu raten. Wisst ihr, welche Sendung ich meine? Das war meine Lieblingssendung. Da habe ich gelernt, was im Kopf der Menschen so vorgeht.

BÄR: Vielleicht ist der Turm nichts anderes als eine Nachahmung eines Baumes.

EICHHÖRNCHEN: Wahre Sicherheit gibt es nur auf einem hohen Baum.

HASE: Von einem hohen Baum runterfallen und sich das Genick brechen: Wir können das filmen und einer Versicherungsfirma als Werbespot verkaufen. Es ist sicherer, ein Loch in den Boden zu bohren, um darin zu schlafen. Im Sommer ist es dort kühl, im Winter warm. Der Keller ist der wahre Turm zu Babel, der sich nach dem Kern der Erde orientiert und deshalb auf dem Kopf steht. Wichtig ist die Tiefe, nicht die Höhe.

EICHHÖRNCHEN: Ach, ich habe keine Lust mehr! Wenn ich euch so zuhöre, habe ich das Gefühl, dass wir niemals zusammenleben können. Unsere Eigenschaften sind nicht kompatibel!

BÄR: Aber nach einer großen Flut kann man nicht auseinandergehen. Es gibt keine andere Wahl, als gemeinsam ein Gebäude zu bauen.

HUND: Vielleicht brauchen wir einen Boss.

HASE: Mir gefällt nicht, dass jemand über mir steht.

HUND: Die Hasengesellschaft hatte keinen Oberst. Auch die Eichhörnchen brauchen keinen. Ist es meine böse Unterstellung, dass nur eine Schar Schwächlinge keinen Boss braucht?

BÄR: Nicht nur die schwachen Sorten, sondern auch die starken wie die Bären brauchten keinen Boss.

HUND: Die Wölfe, meine Vorfahren, hatten einen Boss. Und auch die Affen und die Menschen.

EICHHÖRNCHEN: Deshalb sind sie ausgestorben. Wie wäre es, wenn wir keinen Boss, sondern einen Übersetzer wählen würden? Dieser muss den eigenen Profit vergessen, die Gedanken der anderen sammeln, ihre Unstimmigkeiten komponieren, Hand- und Fußnoten hinzufügen, nach dem roten Faden suchen und unsrem gemeinsamen Wunsch einen Namen geben.

HUND: Kein Präsident, kein Vertreter, kein Dirigent, kein Projektleiter, sondern ein …

HASE: Übersetzer!

ALLE: Einverstanden!

HUND: Einer, der am besten reden kann, soll der Übersetzer werden.

ALLE: *versetzt.* Keine gute Idee.

BÄR: Der Älteste mit den meisten Erfahrungen soll der Übersetzer werden.

Alle: *versetzt.* Da bin ich einer anderen Meinung.

KATZE: Der Berühmteste, der von den meisten geliebt wird, soll Übersetzer werden.

ALLE: *versetzt.* Nein!

FUCHS: Derjenige, der so intelligent ist, dass er ohne fremde Hilfe Atomwaffen herstellen kann, soll Übersetzer werden.

ALLE: *zwei Sekunden lang Schweigen, dann alle zusammen.* Auf keinen Fall!

EICHHÖRNCHEN: Wir ziehen das Los.

ALLE: Einverstanden.

Auf eine überraschende Weise wird das Los gezogen.

EICHHÖRNCHEN: Ich hätte nicht einmal geträumt, dass ich ausgewählt werden könnte.

FUCHS: Unter deiner Leitung ist die Realisierung des Projektes unvorstellbar. Ich gehe nach Hause.

KATZE: Hast du vergessen, dass du kein Zuhause mehr hast?

FUCHS: Was hast du gesagt?

EICHHÖRNCHEN: Du hast uns selber erzählt, dass dein ehemaliger Wohnort jetzt ein Flughafen ist.

FUCHS: Ach, ja, das stimmt. Danke, dass du mir meine eigenen Worte zurückgibst!

EICHHÖRNCHEN: In Zukunft kannst du einen Fremden wie mich fragen, wenn du deine eigenen Gedanken vergessen hast.

FUCHS: Einen Fremden? In der Tat gehörst du nicht zu meiner Familie.

EICHHÖRNCHEN: Das Wort „Familie" ist geschrumpft. Man hat es zu oft heiß gewaschen.

HUND: Ich warte die ganze Zeit auf die erste Anweisung vom Boss, aber ich höre nichts. Vielleicht ist er nicht kompetent.

EICHHÖRNCHEN: Nicht der Boss, sondern der Übersetzer.

BÄR: Der Übersetzer muss sich nicht beeilen. Von der Zeit gibt es so viel, wie es Wörter gibt.

EICHHÖRNCHEN: Wir suchen jetzt nach den Baumaterialien. Berühre nicht die Trümmer der menschlichen Gebäude. Sie enthalten schädliche Stoffe.

HUND: *hustet heftig.*

BÄR: Willst du mich provozieren, indem du mich so anbellst?

EICHHÖRNCHEN: Nein, der Hund erinnert sich an den Asbest, den er früher auf einer Baustelle eingeatmet hat. Husten ist eine Methode zu atmen, keine Provokation.

HUND: Danke für die Aufklärung!

HASE: Also kein Recycling. Was man findet, kann schädlich sein.

KATZE: Was bedeutet „Recycling"?

EICHHÖRNCHEN: Man bringt etwas, was aus dem Kreislauf der Energie herausgerutscht ist, in ihn zurück.

KATZE: Dass man zum Beispiel aus dem Halspelz wieder einen Fuchs herstellt?

EICHHÖRNCHEN: Nein, keine direkte Rückverwandlung, sondern die Rückgabe in den Kreislauf. Der Kreis ist so groß, dass er sich in unserem Blickfeld nicht abschließt. Je kleiner die Sichtweite, desto gerader sieht jede Entwicklungslinie aus.

KATZE: Ach, hier liegt eine Muschel.

HUND: Muschel? Ich dachte, wir sind in einer Wüste. Das Meer ist näher an uns herangerückt.

EICHHÖRNCHEN: Das Meer wandert, auch die Wüste. Eine große Völkerwanderung hat begonnen.

HUND: Eine seltsame Landschaft entsteht, in der ein Strand, eine Bergspitze und eine Wüste zusammenkommen.

KATZE: Schaut euch das an! Am Strand kriecht ein Fisch mit vier Beinen. Er hat keine Lust mehr, das vergiftete Wasser durch die Haut aufzunehmen.

HASE: Es kann sein, dass unsere Wahrnehmung der Zeit sich verändert hat. Zehntausend Jahre fühlen sich an wie eine Minute.

BÄR: Ich habe den Bergen vertraut, weil sie mich nie durch Ebbe und Flut bedroht haben. Aber was soll ich mit diesen Bergen, die möglicherweise Ozeane sind, machen? Lass uns ins wahre, ewige Gebirge flüchten.

HUND: Das Gebirge ist gefährlich, egal ob wahr oder ewig. Ich sehe einen Hang vor mir, der zerbröckelt. Lass uns ein weites Flachland finden.

HASE: Wie vernünftig! Eine große Wiese, bedeckt mit weichen Gräsern. Das ist, als würden wir auf einem Teller mit leckerem Salat leben.

FUCHS: Was ist ein „Salat"?

EICHHÖRNCHEN: Man legt alles Mögliche auf einen Teller, ohne den Zusammenhang zu erklären. Das ist ein Salat.

HASE: Genau wie wir.

HUND: Ohne Salatsoße?

HASE: Ich möchte lieber ohne. Ich mag kein Salz. Alte Wunden schmerzen wieder, wenn man Salz auf sie streut.

BÄR: Ein Flachland wie ein Teller ist ungeschützt. Feinde können uns von jeder Richtung angreifen. Lasst uns nach einer Grotte suchen.

EICHHÖRNCHEN: Der Begriff des Feindes gehört zur Vergangenheit. Wir haben keinen Feind mehr außer uns selbst. Wir müssen keine Festung bauen, um uns vor Feinden zu schützen.

HASE: Eine Welt, in der wir uns nicht mehr vor einem Angriff fürchten müssen. Wir ziehen die Angst wie eine alte Jacke aus und setzten uns eine Sonnenbrille auf. Der Frieden kann blenden.

HUND: Ich fürchte mich nicht vor dem Militär der Feinde, sondern vor den Geistern, die im Gebirge leben. Das ist der wahre Grund, warum ich nicht in den Bergen leben will.

KATZE: Was sind die „Geister"?

EICHHÖRNCHEN: Angenommen, ein böses Kind hat am Schwanz einer Katze Wunderkerzen festgebunden und angezündet. Die Katze ist vor Scheck auf eine Straße gerannt und überfahren worden. Obwohl sie schon tot ist, findet ihr Geist keine Ruhe und taucht nachts auf dem einsamen Weg auf, um ihren Hass auszudrücken.

KATZE: Danke, dass du mir etwas erzählt hast, was ich lieber nicht gewusst hätte.

HUND: Vielleicht können wir eine so dicke Außenwand bauen, dass kein Geist sie durchbrechen kann.

HASE: Wie unökonomisch, eine dicke Wand zu bauen! Wir sollten besser ein Loch in die Erde bohren.

HUND: Und wo können wir eine Antenne hinstellen?

HASE: Es hat keinen Sinn, eine Antenne zu installieren. Die einzige Antenne, der du vertrauen kannst, ist dein Ohr.

BÄR: Was ist eine „Antenne"?

EICHHÖRNCHEN: Ein langer Fühler, der aus dem Hauptkörper herauswächst, um die Informationen zu fangen, die in der Luft schweben.

KATZE: Die Antenne lieferte dem Fernseher Seifenopern.

BÄR: Ich brauche keinen Fernseher, dafür aber zwei Häuser: ein Sommerhaus und ein Winterhaus. Das Winterhaus besteht aus einem Schlafzimmer für den Winterschlaf.

KATZE: Was ist ein „Winterschlaf"?

EICHHÖRNCHEN: Du sparst im Sommer nicht Geld, sondern Schlaf für den Winter.

FUCHS: Das stimmt nicht. Beim Winterschlaf verbringt man den Rest des Lebens im Bett, nachdem man durch die Zinsen des Schlafmangels krank geworden ist.

BÄR: Was ist ein „Schlafmangel"?

EICHHÖRNCHEN: Eine Krankheit der Sklaven, die von morgens bis abends arbeiten müssen.

HUND: Was sind „Sklaven"?

EICHHÖRNCHEN: Diejenigen, die an lebensgefährlichen Arbeitsplätzen arbeiten müssen, um zu überleben. Ab dem einundzwanzigsten Jahrhundert waren alle Menschen Sklaven.

HUND: Rede doch nicht so über sie! Sie haben unser Mitleid verdient.

KATZE: Du kannst die Menschen immer noch nicht vergessen.

HUND: Ach, schaut doch genau hin! Da sitzt ein Mensch!

EICHHÖRNCHEN: Das kann nicht sein. Du siehst ihre Geister, weil du sie noch liebst.

HUND: Nein. Es gibt sie wirklich noch. *Fragt einen Zuschauer aus dem Publikum oder einen Schauspieler, der unter dem Publikum sitzt*: Sind Sie ein überlebender Mensch?

KATZE: Du hast recht. Das sind echte Menschen. *Fragt einen von ihnen:* Was möchten Sie tun als derjenige, der die große Flut überlebt hat?

EICHHÖRNCHEN: Ich kann gar nicht glauben, dass die Menschen noch leben. Sie sehen aber sehr erschöpft aus. *Fragt einen von ihnen*: Wenn Sie die Vergangenheit ändern könnten, was würden Sie in der Weltgeschichte ändern?

FUCHS: Ich hätte das früher nie gedacht, aber *sieht einem von ihnen ins Gesicht* ein Mensch kann sehr menschlich aussehen, oder? Was denken Sie, warum die Menschheit ausgestorben ist?

BÄR: *schaut sich im Theatersaal um*. Ach, das sind scheinbar doch nicht ganz wenige Menschen, die die große Flut überlebt haben. Es kann natürlich sein, dass nur die Theaterbesucher überlebt haben. *Fragt einen von ihnen*: Was würden Sie tun, wenn Sie der Präsident Ihres Landes wären?

HASE: *fragt einen von ihnen*. Was würden Sie fragen, wenn Sie einem Menschen, der alles weiß, eine Frage stellen dürften?

YOKO TAWADA
wurde 1960 in Tokio/Japan geboren. 1982 – 2006 lebte sie in Hamburg, seit 2006 lebt sie in Berlin. Studium der Literaturwissenschaft in Tokio (an der Universität Waseda), Hamburg und Zürich. Promotion.
Sie schreibt auf Deutsch und auf Japanisch.
Mitglied der deutschen Akademie für Sprache und Dichtung.
Seit 1987 über 800 Lesungen in verschiedenen Ländern.

Zu den Theaterstücken:
Die Kranichmaske: Premiere 1993, Steirischer Herbst, Graz.
Wie der Wind im Ei: Premiere 1997, Steirischer Herbst, Graz.
Orpheus oder Izanagi: Premiere 1997, SWR und NDR als Hörspiel.
Till: Kooperation zwischen Lasenkan und Theaterwerkstatt. Erste Aufführungen1998 in Nagakute, Tokio und Hannover.
Sancho Pansa: Premiere 2000, Lasenkan in Berlin.
Schwarzeis: Entstanden 2003. Noch nicht aufgeführt.
Ich wollte nur Geld, bekam aber die Wahrheit: Entstanden 2004. Noch nicht aufgeführt.
Pulverschrift Berlin: Premiere 2004, Berlin.
Was ändert der Regen an unserem Leben?: Premiere 2005 in Graz. Dritter Akt der „Stadtoper Graz in sieben Akten".
Dejima: Premiere 2007, Lasenkan in Berlin.
Mein kleiner Zeh war ein Wort: Premiere 2010, Theaterwerkstatt
Pilkentafel, Flensburg, mit Unterstützung vom „Kinder- und Jugendtheaterzentrum in der Bundesrepublik Deutschland" und vom „Deutschen Literaturfonds e.V.". Nominiert für: „Deutscher Kinderbuchpreis 2010" und „Mülheimer KinderStückePreis 2011".
Kafka Kaikoku: Premiere 2011, Lasenkan in Berlin.
Mammalia in Babel: Entstanden 2012. Premiere geplant 2013 in Tokio.

Stipendien und Preise (Auswahl):
Förderpreis für Literatur der Hansestadt Hamburg 1990
Gunzô-Shinjin-Literaturpreis, Japan 1991
Akutagawa-Literaturpreis, Japan 1993
Lessing-Förderpreis 1994
Adelbert-von-Chamisso-Preis 1996
Tübinger Poetik-Dozentur 1998
Max Kade Distinguished Visitor at Massachusetts Institute of Technology, USA 1999
Stipendium des Deutschen Literaturfonds 1999
Stipendium der Robert-Bosch-Stiftung 2000
Izumi-Kyooka-Literaturpreis, Japan 2000
Writer-in-Residence im Literaturhaus Basel, 2001
Bunkamura Prix Des Deux Magots, Japan 2002
Ito-Sei-Literaturpreis, Japan 2003
Tanizaki-Junichiro-Literaturpreis, Japan 2003
Goethe-Medaille 2005

Writer-in-Residence in Tours, Frankreich 2006
Writer-in-Residence an der Washington University in St. Louis, an der Stanford University, an der Cornell University, USA 2008, 2009
Hamburger Gastprofessur für Interkulturelle Poetik 2011
Murasaki-Shikibu-Literaturpreis, Japan 2011
Noma-Bungei-Literaturpreis, Japan 2011
Writer-in-Residence in Paris, Sorbonne 2012
Yomiuri-Literaturpreis, Japan 2013

Buchveröffentlichungen in Deutschland:

1. Nur da wo du bist da ist nichts (Gedichte und Prosa) 1987
2. Das Bad (Ein Kurzroman) 1989. Zweisprachige Neuausgabe mit dem japanischen Originaltext 2010
3. Wo Europa anfängt (Gedichte und Prosa) 1991
4. Ein Gast (Eine Erzählung) 1993
5. Die Kranichmaske, die bei Nacht strahlt (Ein Theaterstück) 1993
6. Tintenfisch auf Reisen (3 Erzählungen)1994
7. Talisman (Literarische Essays) 1996
8. Aber die Mandarinen müssen heute Abend noch geraubt werden (Traumtexte) 1997
9. Wie der Wind in Ei (Ein Theaterstück) 1997
10. Verwandlungen (Tübinger Poetikvorlesungen) 1998
11. Orpheus oder Izanagi. Till. (Ein Hörspiel und ein Theaterstück)
12. Opium für Ovid. Ein Kopfkissenbuch von 22 Frauen. (Prosa) 2000
13. Spielzeug und Sprachmagie in der europäischen Literatur 2000
14. Überseezungen (Literarische Essays) 2002
15. CD diagonal, zusammen mit Aki Takase (Lesung mit Musik) 2002
16. Das nackte Auge (Roman) 2004
17. Was ändert der Regen an unserem Leben? (Libretto) 2005
18. Sprachpolizei und Spielpolyglotte (Literarische Essays) 2007
19. Schwager in Bordeaux (Roman) 2008
20. Abenteuer der deutschen Grammatik (Gedichte) 2010
21. Fremde Wasser (Hamburger Poetikvorlesungen) 2012

Über Yoko Tawada:

Text + Kritik Nr. 191/192, 2011 (Hg. Heinz Ludwig Arnold)
Poetik der Transformation (Hg. Christine Ivanovic)
Wissenschaftliche Beiträge in „Fremde Wasser" (Hg. Ortrud Gutjahr)

Buchveröffentlichungen in Japan:

Von 1991 bis 2012 erschienen 24 Bücher in Japan:
1. Sanninkankei 1991 (Kodansha) Erzählungen
zuletzt: 21. Bordo no gikei (Kodansha) Roman 2009
22. Nisoo no yumi to kyuupiddo (Kodansha) Roman 2010
23. Yuki no renshusei (Shincho) Roman 2011
24. Kumo wo tsukamu hanashi (Kodansha) Roman 2012

Impressum

PF 1621, D – 72006 Tübingen
Telefon: 0049 (0) 7071 66551 und 0049 (0) 172 7233958
Fax: 0049 (0) 7071 63539
E-Mail: office@konkursbuch.com
www.konkursbuch.com

Gestaltung: Verlag & Freundinnen. Bildseiten und Cover C. Gehrke (mit Elementen aus einem historischen japanischen Kopfkissenbuch und aus Gemälden von Botticelli, Ausschnitten von Zeichnungen (historischen Buchillustrationen) von Gertrud Winter, Anna Blau, Heinrich Gehrke, R. Nüesch, Kono Bairei, Shan-tzu, Jewgenij Tscharuschin, K.W. Kuznezow, Roudouku, Riquiqui, sowie Privatfotos vom Lasenkan-Theater und Fotos der Uraufführung der „Kranichmaske" von Seiichi Furuya).

ISBN: 978-3-88769-781-5